우주 경제 전쟁

우주 경제 전쟁

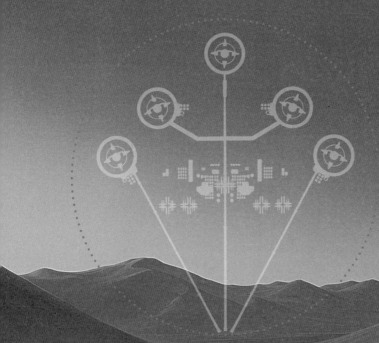

자본이 점령한 궤도,
코스모스를 되찾다

홍석만 지음

나름북스

차례

하늘의 별과 달을 노래하던 낭만의 시대는 끝났다. 지구는
점점 황폐해지고, 우주는 전혀 다른 모습으로 다가온다. 대
기권은 인공위성과 폐기물로 뒤덮인 거대한 쓰레기장이 되
었고, 달과 소행성은 자원 수탈을 위한 식민지로 계획되고
있다. 화성 정착이라는 환상은, 막대한 민간 투자를 유도하
려는 빅테크 기업의 술책일 뿐이다. 우주를 향한 인류의 열
망 뒤에는 언제나 경제적·군사적 동기가 존재했다. 가상화
폐, 플랫폼, 자율주행 전기차, 희귀 광물에 열광하는 현실은
우주의 상업화, 나아가 식민화를 떠받치는 동력이 되고 있
다. 이제 비판적 기술연구와 정치경제학은 그 시선을 우주로
확장해야 한다. 현혹된 미래에 길을 잃지 않기 위해, 지금
이 책이 반드시 필요하다.

- 김상민(기술문화연구자)

우주 개발은 종종 인류의 호기심과 탐험 정신이 빚어낸 위대한 과학기술의 성취로 이해되어 왔다. 이 책은 그러한 통념에 날카로운 질문을 던진다. 저자는 현재 진행 중인 우주 개발의 이면에 자리한 정치경제적 역학을 파헤치며, 지구궤도에서 화성까지 이어지는 우주 공간이 어떻게 신식민주의의 무대로 변모하고 있는지를 분석한다. 특히 국가 주도에서 민간 중심으로 재편된 우주 개발의 흐름이 단순한 산업 변화가 아니라, 자본과 권력의 새로운 집중 형태임을 비판적으로 조명한다. 아르테미스 협정에 내포된 자원 쟁탈의 논리, 상업화와 군사화가 맞물린 위험, 기술낙관주의와 기업가 영웅담으로 포장된 현대 우주 담론의 허실을 예리하게 드러내며, 우주 과학기술 역시 사회적 통제와 윤리적 성찰의 대상이어야 함을 강조한다. 나아가 저자는 우주와 지구를 하나의 생태적 · 정치적 공간으로 통합해 바라보며, 특정 국가나 자본의 이익이 아닌 인류 공동의 번영과 생태계 보전을 지향하는 '코스모스 코뮤니즘'이라는 대안을 제시한다. 우주가 소수의 전유물이 아닌, '인류 공동의 유산'이 되기를 바라는 이들에게 일독을 권한다.

— 김상현(서강대학교 교수, 과학사 · 과학사회학)

기술은 인간의 시공간을 확장시켜 왔지만, 그 방향은 언제나 권력의 지형 속에서 결정되어 왔다. 누구에게나 열려 있다고 여겨졌던 인터넷이 결국 소수 초국적 자본에 의해 독점·통제되었듯, 우주 역시 '공공'이라는 이름 아래 새로운 경제 식민화의 전장으로 바뀌고 있다. 디지털 권리 활동가로서 나는 화성 이주라는 상상이 디지털 세계의 과거와 기이하게 겹쳐 보인다. 모두에게 열려 있다고 선전되지만, 실제로는 철저히 통제되고 배제되는 구조다. 이 책은 기술이 약속하는 미래가 누구를 위한 것인지 묻는 급진적 성찰이다. 지금, 지구에서 실현되지 않은 정의를 우주에서도 방관해야 할까?

— 오병일(진보네트워크센터 대표)

최근의 우주 개발 담론은 종종 미화된 탐사 서사나 국가의 기술적 위상에 집중한 나머지, 그 이면에 자리한 사회구조적 불평등과 제국주의적 동학을 간과한다. 저자는 바로 이 지점을 짚어내며, 상업적 자원 경쟁, 환경 파괴, 군사화가 맞물린 현재의 우주 개발 현실을 치밀하게 분석한다. 아울러 인류가 우주 공동체의 일원으로서 어떤 윤리적 가치를 중심에 두고 문명을 형성해야 하는지를 성찰하며, 과학기술의 발전 또한 공동체의 평등과 지속 가능성이라는 공존의 원칙 위에 놓여야 함을 강조한다. 이 책은 지난 반세기 동안 가속화된 제국주의적, 독점자본주의적, 반환경적 자본의 질주에 맞서 체제적 대안을 모색하는 이들에게 새로운 사유의 지평을 제시한다. 우주라는 무대에서 되풀이되고 있는 자본주의의 병폐를 직시하며, 보다 나은 인류 공동의 미래를 고민하는 모든 이에게 시의적절한 통찰을 건네는 저작이다.

— 윤여협(미국 덴버대학교 경제학과 교수)

하늘 위의 식민지,
그리고 인류가 외계인이 되었을 때

우주의 바다는 오래전부터 인류의 상상력을 자극해 왔다. 밤하늘에 반짝이는 은하의 불빛을 볼 때마다, 우리는 저 너머 어딘가에 있을 낯선 대지를 꿈꿨다. 우주선이 대기권을 뚫고 솟아오르는 장면은 늘 가슴을 두근거리게 만든다. 그 설렘의 중심에는 달, 화성Mars, 더 먼 소행성과 같은 '신대륙'이 있다. 하지만 이제 우주는 더 이상 낭만의 바다가 아니다. 거대 자본과 국가들이 앞다투어 올라타는 이 바다는 '우주 식민주의'라는 이름 아래 급변하고 있다. 그리고 그 식민화의 첫 무대가 화성이 아닌 지구궤도Orbit라는 점은 묘한 아이러니를 자아낸다.

우주 식민주의라는 새로운 바다

과거의 우주 개발은 국가 간 과학 경쟁이자 인류 공동의 위업으로 포장되었다. 1969년 아폴로 11호의 달 착륙은 "인류의 한 걸음"으로 칭송받았고, 국제우주정거장ISS 역시 다국적 협력의 상징이었다. 하지만 21세기에 접어들며 상황은 크게 달라졌다. 미국항공우주국이하 NASA이나 러시아연방우주국 ROSCOSMOS, 이하 로스코스모스이 주도하던 시대를 지나, 이제는 스페이스XSpaceX와 블루 오리진Blue Origin 같은 민간 우주 기업들이 전면에 나서고 있다. 이들은 재활용 로켓과 상업 우주 비행을 통해 더 적은 비용으로 더 많은 발사를 시도하고 있다.

하지만 그 이면에는 경제적 동기와 자본의 투자가 자리한다. 지구저궤도LEO를 가득 메운 상업용 인공위성과 초고속 인터넷망, 우주 호텔 같은 상품들이 속속 등장하고 있으며, 달과 소행성에서 귀금속이나 헬륨-3을 채굴하겠다는 구체적인 계획도 이어지고 있다. 한때 '모두의 우주'로 여겨졌던 이 공간은 이제 사적 이익을 좇는 거대한 장터로 바뀌고 있다. 과거 대항해 시대 유럽 열강이 신대륙에 깃발을 꽂았듯, 자본과 국가들 또한 우주를 향해 진출하고 있다. 이러한 흐름을 '우주 식민주의'라 부른다.

지구궤도: 첫 우주 식민지의 무대

우주 식민지라고 하면 흔히 달이나 화성을 먼저 떠올리지만, 실제로 인류가 가장 먼저 맞닥뜨릴 무대는 지구궤도다. 이미 수천, 수만 기의 상업·군사 위성이 지구 상공을 떠돌고 있으며, 스페이스X의 스타링크Starlink만 해도 42,000기의 위성을 발사할 계획이다. 여기에 국제우주정거장이 2030년 이후 퇴역하면, 그 자리를 민간 우주정거장이 대체하겠다는 계획도 속속 나오고 있다. 지구로부터 수백, 수천 킬로미터 떨어진 지구저궤도는 빠르게 상업 공간으로 탈바꿈하고 있으며, 수만 킬로미터 거리의 정지궤도에서는 군사적·전략적 주도권을 둘러싼 '알박기 전쟁'이 치열하게 벌어지고 있다. 지구궤도는 이제 상업과 군사·안보가 결합하는 공간이 되고 있다.

이처럼 지구궤도에서 벌어지는 상업화의 흐름은 식민지 형성 초기의 풍경을 떠올리게 한다. 먼바다에 항구를 세우고 상인과 군대가 드나들던 시절처럼, 우주정거장도 일종의 '폐쇄 도시'로 기능할 수 있다. 관광객을 태운 우주 호텔, 무중력 환경을 활용한 연구소와 실험 시설 등이 모듈 형태로 연결되고, 그 기반에는 막대한 민간 자본이 투입된다. 처음에는 극소수 부유층을 위한 고가 여행상품으로 시작되겠지만, 점차 우주정거장을 운영·관리하는 '우주 노동자' 계층이 형성될 수 있다.

더구나 달에 기지를 건설하려는 아르테미스 계획^{Artemis}

Program은 여전히 복잡하고 시간이 많이 걸리지만, 지구궤도

에 우주정거장을 세우는 일은 이미 기술적으로 가능하고, 민

간 투자도 활발히 이루어지고 있다. 미국, 러시아, 중국 등

우주 강국들이 자국의 이익을 지키기 위해 군비 경쟁을 가속

화한다면, 지구궤도는 머지않아 '하늘 위 요새'가 될 수 있다.

이는 대항해 시대, 신대륙 해안에 요새를 세우고 무역을 독

점했던 제국주의의 재현이라 할 수 있다.

달, 화성, 소행성: 우주 시대의 골드러시

그렇다고 달과 화성에 대한 관심이 줄어든 것은 아니다. 달

에는 헬륨−3, 희토류, 티타늄 등 자원이 풍부하며, 화성은

지구와 유사한 자전 주기와 대기를 갖춘 '제2의 지구'로 불린

다. 또한 소행성대와 가까워 채굴의 전진기지로도 주목받는

다. 이처럼 달, 화성, 소행성은 자본과 국가의 욕망이 교차하

는 주요 무대가 된다.

우주조약과 달 조약은 우주를 '인류 공동 유산'으로 규정하

지만, 미국 등은 자국 국내법을 제정해 우주자원 채굴과 소

유를 허용하고 있다. 아르테미스 협정을 통해 '안전구역'을

설정하고, 이를 사실상 영토화하려는 시도도 진행 중이다.

달과 화성은 '모두의 것'이 아니라 '먼저 개발하는 자의 땅'으

로 변할 가능성이 커지고 있다.

화성 이주를 내세운 일론 머스크는 2050년까지 100만 명을 이주시키겠다고 밝히며, 연간 100대의 스타십Starship을 생산해 2년 2개월마다 10만 명을 이송하겠다는 계획을 세우고 있다. 하지만 막대한 비용, 우주 방사선, 거주 시설 문제 등 현실적 장벽은 여전하다. 그럼에도 '언젠가 화성에 간다'는 로망은 투자 유치의 핵심 동력이 되고 있다. 이것이 오늘날 우주 붐을 이끄는 주된 힘이지만, '누가 이익을 가져가는가', '착취는 발생하지 않는가' 같은 윤리적 질문은 뒷전으로 밀려나 있다.

  화성 이주는 아직 먼 이야기지만, 자본과 기술이 집중되면 우주의 식민지화는 불가피하다. 실현까지 한 세대 이상 걸릴 수 있으며, 그 과정에서 달과 화성에 어떤 문명을 세울지가 핵심 과제다. 화성 이주는 우주 대탐사 시대에 달성해야 할 목표이자 우주 진출의 철학적 방향을 가늠하는 시금석이 된다. 이주에 필요한 기술이 갖춰지면, 다양한 목적을 띤 화성 이주도 현실이 될 수 있다. 그리고 그때, 과연 인류가 과거와는 다른 방식의 문명적 이주를 실현할 수 있을지는 지금 우리가 어떤 길을 선택하느냐에 달려 있다.

코스모스 코뮤니즘, 새로운 지평을 향한 상상

  그렇다고 우주 진출을 무조건 반대할 필요는 없다. 인류가 우주로 나아가 과학을 발전시키고, 화성이나 소행성의 자원을 활용해 지구의 문제를 해결할 가능성도 충분하다. 핵심은 '누가, 어떤 가치로 우주에 진출하느냐'에 있다. 지금처럼 자본과 국가 간 패권 경쟁이 주도권을 쥔다면, 우주는 또 하나의 약탈지로 전락할 것이다. 반면, 상호 평등과 생태 보존의 가치가 적용된다면 전혀 다른 문명이 열릴 수도 있다.

이 책이 제안하는 개념이 바로 '코스모스 코뮤니즘Cosmos Communism, CosCom'이다. 우주는 단순히 지구를 벗어난 스페이스space나 물리적 세계인 유니버스universe가 아니라, 조화로운 질서와 생태계를 갖춘 코스모스Cosmos라는 개념에 더 가깝다. 이러한 우주는 수탈의 대상이 아니라, 돌봄과 평등, 연대의 윤리를 실현하는 무대가 되어야 한다. 그리고 여기에 "우주 진출의 성과는 인간을 포함한 지구 생명체 전체의 공동 자산이 되어야 한다"는 인식이 필요하다. 우주 전체를 살아 있는 유기적 존재로 바라보고, 인류는 그 속의 아주 작은 일부에 불과하다는 자각, 즉 우주는 누구의 소유도 아니라는 인식이 바로 '코스모스 코뮤니즘'이다.

코스모스 코뮤니즘은 우주 환경이 사유화되거나 군사화되지 않도록 인류가 함께 규범을 세우고 실천해야 한다고 본다. 달이나 화성에서 생명체가 발견된다면 그 존재를 존중하고, 해당 행성의 생태를 훼손하지 않는 것이 기본 원칙이 되어야 한다. 인류가 다른 행성이나 천체에 거주하게 되더라도, 그 행성의 에너지 총량을 보존하고 재생 가능한 방식으로 개발하는 '우주 세입자Cosmos tenant'의 태도가 필요하다. 우주에서 얻은 광물과 에너지를 인류 전체와 지구 생명체를 위해 공정하게 배분한다면, 지구의 자원 불평등을 완화할 수도 있을 것이다.

이처럼 코스모스 코뮤니즘은, 지구에서 반복되어 온 식민 침탈과 생태 파괴, 자본주의적 착취를 우주에서 다시 반복하지 말자는 윤리적 선언이다.

인류가 '나쁜 외계인'이 되지 않으려면

우리는 외계 지적 생명체를 상상할 때, 그들이 우리보다 훨씬 고등하고 평화로우며, 인류에게 긍정적인 영향을 주길 바란다. 그러나 정작 인류가 다른 행성으로 진출하게 될 경우, 그곳의 생명체-비록 우리가 그 존재조차 인식하지 못하더라도-에게는 '침략자'나 '오염원'으로 비칠 수 있다. 지구에서 스스로를 '최고 문명'이라 여겨온 인류가 우주에서는 단지 소수의 이방인에 불과하다는 역설이다. 그래서 "우주에서 외계인이 되는 순간, 우리는 어떻게 행동해야 하는가"라는 물음은 우리 자신을 되돌아보게 만든다.

"내가 두려워했던 외계 침략자는 바로 내가 될 수도 있다"는 자각은, 인류가 지구 밖에서 처음으로 마주하게 되는 문명적 질문이다. 코스모스 코뮤니즘은 이에 대해 다음과 같이 응답할 것이다.

"낯선 별의 대기권을 뚫고 내려오는 순간, 우리의 우주선은 그곳에 살아온 생명에게 '오염' 또는 '침략'으로 여겨질 수 있다. 이 사실을 잊지 말자. 그러므로 우리는 그 별을, 그 생명체를, 그 경이로운 환경을 경외하듯 신중히 마주해야 한다. 만약 우주 어딘가에서 또 다른 문명이 우리와 마주해 손을 내민다면, 우리가 바라고 두려워했던 그 일이 마침내 실현된 것이다.

그때 우리의 태도는, 정복당할지 모른다는 공포에 무릎 꿇는 대신, 고개 숙여 스스로를 '손님'이라 인정하는 겸손, 그리고 함께 손잡을 수 있는 희망이기를."

화려한 우주 대탐사의 시대가 다가오고 있지만, 지금 인류의 머리 위에서 가장 빠르게 식민지화되고 있는 곳은 화성이 아니라 지구궤도다. 이곳에서는 이미 자본, 군사력, 기술이 얽힌 치열한 경쟁이 벌어지고 있으며, 민간 우주정거장들이 속속 들어설 채비를 갖추고 있다. 이 흐름이 아무런 규범 없이 방치된다면, 우주 식민주의는 대항해 시대의 악몽을 하늘로 옮기는 데 그칠 것이다. 극소수 엘리트만이 천상낙원을 누리고, 대다수는 오염된 지구에 남아 재난과 갈등을 견뎌야 하는 극단적인 양극화가 벌어질 가능성도 배제할 수 없다.

우주 식민주의는 단순한 기술 발전의 부산물이 아니다. 그 것은 지구 식민지를 만들었던 제국주의적 충동, 군비 경쟁,

자본 축적 메커니즘이 우주로 확장된 결과다. 이 흐름 속에서 코스모스 코뮤니즘은 무거운 질문을 던진다. "우주라는 무대조차 인간의 이윤 전쟁터로 삼을 것인가, 아니면 지구에서 배운 쓰디쓴 교훈을 바탕으로 새로운 연대와 공존의 길을 열 것인가?"

우주 진출이 인류의 희망이 될 수 있다는 낙관은 여전히 유효하다. 그러나 그것이 현실이 되려면, 지구와 우주를 잇는 새로운 가치와 제도를 진지하게 고민해야 한다. 기후 위기로 고통받는 지구를 외면하거나, 자본주의 문명의 질주를 당연시해서는 안 된다. 우주 공간에 군사력을 배치하려는 식민주의적 충동 역시 제어해야 한다.

우리를 설레게 하는 우주 너머의 항해가 자본과 권력의 전리품 쟁탈전으로 끝나지 않도록, 생명과 생태의 연대를 확장해야 한다. 그리고 지금 이 순간, 다음과 같은 질문을 마주할 필요가 있다. "식민주의의 질주를 멈추고, 코스모스 코뮤니즘을 함께 세울 수 있겠는가?" 이 물음이야말로, 우주 시대의 운명을 가르는 열쇠가 될 것이다.

1장

우주 식민지의 서막:
지구궤도와 화성 이주

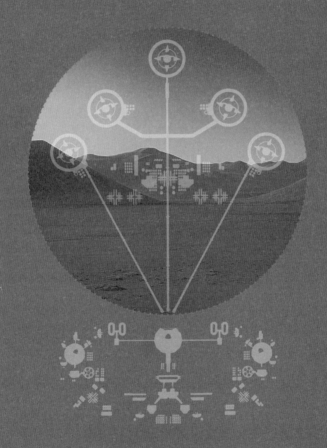

1.
화성 이주, 과학과 버블 사이

'화성에서 살자'는 상상

우리는 별을 바라보며 꿈을 꾸었다. 밤하늘에 점점이 박힌 불빛 속에서 인류는 자신이 속한 행성을 넘어 새로운 세계로 도약하는 모습을 상상해 왔다. 그중에서도 붉게 빛나는 화성은 오랫동안 우리의 상상력과 호기심을 자극해 온 행성이다. 그러나 그곳은 약속된 낙원이 아니다. 기술적 한계와 천문학적 비용, 그리고 철학적 질문들이 화성으로 향하는 길목을 가로막고 있다. 인류는 과연 이 메마른 행성을 새로운 보금자리로 삼을 수 있을까? 아니면 화성 이주는 결국 허황된 꿈에 불과한 것일까?

그럼에도 화성은 여전히 인류에게 가장 매력적인 행성이다. 세계 각국은 경쟁적으로 탐사선을 쏘아 올리며 화성 연구에 박차를 가하고 있다. 미국과 러시아를 비롯해 중국, 유럽우주국이하 ESA, 아랍에미리트이하 UAE, 인도, 일본, 영국 등 다양한 국가가 화성 탐사에 참여하고 있다. 1960년 소련의 마스닉Marsnik 1호로 시작된 화성 탐사는 2021년 NASA의 퍼서비어런스Perseverance까지 총 54차례 이어졌으나, 궤도 진입이나 착륙에 성공한 사례는 절반에도 못 미친다. 그럼에도 21세기에 들어 화성 탐사의 성공률이 크게 향상되면서, 정착 가능성에 대한 논의도 더욱 구체화되고 있다.

현재도 8기의 화성 궤도선이 붉은 대지를 돌며 화성의 기후, 지형, 대기 성분을 관측하고 있다. 대표적인 탐사선으로는 중국의 톈원天問 1호, UAE의 아말Amal, ESA와 러시아가 공동 운영하는 마스 익스프레스Mars Express, 엑소마스 기체추적 궤도선TGO, 미국의 2001 마스 오디세이2001 Mars Odyssey, 화성 정찰궤도선MRO, 메이븐MAVEN, 인도의 망갈리안Mangalyaan 1호 (2022년 10월 임무 종료) 등이 있다. 이 외에도 큐리오시티Curiosity, 퍼서비어런스 같은 로버들이 여전히 화성 표면을 탐사 중이다.[1]

---

1   중국의 탐사 로버 주룽祝融은 2022년 12월 최대 절전모드에서 깨어날 것으로 예상되었으나, 2023년 4월까지도 반응이 없어 비활성화된 것으로 추정된다. 한편, NASA의 착륙선 인사이트InSight는 2022년에 임무를 종료했으며, 비행체 인제뉴어티Ingenuity도 2024년 초에 활동을 마감했다.

NASA의 퍼서비어런스 로버가 화성 표면에서 작동 중인 모습. 출처: NASA

    화성 유인 탐사와 이주 구상도 더욱 뜨겁게 달아오르고 있다. 스페이스X를 이끄는 일론 머스크는 2016년 "인류를 다행성 종족으로 만들겠다"는 포부를 밝히며, 2024년까지 화성 정착촌을 건설하겠다고 선언했다. 이에 맞서 NASA는 2035년까지 유인 탐사를 계획하고 있으며, 2025년 달 탐사 프로그램 아르테미스의 성공을 바탕으로 2030년대 본격적인 화성 탐사에 착수하겠다는 구상을 내놓았다. 중국은 2028년 톈원 3호를 발사해 화성 표본을 채취하고, 2031년 이를 지구로 가져올 계획이다. ESA는 러시아−우크라이나 전쟁으로 러시아와의 공동 계획이 무산되며 일정이 지연되었지만, 2028년 이후 로잘린드 프랭클린Rosalind Franklin 로버를 화성에 투입할 준비를 하고 있다. 2014년 망갈리안 1호의 궤도 진입에 성공한 인도 역시 화성 탐사선인 망갈리안 2호 발사를 추진 중이다.

화성에 대한 인류의 관심은 고대부터 끊이지 않았다. 과학자들은 화성이 과거에 물이 흐르던 온난한 환경이었을 가능성에 주목하며, 태양과의 거리, 자전축 기울기, 하루 길이 등 지구와의 유사성을 강조한다. 여러 탐사 결과, 화성 표면에는 액체 상태의 물이 존재했던 흔적이 발견되었고, 미생물 등 유기체의 흔적을 찾으려는 시도도 이어지고 있다. 이는 화성 탐사가 과거를 밝히는 데 그치지 않고 미래로 향하는 도전임을 보여준다. 궁극적으로 화성 탐사의 목표는 '인간이 살아갈 수 있는 환경을 개척하는 것'이라는 믿음에 닿아 있다.

실제로 각국 우주 기관은 화성을 유력한 거주 후보지로 간주하고 있으며, NASA는 "생명의 기원과 진화를 탐색할 결정적 기회이자, 향후 인류 생존의 거점이 될 가능성"을 화성 탐사의 공식 목표 중 하나로 제시하고 있다. 이를 위해 NASA는 차피CHAPEA 프로젝트를 통해 모의 화성 환경을 구축하고, 인간의 체험 데이터를 축적 중이다. 2023년 6월부터 2024년 7월까지 4명의 참가자가 3D 프린팅 기술로 만든 거주지 '마스 듄 알파Mars Dune Alpha'에서 378일간 생활을 마쳤으며, 2025년에는 2차 프로젝트가 예정되어 있다.

'제2의 지구'를 찾아 화성으로 떠나는 시나리오는 한때 SF 영화의 상상에 불과했지만, 오늘날에는 점차 현실로 다가오고 있다. 일부 과학자는 인구 폭발과 자원 고갈로 인해 지구가 인류를 모두 수용하지 못하게 될 것이라고 경고한다. 물리학자 스티븐 호킹 역시 "새로운 행성을 식민지로 삼지 못하면 인류는 결국 멸종할 것"이라고 주장한 바 있다.

하지만 이러한 거창한 비전 뒤에는 언제나 경제적 동기가 숨어 있다. 과거 식민주의 시대에도 종교와 문명이 명분으로 내세워졌지만, 실제 목적은 경제적 이익이었다. 화성 탐사와 이주론 역시 과학과 인류의 미래라는 숭고한 명분을 내세우지만, 그 이면에는 우주자원 확보와 우주산업 시장 확대라는 현실적인 이해관계가 작동한다. 달이나 소행성 등 외기권 천체 개발이 상업적 이용과 자원 채굴에 초점을 맞추고 있는 것처럼, 화성 역시 식민지 개척을 떠올리게 하는 경제적 야망에서 자유롭지 않다.

바로 이 지점에서, 화성과 우주를 둘러싼 수많은 이야기가 종종 투자 사기와 결부된다. 1905년 러일전쟁 당시 침몰한 러시아 군함 돈스코이호에 막대한 금괴가 실려 있었다는 소문이 돌며 사기성 투자금이 모였던 것처럼, 화성 이주 역시 신자유주의 시대의 금융자본과 투기적 욕망이 결합해 '꿈의 콘텐츠'가 되고 있다. 화성이라는 붉은 세계가 과연 인류의 새로운 삶의 터전이 될 수 있을지, 아니면 자본이 만들어낸 환상에 불과한 것인지, 이제는 진지하게 되묻지 않을 수 없다.

스페이스 버블: 우주 투자 사기

지금까지 이루어진 화성 탐사는 모두 무인 탐사였으며, 국가 또는 국제기구 주도로만 진행되었다. 정작 국가 차원에서 인간을 화성으로 보낸 사례는 없으며, 우주 강국으로 꼽히는 미국의 NASA조차 2035년쯤을 목표로 한 구상만 내놓은 상태다. 그렇다고 민간에서 화성 유인 탐사나 이주 프로젝트가 전혀 나오지 않은 것은 아니다. 실제로 일론 머스크가 100만 명을 화성으로 이주시키겠다고 선언하기 훨씬 이전부터 여러 민간단체와 기업이 다양한 구상을 내놓았다. 그러나 이들 중 상당수는 당대 기술 수준이나 과학적 설계를 뒷받침하지 못한 채, 실현 가능성이 희박한 '우주 투자 사기'라는 비판을 받았다. 때로는 막대한 부를 지닌 개인의 허황된 우주 꿈을 실현하려는 무모한 시도로 보이기도 했다.

① 데니스 호프와 루나 엠버시Lunar Embassy

대동강을 한양 부자들에게 팔아넘긴 봉이 김선달이 한국에 있었다면, 미국에는 달과 화성의 땅을 판 루나 엠버시 창업자 데니스 호프가 있다. 그는 1967년 체결된 우주조약Outer Space Treaty이 달과 천체를 포함한 우주의 어떠한 공간도 특정 국가나 단체가 점유하거나 영유권을 주장할 수 없도록 금지하고 있다는 사실을 알게 되었다. 하지만 그는 이 조약이 국가의 소유만을 규율할 뿐, 개인의 소유는 금지하지 않았다고 해석했다.

이에 따라 그는 태양계의 모든 행성과 위성에 대한 개인 소유권을 주장하며, 그 소유자가 바로 자신이라고 선언했다. 그의 논리는 간단했다. 국가는 우주를 소유할 수 없지만 개인은 가능하며, 이는 서부 개척 시대 금광처럼 "먼저 발견하고 소유권을 주장한 사람이 차지할 수 있다"는 원리에 따라야 한다는 것이다. 그는 이러한 주장을 UN, 미국 정부, 심지어 소련에도 서면으로 통보했지만, 어느 곳에서도 답변을 받지 못했다.

그러나 이에 굴하지 않고, 그는 미국 샌프란시스코 지방 법원에 달 소유권을 인정해 달라는 소송을 제기했고, 뜻밖에도 승소했다. 이 승소를 근거로 그는 성간 물체interstellar bodies의 소유권까지 주장하며 본격적으로 '우주의 땅'을 판매하기 시작했다. 그는 달, 금성 등 여러 천체의 소유권 증서를 에이커(약 4,046㎡)당 19.99~22.49달러에 판매했으며, 심지어 명왕성은 통째로 25만 달러에 매물로 내놓았다. 1990년대 후반에는 화성도 매물로 올렸고, 하루에 30~40건의 필지를 판매하며 총 3억 2,500만 에이커의 화성 땅을 매매해 400만 달러의 이익을 남긴 것으로 알려졌다. 1980년 이후 그는 우주 토지 판매를 통해 총 1,100만 달러가 넘는 수익을 올린 것으로 전해진다.

② 바스 란스도르프와 마스 원Mars One

마스 원은 네덜란드 출신의 백만장자 바스 란스도르프가 설립한 민간 조직으로, 화성에 최초로 인간을 착륙시키고 영구적 식민지를 건설하겠다는 목표를 내세웠다. 이 프로젝트는 2020년 로봇을 먼저 화성에 보내 정착촌 건설을 시작하고, 2025년에는 4명의 승무원을, 2033년까지는 총 6개 팀 24명을 화성에 정착시키겠다는 계획이었다. 그러나 마스 원의 구상은 전 세계 과학자, 엔지니어, 항공우주 산업 종사자들로부터 심각한 비판을 받았다. 우주선 발사부터 화성 착륙, 생명 유지 장치, 의료 시스템, 전력 공급에 이르기까지 기본적인 하드웨어조차 갖추지 못했고, 사실상 구체적 설계 없이 선언에 그친 계획이었다.

마스 원은 프로젝트 비용을 약 60억 달러로 추산했지만, 대다수 전문가는 이 수치가 터무니없이 낮다고 지적했다. 과거 NASA가 화성 유인기지를 계획했을 때 예상 비용은 최소 1,000억 달러에 달했기 때문이다. 2014년 미국 매사추세츠 공과대학교MIT는 보고서를 통해, "화성에 도착한 승무원이 10주 안에 죽지 않으려면 수많은 기술적 난관을 극복해야 한다"며, "현재 기술로는 68일 안에 전원이 질식사할 것"이라고 경고했다.

'돌아오지 못하는 죽음의 편도 비행'임에도 불구하고, 2015년 마스 원이 모집한 화성 이주 희망자에는 한국인을 포함해

20만 명이 넘는 지원자가 몰려들었다. 이 중 1차로 남녀 동수로 구성된 후보자 100명이 선정되었지만, 마스 원의 가장 큰 문제는 자금 조달이었다. 애초에 60억 달러라는 추산도 비현실적이었지만, 이마저도 제대로 확보하지 못했다. 후보자 선발 과정을 리얼리티쇼로 중계해 자금을 마련하겠다는 계획을 내세웠지만, 결국 실현되지 않았다.

마스 원은 항공우주 기업이 아니었고, 하드웨어나 장비를 직접 제작하지도 않았다. 사실상 마케팅 또는 투자 중개업체에 가까운 조직이었다. 2012년 설립 이후 2019년 초 파산하기까지, 마스 원은 투자자들로부터 수천만 달러를 조달한 것으로 추정된다. 그러나 자금 흐름이 막히고 투자자들이 등을 돌리자, 계획은 수차례 연기되고 의혹도 커졌다. 결국 2019년, 마스 원은 파산을 맞으며 조용히 사라졌다.

③ 데니스 티토와 인스퍼레이션 마스 재단Inspiration Mars Foundation

마스 원이 화성 이주 프로젝트를 제안한 직후인 2013년 2월, 미국의 백만장자 데니스 티토는 인스퍼레이션 마스 재단을 설립하고 유인 화성 궤도 여행을 제안했다. 이 프로젝트는 화성에 착륙하지 않고 501일간 화성 궤도를 비행한 뒤 지구로 귀환하는 왕복 임무로, 2018년 부부 우주비행사 2명을 보내겠다는 계획이었다. 마스 원에 비해 티토의 계획은 단순하고 비용도 훨씬 낮아, 비교적 현실적인 시도로 평가받았다. 그는 총비용을 10~20억 달러로 추산했으며, 프로젝트 초기 2년간은 자신이 직접 재단 운영 비용을 지원하겠다고 밝혔다. 그러나 마스 원과 마찬가지로 티토 역시 충분한 자금을 확보하지 못했고, 미국 정부의 지원이나 NASA와의 협력도 이끌어내지 못하면서 계획은 2년 만에 중단되었다.

④ 리처드 브랜슨과 버진 갤럭틱Virgin Galactic

화성 개발에 집착한 재벌 사업가는 바스 란스도르프나 데니스 티토만이 아니었다. 영국 항공회사 버진그룹 회장 리처드 브랜슨은 2004년 우주비행 회사 버진 갤럭틱을 설립하고, 우주여행 및 우주관광용 비행체 개발에 착수했다. 그는 "내 생애 중 화성에 식민지를 건설하는 과업에 착수할 것"이라며, 화성 식민지 개척에 대한 열망을 드러내고 우주비행체 개발에 박차를 가했다.

버진 갤럭틱은 2004년 10월 4일, 모하비 에어로스페이스 벤처Mojave Aerospace Ventures와의 합작으로 스페이스십 원을 개발했다. 이 비행체는 최대 고도 111.64km까지 상승해 약 3분간 우주 공간에 머문 후 귀환하는 데 성공했다. 이를 바탕으로 버진 갤럭틱은 2014년경 상업용 우주여행을 목표로 스페이스십 투 개발에 나섰지만, 잇따른 사고로 개발이 지연되었다. 버진 갤럭틱의 개발 과정에는 수많은 우여곡절이 있었다. 2007년 로켓 엔진 시험 중 발생한 폭발 사고로 직원 3명이 사망했고, 2014년에는 스페이스십 투의 첫 번째 모델 VSS 엔터프라이즈VSS Enterprise가 비행 중 공중 폭발해 조종사가 사망하는 참사가 발생했다.

그러나 2021년 7월 11일, 상용 우주관광 비행을 앞둔 최종 시험 비행에서 브랜슨 회장을 포함한 총 6명이 탑승한 우주비행이 성공하면서, 민간기업에 의한 상업 우주관광 시대가 열렸다는 평가가 나왔다. 2005년부터 2014년까지 약 600명이 우주여행을 예약했으며, 당시 비용은 25만 달러였다. 이후 2021년 시험 비행 성공 직후 요금은 45만 달러로 인상되었고, 예약자는 기존 인원을 포함해 총 800명으로 늘어났다.

그러나 브랜슨의 화성 식민지 건설 구상은 곧 위기를 맞았다. 버진 갤럭틱에서 분사한 소형 인공위성 발사업체 버진 오빗Vrgin Orbit이 2023년 4월 파산을 신청한 것이다. 이 기업은 공중 발사 방식의 발사체 런처원LauncherOne을 개발하며, 지상 발사와 달리 언제 어디서든 발사할 수 있다는 점을 내세웠다. 그러나 2020년부터 3년간 시도한 6차례 발사 중 2차례가 실패했고, 특히 2023년 1월 영국에서 시도한 인공위성 9기 발사가 실패하면서 투자자들이 등을 돌렸다. 결국 자금 조달에 실패한 버진 오빗은 파산에 이르렀다.

소형 인공위성조차 궤도에 제대로 올리지 못하는 기업이 화성까지 도달할 우주발사체를 개발할 수 있을 것이라 기대하는 것은 무리다. 버진 갤럭틱의 관광 비행은 모선母船 'VSS

이브VSS Eve'가 우주비행선 'VSS 유니티VSS Unity'를 실어 공중으로 이륙한 뒤, 분리된 유니티가 고도 약 90㎞까지 상승해 탑승자가 수 분간 무중력을 체험하며 우주 전망을 감상하는 방식이다. 버진 갤럭틱은 2023년 6월부터 2024년 6월까지 총 7차례 상업 우주관광을 성공시켰지만, 이는 엄밀히 말해 완전한 우주비행이 아닌 '준궤도 비행'에 불과하다. 일반적으로 지상 100㎞ 이상을 우주로 간주하지만, 버진 갤럭틱의 비행고도는 87.5㎞로, 기술적으로는 우주 공간에 도달하지 못한 것으로 본다.

버진 갤럭틱은 7차 비행을 끝으로 당분간 준궤도 비행을 중단하고, 2026년부터는 6명이 탑승 가능한 차세대 우주비행기 '델타Delta'를 도입해 우주여행을 재개할 계획이라고 밝혔다. 이 결정으로 당장의 위기는 넘겼지만, 준궤도 관광의 한계와 치열한 경쟁 속에서 이 산업에서의 성공은 여전히 불투명하다. 결국 브랜슨 회장의 화성 식민지 건설 구상은 지속인 투자 유치를 위한 상징적 비전에 가깝고, 실제 추진하는 사업은 지구준궤도² 수준의 우주관광에 머물러 있다.

---

2   지구저궤도보다 낮은 고도인 지상 50~100㎞를 지칭한다. 이 고도에서는 무중력 체험과 지구의 만곡 관측 등 기본적인 우주 경험이 가능하다. 저궤도 우주관광은 국제우주정거장에 도달해야 하므로 사전 훈련이 필요하고, 발사체 일정에 크게 의존하는 등 제약이 많았다. 반면, 준궤도 비행은 비교적 자유로운 운용이 가능해 비용이 저렴하고, 대중적 접근성이 높다는 장점이 있다.

⑤ 갤럭틱 스위트Galactic Suite, 민간 우주정거장 건설의 허상

2007년 스페인 바르셀로나에 본사를 둔 항공우주 설계 회사 갤럭틱 스위트는 '스페이스 리조트'라는 우주정거장 건설 계획을 발표하며, 익명의 후원자들로부터 이미 30억 달러를 투자받았다고 밝혔다.[3] 이 우주정거장은 12개의 모듈이 중앙 허브를 중심으로 바깥으로 뻗은 구조로 설계되었으며, 한 번에 여러 명의 고객에게 개별 침실을 제공하는 '우주 호텔'을 목표로 했다. 또한 미세 중력 환경에서 작동하는 욕실을 구상하며, 거품이 떠다니는 스파룸에서 샤워할 수 있도록 설계했다고 밝혔다. 해당 정거장은 90분에 한 번 지구를 공전하며, 24시간 동안 총 16번의 낮과 밤 주기를 제공할 예정이었다. 당시 3일 숙박 비용은 1인당 400만 달러로 책정되었고, 갤럭틱 스위트는 전 세계적으로 약 4만 명이 이 비용을 감당할 수 있을 것이라 전망했다.

갤럭틱 스위트는 우주정거장 모듈 및 장비 제작을 위해 유럽 항공우주 기업 아스트리움EADS Astrium과 계약했다고 발표했지만, 아스트리움 측은 이를 부인했다. 우주 전문가들도 이 프로젝트에 대해 회의적인 반응을 보였으며, 관련 하드웨어 제작이나 테스트는 전혀 완료되지 않았고, 무엇보다 자체 우주 발사 수단조차 갖추지 못한 상태였다. 이 때문에 예상

3　　　https://www.nbcnews.com/id/wbna20216344

보다 훨씬 많은 비용이 소요될 것으로 보였고, 상업적 성공 가능성도 희박하다는 평가가 지배적이었다. 당시에는 지구저 궤도까지 상업 우주비행에 성공한 기업조차 없었고, 우주 발사 비용도 극히 비쌌다. 결국 2021년, 갤럭틱 스위트 프로젝트는 영구적으로 취소되었다.

⑥ 소행성 채굴, 실패한 약속의 연대기

플래니터리 리소스Planetary Resources는 항공우주 기업가 에릭 앤더슨과 피터 디아만디스가 설립한 회사로, 영화감독 제임스 카메론이 고문으로, 구글 CEO 래리 페이지와 회장 에릭 슈미트가 투자자로 참여했다. 2012년 4월 24일 억만장자 기업가들이 주도한 플래니터리 리소스는 소행성에서 자원을 채굴하겠다는 계획을 공식 발표했다.

이들의 구상에 따르면, 소행성에서 물을 채굴해 이를 액체 산소와 수소로 분리한 뒤 로켓 연료로 사용하고, 이를 바탕으로 2020년까지 우주 연료 저장소를 구축해 지구 궤도상의 위성과 우주선에 연료를 공급하겠다는 계획이었다. 그러나 핵심 기술 개발에 실패했고, 투자도 급감하면서 2020년 회사는 문을 닫았다. 모든 하드웨어 자산은 경매에 부쳐졌고, 소행성 채굴이라는 거창한 비전은 끝내 실현되지 못했다.

데이비드 검프가 2013년 설립한 딥 스페이스 인더스트리 Deep Space Industry도 있다. 이 기업은 2015년까지 채굴에 적합한 소행성을 탐사하고, 2016년까지 샘플을 지구로 회수한 뒤, 2023년 본격적인 채굴에 돌입하겠다는 계획을 내놓았다. 그러나 곧 소행성 탐사에 필요한 기술 개발에는 막대한 시간과 자금이 소요된다는 현실에 직면했다. 또한 손익분기점을 넘길 수 있다는 확신이 서지 않자 채굴 중심 전략을 포기하고, 2019년 브래드포드 스페이스Bradford Space에 인수되면서 독자적인 채굴 프로젝트는 중단되었다.

이처럼 소행성 탐사 및 채굴에 따르는 막대한 비용과 기술 장벽으로 인해 민간이 시도한 프로젝트들은 모두 실패했다. 그럼에도 다른 우주기업들과 마찬가지로, 소행성 채굴 기업들 역시 '개발 가능성'을 내세워 벤처 자본 유치에 활용해 왔다.

미국의 소행성 자원 개발 스타트업 아스트로포지Astroforge는 백금, 팔라듐, 이리듐 등 희귀 금속이 풍부한 소행성을 목표로 자원 채굴 계획을 발표했다. 2022년 5월 1,300만 달러의 투자를 유치한 뒤, 2023년 초 우주 광물 정제 실험을 위해 소형 우주선을 발사했고, 탐사용 우주선 브로커-2Brokkr-2 개발에도 착수했다. 그러나 같은 해 12월, 지상과의 통신 장애로 운영에 어려움을 겪었다.[4] 그럼에도 불구하고 2025년 3월 27

---

4   https://techcrunch.com/2023/12/11/asteroid-mining-startup-astroforge-faces-setbacks-and-successes-on-demonstration-mission/

일, 아스트로포지는 소행성 2022 OB5 탐사선 오딘Odin을 스페이스X 팰컨 9Falcon 9에 실어 발사했다. 이 소행성이 금속형으로 확인되면, 채굴용 우주선 베스트리Vestri를 추가로 발사할 계획이다. 그러나 베스트리가 도달하더라도 무중력·진공 상태에서의 채굴과 정제는 아직 구현 가능한 기술이 아니다. 아스트로포지는 "수십 년 내 필요한 기술이 개발될 수 있다"며, 소행성 채굴의 실현 가능성과 수익성을 낙관적으로 홍보하며 투자를 유치하고 있다.[5]

이처럼 우주와 화성을 둘러싼 대담한 계획들은 인류의 상상력과 탐험 정신을 자극하지만, 기술 검증이나 구체적 로드맵 없이 '꿈'을 과장해 막대한 자금을 끌어들이는 사례도 적지 않다. 버진 갤럭틱처럼 저궤도 관광 사업에서 일정한 성과를 낸 기업도 있지만, 화성 유인 탐사나 소행성 광물 채굴은 여전히 기술적·경제적으로 실현 가능성이 낮다는 평가가 지배적이다.

미완의 로켓 기술, 천문학적 비용, 불투명한 수익 모델이 얽힌 이 현실을 '스페이스 버블Space Bubble', 즉 언제 터질지 모를 '우주 거품 경제'라고 부르기도 한다. 이처럼 과잉된 금융 자본에 기반한 우주 시장은 한순간에 거품이 꺼질 위험도 안고 있다.

---

5   https://www.space.com/psyche-metal-asteroid-composition

일론 머스크의 화성 이주: 꿈인가, 투자극인가

　2016년 스페이스X의 CEO이자 수석 설계자인 일론 머스크는 26개월마다 찾아오는 최단 거리 궤도를 활용해 화성에 100명을 수송할 수 있는 스타십 1,000대를 동시에 발사해 10만 명을 화성으로 이주시킬 계획을 발표했다. 이를 위해 슈퍼 헤비 부스터, 랩터 엔진, 스타십 우주선 개발에 착수했으며, 이후 화성 이주 계획은 더욱 확대되었다. 머스크는 2020년 1월 X(구 트위터)를 통해 "2050년까지 100만 명을 화성에 보낼 것"이라며, "연간 100대씩 10년 동안 스타십 1,000대를 건조해 하루 평균 3대를 발사하고, 누구나 화성 여행이 가능하도록 만들겠다"고 밝혔다.

　하지만 이후 머스크는 출발 일정을 지속적으로 연기했다. 그는 2022년까지 화물을 먼저 화성에 보낸 뒤, 2024년 말부터 인간 이주를 시작하겠다고 했지만, 2020년 12월에는 유인 비행 시점을 2026년 말로 변경했고, 2022년에는 다시 "인류의 첫 화성 착륙은 2029년"이라고 정정했다. 이처럼 일정을 반복적으로 지연시킨 이유는 스타십 개발 실패에 있다.

　2020년 초, 스타십의 지구준궤도 시험 비행이 실패하면서, 같은 해 말 예정되었던 화물 발사 일정은 자동으로 2년 이상 미뤄졌다. 화성 최단 거리 비행은 26개월 주기이므로, 일정이 한 번 밀리면 기회 자체가 사라지기 때문이다. 이후 2022

년 말 예정이던 출발도, 2022년 초 시험 실패로 2024년 말로 재연기되었다.

2023년 4월, 스타십의 첫 궤도 비행 시험은 슈퍼 헤비 부스터와의 분리에 실패했고, 이후 부스터가 폭발하면서 실험은 실패로 끝났다. 이 여파로 그해 말 예정이던 민간 달 탐사 일정도 연기되었다. 이후 2025년 1월까지 총 7차례 궤도 비행을 시도했으나, 대부분 실패하며 궤도 비행 단계를 벗어나지 못하고 있다.[6]

그러던 중 2024년 9월 머스크는 "2년 안에 5대의 무인 스타십을 화성으로 보낼 계획"이라고 밝혔다. 그는 X를 통해 "모두 안전하게 착륙하면, 4년 뒤 유인 탐사도 가능하다"면서, "문제가 발생하면 2년 더 미뤄질 것"이라고 덧붙였다.[7] 이로써 화성 유인 비행 시점은 빠르면 2030년, 아니면 2032년 이후로 다시 밀리게 되었다. 이 과정에서 머스크는 '화성

---

6   스타십은 2023년 11월 18일 진행된 두 번째 시험 발사에서 단 분리에는 성공했으나, 대기권 재진입에 실패하며 시험 비행은 실패로 끝났다. 2024년 3월 14일 세 번째 발사에서는 궤도 비행에는 처음으로 성공했지만, 재진입에 실패해 '절반의 성공'에 그쳤다. 이어 6월 6일 네 번째 발사에서는 슈퍼 헤비 부스터가 연착륙에 성공했고, 스타십 우주선도 준궤도 비행, 재돌입, 연착륙까지 모두 성공하며 발사 전 과정을 처음으로 완수했다. 10월 다섯 번째 발사에서는 '젓가락 팔Chopstick Arms' 장비를 이용한 부스터 포획 및 회수에 성공해 개발 가도에 중요한 이정표를 세웠으나, 11월 여섯 번째 발사에서는 같은 방식의 회수에 실패했다. 2025년 1월 16일 일곱 번째 발사에서는 1단 부스터 회수에 두 번째로 성공했지만, 2단 스타십 우주선이 분리 직후 통신이 두절되고 폭발하면서 실패로 끝났다. 이어 3월 8일 여덟 번째, 5월 27일 아홉 번째 시험 발사도 각각 엔진 고장과 기타 문제로 실패했다.

7   https://www.newsspace.kr/news/article.html?no=4130

이주'라는 표현을 '유인 탐사' 또는 '우주 여행자'로 슬며시 바꾸었다.

머스크의 화성 이주는 스타십의 성공에 달려 있었고, 비용 문제 또한 핵심 과제로 떠올랐다. 비행 거리와 시간이 길어질수록 우주선의 규모와 생존 장비가 커지면서 비용은 기하급수적으로 증가한다. 특히 26개월 주기로 찾아오는 최단 궤도에 맞춰 최대한 많은 인원을 한 번에 보내야 하며, 출발 후 편도로 6~9개월, 왕복에는 다시 2년을 기다려야 한다. 즉 최소 3년 동안 우주와 화성에서 생존해야 한다는 뜻이다.

머스크는 초기 이주 비용을 1인당 50만 달러, 장기적으로는 10만 달러까지 낮추겠다고 주장했다. 일반 시민도 개인 자산을 처분하거나 대출을 통해 이 비용을 감당할 수 있도록 하겠다는 구상이었다. 이 기준을 적용하면, 스타십 1대(100명 탑승)의 편도 운행 비용은 약 1,000만~5,000만 달러로 추산된다. 여기에는 탑승자들의 생존 장비, 개인 화물, 최소 6개월간의 체류 지원 비용이 포함된다.

하지만 이 비용은 지나치게 낮다. 예를 들어, 호화 크루즈선의 일종인 메가요트 한 척의 연간 유지비가 5,000만 달러에 달하는데, 100명을 태우고 화성까지 가는 초대형 우주선의 운용비가 이와 같다는 것은 현실성이 떨어진다. 게다가 스타십의 건조 계획과 이주민 수요 전망은 계속 변경되어 왔다. 초기에는 연간 1,000대 건조 · 10만 명 이주에서, 10년간

1,000대 건조 · 100만 명 이주로 바뀌는 등 수차례 수정되었다. 이처럼 계획이 자주 바뀌고, 구체적 근거나 기술적 타당성이 부족하며, 스타십 시험 비행도 실패를 거듭하고 있다는 점에서 머스크의 화성 이주 구상은 신뢰하기 어렵다는 지적이 이어진다.

스타십과 화학연료 로켓의 한계

일론 머스크의 화성 이주 계획은 혁신적인 도전처럼 보이지만, 실제로는 과학적 근거와 기술적 현실성이 결여된 환상에 불과하다. 스타십의 기술적 한계, 잇따른 일정 연기, 상업적 동기에 대한 의구심은 화성 이주에 대한 신뢰를 약화시키고 있다.

화성 이주에 필요한 스타십 개발에 성공하더라도, 그 우주선이 실제로 유인 탐사나 이주에 활용될지는 여전히 불확실하다. 스타십이 1단 부스터인 슈퍼 헤비를 재사용해 발사 비용을 절감하더라도 화학연료 로켓이라는 한계는 벗어날 수 없다. 스타십과 슈퍼 헤비는 우주 로켓 사상 가장 강력한 추력과 탑재 능력(페이로드)을 갖추게 되지만, 그조차 기존의 화학연료 로켓 기술을 크게 벗어나지 않는다.[8] 슈퍼 헤비에는

---

8   스타십은 로켓 연료와 산화제로 액체 메탄LCH₄과 액체 산소LOX를 사용한다.

3,400톤의 연료가 탑재되며, 이를 사용해 지구저궤도까지 상승한 뒤 회수된다. 2단 스타십 우주선은 지구저궤도에서 화성까지 이동한 뒤 지구로 귀환해야 하며, 이를 위해 1,200톤의 연료가 필요하다. 지구저궤도에서 급유를 받는다 해도, 1,200톤의 연료로 겨우 100톤의 화물과 사람을 화성까지 운송하는 구조는 '배보다 배꼽이 더 큰' 방식이다.[9]

이처럼 화학연료 로켓은 화성 이주용으로는 한계가 뚜렷하다. 스타십과 같은 화학연료 로켓은 연료의 무게로 인해 우주 공간에서 충분한 속도를 내기 어려워 화성까지 도달하는데 많은 시간이 소요된다. 스타십은 지구-화성 간 최단 거리 조건에서 평균 비행시간의 절반인 약 3~4개월을 목표로하고 있다. 우주비행 시간을 줄인다 해도, 3개월은 유인 비행에 치명적인 부담이다. 비행 시간이 길어질수록 생명 유지에

로켓 엔진인 랩터2Raptor2는 극저온 상태의 이 연료 조합을 이용해 230톤의 추력을 발휘한다.

9   지상 발사 시 연료 무게를 줄이기 위해, 2단 스타십 우주선은 연료탱크를 비운 채 발사된 뒤 우주 공간에서 급유를 받는 '우주 급유' 시스템을 도입했다. 이를 위해 연료 공급 전용 탱크선인 스타십 탱커Starship Tanker를 미리 지구저궤도에 올려놓고, 스타십은 여기에 도킹해 필요한 연료 1,200톤을 공급받는다. 그러나 스타십 탱커는 한 번에 100~150톤만 급유할 수 있어, 전체 연료를 확보하려면 10회 이상의 급유 작업이 필요하다. 이러한 우주 급유 시스템은 발사 시 연료 하중을 줄이고, 기존 장거리 우주 로켓의 한계를 극복하는 혁신 기술로 소개되고 있다. 하지만 이것 역시 화학연료 로켓이라는 한계 내에서의 개선에 불과하다. 게다가 10차례 이상 반복되는 급유 작업이 실제 총 연료 소모량을 줄이는 효과가 있는지도 불분명하며, 우주 급유 자체가 랩터2 엔진의 성능 한계를 보완하기 위한 분산 발사 전략이 아닌가 하는 의구심도 제기되고 있다.

필요한 물자와 장비가 늘어나고, 우주방사선 등 인체에 치명적인 환경에 노출될 위험이 커지기 때문이다.

발사 비용과 연료 소모를 줄이려면, 화학연료 방식이 아닌 이온 엔진이나 핵열추진 로켓Nuclear Thermal Rocket, 이하 NTR 같은, 연료 효율이 높고 비추력이 우수한 추진체가 필요하다. 이온 엔진이 내연기관에서 전기차로의 전환에 비유된다면, 스타십은 화석연료 기반 자동차의 고도화에 가깝다. 그러나 문제는 이온 엔진과 NTR의 개발이 아직 요원할 뿐 아니라, 우주에서의 핵연료 사용을 둘러싼 기술적·정책적 제약도 크다는 점이다. 결국 스타십이 '화성 유인 탐사'에 쓰일 수는 있겠지만, '이주용'으로 활용되기는 어렵다는 것이 현실이다.

스페이스X가 구상하는 스타십의 현실적 용도 역시 화성 이주가 아니다. 스페이스X는 스타십을 초음속 콩코드 여객기처럼 지구 대륙 간 운송 로켓으로 활용하거나, NASA의 아르테미스 계획에서 달 착륙선 겸 귀환선으로 사용하는 방안을 검토 중이다. 즉 행성 간 이주가 아니라, 지구 대륙 간 또는 근지구권 운송이 주요 목적이다. 아르테미스 계획에 따르면, 우주비행사들은 NASA의 오리온Orion 우주선을 타고 달 궤도에 도달한 뒤 인간 착륙 시스템Human Landing system, 이하 HLS인 HLS 스타십으로 갈아타 달에 착륙한다. 그리고 일주일간 머문 후, 다시 HLS 스타십을 타고 지구로 돌아온다. 그러나 2025년 현재까지도 스타십은 지구저궤도 진입 시험에서 연이어 실패하

고 있으며, 이 단계를 넘기기 위한 기술적 과제 해결에 집중하고 있다.[10]

화성 유인 탐사와 이주에는 로켓 기술뿐 아니라, 우주 생존을 위한 다양한 기술 개발이 병행되어야 한다. 미국 국립의학아카데미는 장기 우주탐사의 가장 큰 변수로 인간의 생리적 특성을 지목했다. 2년 이상 고립된 상태에서 건강을 유지하려면, 생명 유지 장치, 우주복, 의료·심리 지원, 식량 공급, 인공생태계, 자원 재활용, 현지 자원 활용ISRU 기술 등 다양한 분야의 발전이 필수다. 특히 화성 이주와 거주를 목표로 한다면, 우주 거주구Space Habitat와 생태계 조성 등 복잡한 과제를 해결해야 한다.

현재로서는 이 모든 기술의 해법이 거의 없다. 이러한 상황에서 인간이 화성에 가면, 곧 죽게 될 가능성이 높다. 이를 알고 있는 일론 머스크도 화성에서 돌아오지 않는 '죽음의 편도 비행'을 거듭 언급하지만, 이는 곧 화성 이주의 실현 가능성이 극히 낮다는 사실을 반증할 뿐이다.

---

10   2024년 12월 5일 NASA는 2022년 아르테미스 I 임무에 사용된 무인 오리온 캡슐의 방열판에서 손상이 발견되었다는 이유로, 스타십이 투입될 예정이었던 아르테미스 III 임무를 기존 2026년 9월에서 2027년 중반으로 연기했다. 결국 스타십 개발은 2027년까지도 완료되지 않을 가능성이 크다.

2.
지구궤도, 최초의 우주 식민지

궤도냐 행성이냐, 그것이 문제로다

아마존 창업자이자 블루 오리진을 이끄는 제프 베이조스는, 일론 머스크와는 다른 우주 거주 청사진을 제시했다. 그는 미국 물리학자들이 제시한 "태양계 내 다른 행성은 인간 거주에 적합하지 않다"는 주장을 근거로, "미래의 인류는 행성 표면이 아니라 지구에 가까운 우주 공간에 인공위성이나 우주정거장 형태의 '우주 섬'을 건설해 살아가게 될 것"이라고 전망했다. 한 행성을 정복하려는 머스크와 달리, 베이조스는 행성과 행성 사이의 우주 공간에 '섬'처럼 우주정거장을 세우자는 입장을 취한다.[11]

---

11   아이러니한 점은, 일론 머스크가 화성 이주를 내세운 덕분에 스타십이 NASA 아르테미스 계획의 달 착륙선으로 단독 선정됐고, 블루 오리진은 탈락했다는 것이다. 이에 제프 베이조스는 NASA에 강하게 반발했고, 결국 2023년 5월

우주 이주와 유인 탐사에서 가장 중요한 요소는 생존이다. 우주방사선을 차단하고, 인간과 동물이 살아갈 수 있도록 산소와 공기를 공급하는 생명 유지 장치는 필수다. 곡물과 식물이 자랄 수 있는 인공 생태계, 자원 순환 시스템도 필요하다.[12] 또한 지구의 야생보다 100배는 더 가혹한 기후 변화와 같은 극한 환경을 견딜 수 있는 기술적 대비도 필요하다.

설령 우주 거주구나 식민지를 건설할 기술이 확보된다 하더라도, 달이나 화성과 같은 외기권 천체의 지표면에 우주 식민지가 먼저 들어설 가능성은 높지 않다. 물론 행성의 지표나 지하가 생존에 유리한 환경을 제공할 수도 있다. 예를 들어, 대기가 태양풍과 우주방사선을 차단해주거나, 중력이 지구와 유사해 인체의 항상성 유지에 도움이 되는 경우, 혹은 자원이 풍부해 현지 자원 활용이 가능하고 물이나 산소가 존재할 가능성이 있는 경우다.

그러나 현재까지 알려진 대부분의 태양계 천체는 이러한 조건을 충족하지 못한다. 대기가 없거나 매우 희박한 행성은 지표 거주의 이유가 없고, 대기가 얕은 경우 운석이나 소

NASA는 아르테미스 5호의 달 착륙선 개발을 블루 오리진에 맡기며 균형을 맞췄다.

12   과학자들은 완전히 통제된 환경에서 생태계를 관리한 '바이오스피어2' 실험과, 국제우주정거장에서 땀, 배설물, 호흡까지 재생해 사용하는 자원 순환 실험을 지속해 왔다. 이러한 연구는 최소한의 자원으로 장기 유인 비행을 가능하게 하고, 우주에서 지속 가능한 생존을 뒷받침하는 데 목적이 있다.

행성 충돌에 매우 취약하다. 대기가 있다고 해도, 극심한 기온 변화와 폭풍 같은 혹독한 환경이라면 지표 거주는 오히려 위험하다. 수백 미터 지하의 천연 동굴이나 인공 구조물에서 거주한다면 방사선 차폐와 환경 대응은 용이할 수 있으나, 일상생활의 불편과 제약은 그만큼 커진다.

따라서 제프 베이조스의 전망처럼, 인류 최초의 우주 거주구는 달이나 화성이 아니라 지구궤도나 근지구 우주 공간에 건설될 가능성이 높다. 우주 거주에서 가장 중요한 것은 생존이며, 생존에 가장 적합한 환경은 아이러니하게도 여전히 지구다. 기후 위기가 심화된다고 해도, 지구의 환경은 화성이나 달보다 훨씬 더 인간에게 유리하다. 지구는 앞으로 수백 년, 수천 년 동안도 인간이 살아가는 데 가장 안정적인 조건을 제공할 것이다.

결국 인류가 우주에 거주구를 세운다면, 지구의 환경과 자원을 최대한 활용할 수 있는 곳, 즉 지구궤도가 최우선 후보가 된다. 지구궤도는 달이나 화성 같은 천체보다 우주방사선의 영향이 덜하며, 비상 상황 발생 시 지구로 신속하게 귀환할 수 있다는 점에서도 안전하다.

또한 행성 궤도는 지표보다 상대적으로 안정적일 뿐 아니라, 일정한 태양 노출이 가능해 기온 유지에 유리하다. 인공 중력 구현도 더 유연해, 다양한 중력 환경을 조성할 수 있어 인체 건강 유지에도 도움이 된다. 따라서 행성 지표보다 궤도의 적절한 위치에 스페이스 콜로니Space Colony나 우주 거주구를 건설하는 편이 훨씬 현실적이다.

설령 달이나 화성의 지표에 거주지를 구축하더라도, 생존과 귀환을 위한 최소한의 안전 확보를 위해 궤도에는 우주정거장과 같은 대피 및 생명 유지 시설이 필수적이다. 지표에 자재와 장비를 배치하더라도, 지구로 돌아오려면 궤도에 귀환용 우주선ERV이 대기해야 한다. 이러한 시스템이 일사불란하고 대규모로 운영될수록 행성 궤도에 우주정거장을 건설할 필요성은 더욱 커진다. 결국 정거장의 기능이 늘어나고 도시 규모로 확장되면, 그것은 곧 행성 궤도의 스페이스 콜로니이자 우주 거주구가 된다. [13]

화성 이주, 한 세대 안엔 꿈일 뿐

소행성 충돌과 같은 예기치 않은 멸종 위기로 우주 이주가 불가피한 위기 상황은 지구보다는 화성과 달에 더 자주 닥칠 수 있다. 지구는 강한 자기장과 두꺼운 대기가 우주방사선과 유성체를 차단하거나 대기권에서 소멸시키는 방어막 역할을 한

---

[13] 이러한 관점에서 볼 때 가장 이상적인 형태는 행성 궤도와 지상에 각각 우주 거주구를 건설하는 것이다. 지상에는 현지 자원을 활용할 수 있는 작업장, 광물 채취 시설, 공장, 곡물 생산 및 저장 공간, 지하 대피시설 등을 조성하고, 행성 궤도에는 거주, 생활, 여가, 요양 등 주거와 돌봄 기능을 담당할 우주 거주구를 건설하는 것이 가장 이상적이다.

다. 완벽하지는 않지만, 일정 수준의 보호는 가능하다. 반면, 화성은 자기장이 거의 없고 대기도 희박해 방어 기능이 미미하며, 달은 아예 대기가 없어 충돌에 무방비로 노출되어 있다. 실제로, 화성과 달의 표면을 뒤덮고 있는 수많은 크레이터crater(운석 구덩이)가 이러한 위험을 잘 보여준다. 따라서 충돌 위험을 피해 화성으로 이주하자는 주장은, 태풍을 피해 더 위험한 바다로 나가자는 말과 다름없다.

한편, 경제적·자본주의적 관점에서도 화성이나 달보다 지구궤도에 우주 식민지가 건설될 가능성이 더 크다. 자본주의적 목적에 따라 우주 식민지는 지구와의 거리, 자원 채굴 및 운송 비용을 고려해 경제적 부담이 최소화되는 위치에 조성될 것이다. 예를 들어, 상업적 우주 채굴, 우주 제조, 우주 거주가 주요 목적이라면, 추출한 자원을 지구로 운송하는 데 드는 비용이 핵심 변수다. 이 경우 채굴 장소가 달이나 화성이라 하더라도, 실제 작업은 자동화와 로봇화가 중심이 될 가능성이 크다. 사람이 직접 투입되면 생명 유지 시설의 구축과 운영 비용은 로봇에 비해 몇 배 이상 증가하고, 사고 위험도 훨씬 커지기 때문이다. 결국 경제성과 안전성을 고려할 때, 우주 채굴은 점차 인간이 아닌 로봇이 수행하는 방향으로 나아가게 될 것이다.

화성 유인 탐사는 왕복에 최소 3년이 걸리는 최장기 우주 비행으로, 우주 공간과 화성에서의 생존을 위해 이주에 필적하는 고도의 기술이 요구된다. 단순히 화성에 도달할 수 있는 로켓이 개발되었다고 해서 곧바로 유인 탐사를 시작할 수는 없다. 생명 유지 장치, 자원 재활용, 현지 자원 활용 등 핵심 생존 기술이 함께 갖춰져야 한다. 그러나 현재 기술 수준과 개발 속도를 고려할 때, 향후 10년 안에 화성 유인 탐사가 실현될 가능성은 낮다. 실질적인 탐사는 이르면 2040년대, 화성 이주는 적어도 2050년대는 되어야 가능할 전망이다. 결국 2030년대는 유인 탐사조차 실현되기 어려운 시기다.

지구를 떠나는 상상, 현실이 되다

스타십과 같은 민간 우주발사체의 개발, 상업용 우주관광과 운송의 확대는 화성 이주까지는 아니더라도 유인 우주탐사의 확장을 이끄는 전환점이 되고 있다. 지구궤도 관광뿐아니라 아르테미스 계획과 같은 국가 주도의 유인 달 탐사 일정도 본격적으로 추진되고 있다. 민간 주도의 발사체 개발과발사 비용 절감은 이른바 '우주 대탐사 시대'의 개막을 이끌고 있다.

2021년 9월 민간 우주탐사선 인스퍼레이션4Inspiration4의 발사는 유인 탐사가 국가 독점 체제에서 민간 참여 체제로 전환되었음을 상징한다. 훈련, 로켓, 캡슐, 자금 조달 모두 민간에서 제공될 수 있게 되면서, 미국은 NASA 중심의 전통적 우주 개발에서 벗어나 궤도 내 우주 사업 대부분을 민간에 위임하고 있다.

현재 지구저궤도에는 1만 기가 넘는 상업 위성이 운영 중이며, 2027년까지 스타링크 42,000기, 2030년까지 중국의 천범성좌千帆星座(천 개의 돛) 15,000기를 포함해 총 6만 기 이상의 위성이 추가로 배치될 예정이다. 국제우주정거장도 민영화가 진행되며 상업용 우주정거장으로의 전환이 추진되고 있고, 우주호텔로 활용될 가능성도 점차 커지고 있다. 2021년 이후 상업용 민간 우주여행이 연이어 성공하면서, 비록 고비용이라는 한계는 있지만 지구궤도 여행 시장은 지속적으로 성장할 것으로 보인다. 아르테미스 계획의 핵심은 지구저궤도 운영을 민간에 맡기고, 민관 협력 체제를 통해 본격적인 달 탐사를 추진하자는 데 있다.

이처럼 지구궤도 상업화는 NASA와 미국의 주요 민간 우주 기업들이 주도하고 있다. 특히 스페이스X는 세계 최초로 우주발사체의 1단 부스터를 지상에 회수하는 기술을 개발해, 발사 비용을 기존의 10분의 1 수준으로 낮추며 우주 개발에 새로운 전기를 마련했다.

이제 밤하늘을 올려다보면 빛나는 것은 별이 아니라 상업용 인공위성일 가능성이 더 크다. 태양과 달 다음으로 가장 밝은 천체가 지구궤도를 도는 우주호텔이나 상업용 우주정거장이 되는 시대가 도래한 것이다. 16차선 도로에 자동차가

빼곡하듯, 머지않아 무인 드론 자동차UAM가 하늘길을 가득 메우고, 상업용 우주정거장과 우주호텔로 부유층을 실어 나르는 우주선이 밤하늘을 점령하게 될지도 모른다.

"이제는 우주를 '방문'하는 시대를 넘어, '머무는' 시대가 열려야 합니다." 2023년 9월 미국의 우주정거장 개발 기업 액시엄 스페이스Axiom Space의 최고경영자 마이클 서프레디니는 언론과의 인터뷰에서 "우리의 목표는 우주에 모든 인류를 위한 집을 짓는 것"이라고 밝혔다. NASA 출신 전문가들이 주축이 되어 2016년에 설립된 액시엄 스페이스는 세계 최초의 상업용 민간 우주정거장 건설을 추진 중이다.

장기적이고 지속 가능한 우주 거주는 아직 실현하기 어렵지만, 이미 우주에서 1년 가까이 머무를 수 있는 거주 공간은 존재한다. 바로 국제우주정거장이다. 1998년 처음 발사된 이후, 각국이 보낸 모듈을 하나씩 우주 공간에서 연결해 만들어진 국제우주정거장은 거대한 조립식 건물처럼 구성되어 있다. 이처럼 우주 거주구나 우주 식민지의 초기 형태는 계획된 도시처럼 완성된 구조물이 아니라, 이주민들이 타고 온 우주선이 기존 거주구에 도킹하거나 독립된 생활 모듈로 사용되는 방식이 될 것이다. 17세기 아메리카 식민 초기, 청교도 필그림들이 타고 온 메이플라워호가 정착지가 세워지기 전까지 임시 주거공간 역할을 했던 것처럼, 우주에서도 초기 이주는 우주선이 곧 주거공간이 될 가능성이 크다. 특히 우주 거주구가 행성의 궤도에 위치할 경우, 도킹을 통한 연결이 필수이기에 이주민이 타고 온 우주선이 생활공간으로 전환되는 방식이 더욱 유력하다.

영화 〈발레리안: 천 개 행성의 도시〉에서 '알파'는 국제우주정거장에서 시작된 가상의 우주 도시다. 다양한 종족이 이주해 오며 정거장에 새로운 모듈을 도킹시키는 방식으로 규모가 점점 확장되었고, 마침내 지나치게 거대해진 정거장은 지구와의 연결을 끊고 독립된 행성처럼 우주를 떠돌게 된다. 영화속 알파는 3,236종의 외계 종족이 함께 살아가는 초거대 도시로, 자연 환경과 상업·공업·주거 지구가 조화를 이루며 5,000개가 넘는 언어가 사용된다. 모든 공간과 사물은 초연결 네트워크로 연결된 28세기형 스마트 도시다. 이곳이 바로 천개 행성의 도시, '알파'다.

현재 지구궤도에는 국제우주정거장이 운영 중이며, 앞으로 민간 우주정거장 모듈이 확장되면서 호텔형 모듈을 탑재한 새로운 상업용 정거장이 두 곳 이상 등장할 예정이다. 국제우주정거장을 포함한 민간 정거장이 설치되고, 관광용 우주호텔 모듈이 확대될 것이다. 치료와 요양, 각종 상업 시설이 결합된 이 공간은 세계 최상위 소득층을 위한 특별 거주지로 자리 잡게 된다. 액시엄 스페이스는 2030년대 초 퇴역 예정인 국제우주정거장에 호텔형 모듈을 추가해 우주호텔로 운영할 계획이다. 한편, 2028년부터 미국에서는 두 곳 이상의 상업용 우주정거장이 운영되며, 이곳은 호텔 기능과 더불어 의약품과 의료기술 개발을 위한 실험실로도 활용될 전망이다.[14]

---

[14]   현재 우주 상업화에 대한 자세한 내용은 이 책 3장을 참조하라.

스페이스 콜로니

영화 〈엘리시움〉에 등장하는 우주 도시 '엘리시움'은 대표적인 스페이스 콜로니 사례다. 영화 〈인터스텔라〉에도 유사한 형태의 우주 도시가 등장하는데, 이러한 구조를 스탠포드 원환Stanford Torus이라고 부른다. 자전거 타이어처럼 생긴 이 구조에서는, 거주자들이 유리 천장 아래의 터널 속에서 생활하는 듯한 경험을 하게 된다.

비슷한 형태로는 '비숍 고리Bishop ring'가 있다. 이는 터널 형태가 둥글지 않고 파이프의 단면처럼 각진 것이 특징이다. 드라마 〈헤일로〉 시리즈에 등장하는 우주 도시가 이러한 비숍 고리 구조를 바탕으로 한 것으로 볼 수 있다.

또한 칼파나 원Kalpana One이라는 설계도 잘 알려져 있다. UFO를 연상케 하는 원반형 구조로, 거주자들은 원반 안쪽 벽면을 땅처럼 활용하며 생활한다. 이 설계는 2005년 우주 거주구 디자인 대회에서 우승했으며, 컬럼비아호 참사로 사망한 우주인 칼파나 차울라Kalpana Chawla의 이름을 따 명명되었다.

이 밖에도 다양한 형태의 우주 도시 디자인이 제안되어 왔으나, 대부분 원통형이나 튜브형 구조를 취하고 있다. 이는 회전을 통해 인공중력을 생성하려는 구조적 필요에 따른 것이다.

스탠포드 원환 단면도.
출처: NASA

기후위기와 우주 식민지

기후위기와 우주 식민지라는 화두는 오늘날 과학적 도전과 윤리적 갈등이 얽힌 가장 논쟁적인 주제 중 하나다. 2018년 제프 베이조스는 국제우주개발회의에서 자신의 우주 식민지 계획에 대한 견해를 밝히며, "지구에는 주거 지역과 경공업만 남기고, 중공업은 우주 식민지로 옮겨야 한다. 지구는 태양계의 보석이기 때문이다"라고 말했다.[15] 또한 지구의 오염 문제와 근본적인 에너지 한계를 언급하며, "우주탐사는 인류 문명을 발전시키고 자연을 회복하는 데 중요한 역할을 한다. 우주가 최고의 대안이다"라는 자신의 비전을 제시해 왔다.[16]

그러나 그의 발언은 이상으로 포장된 자본주의 전략이라는 비판을 피할 수 없었다. 그를 향한 불신은 대중의 한 청원에서 극명하게 드러났다. 2021년 제프 베이조스가 우주관광 비행선 뉴 셰퍼드를 타고 나가는 첫 우주여행에서 "제프 베이조스를 지구로 돌아오지 못하게 해달라"는 청원에 6만여 명이 서명했다. "억만장자는 지구에서도, 우주에서도 자리를 차지할 자격이 없다. 있다고 해도 그곳은 지구가 아니라 우

15　　https://techcrunch.com/2018/05/27/jeff-bezos-details-his-moon-colony-ambitions/

16　　https://www.tmz.com/2023/12/14/jeff-bezos-life-better-today-before-nature-moving-backwards-living-space-solution/

주다"라는 조롱 섞인 분노가 담겼다. 또 다른 청원에서는 베이조스를 "세계 지배에 집착하는 악의 군주"로 칭하며, 그의 우주 개발이 기후위기 대응보다 권력과 자본의 집중을 가속화할 것이라고 경고했다. 청원에 동의한 네티즌들은 "지구에 있는 것은 권리가 아닌 특권", "제프, 빌 게이츠, 일론 머스크 같은 억만장자들은 필요 없다" 등의 댓글을 남기며 강한 반감을 표출했다.

우주 개발이 환경에 미치는 영향도 구체적인 문제를 제기한다. 스페이스X의 팰컨 9 로켓은 단 3분 만에 자동차 69년 치에 해당하는 온실가스를 배출한다. 한 번의 발사로 배출되는 이산화탄소는 약 200~300톤에 달하며, 이는 장거리 항공기 승객 한 명이 배출하는 양의 100배에 해당한다. 아이러니하게도, 억만장자들은 지구를 구하겠다면서 오히려 지구를 파괴하는 기술을 개발하고 있다. 이러한 모순은 우주 식민지라는 꿈이 안고 있는 본질적인 문제를 드러낸다.

과연 베이조스의 기대처럼, 중공업을 우주로 옮겨 지구를 구할 수 있을까? 가능성은 매우 낮다. 중공업은 건설 비용이 높고 원재료가 무거워, 이를 궤도로 운반하는 데 드는 비용이 막대하기 때문이다. 법적으로 우주 생산을 강제하지 않는 이상, 민간기업이 자발적으로 고비용의 우주 공장을 운영할 이유는 없다. 다만 우주에서 바로 소비되는 물품의 경우, 지구에서 제조해 운반하는 비용과 우주 내 생산 비용이 비슷

해져 경제성이 생길 수 있다. 소행성이나 달에서 원료를 채굴하는 경우에도, 지구로 운반해 제련하는 비용과 우주에서 바로 제련하는 비용이 비슷하다면, 우주 공장이 더 효율적일 수 있다. 그러나 이처럼 특정 조건에서 가능한 우주 생산과 달리, 일반적인 중공업에서는 우주 공장을 가동할 유인이 없다. 우주 공장은 지상보다 기술적 이점이나 비용 효율 면에서 뚜렷한 강점이 있어야만 구축될 수 있다. 설령 먼 미래에 우주 수요가 지상 수요를 초과하더라도, 생산이 자본주의적 이윤 동기에 따라 이루어지는 한, 비용은 여전히 결정적인 요인이 될 것이다.

우주산업의 발달과 상업화로 로켓 발사가 늘어날수록 지구의 기후위기는 더욱 심화될 것이다. 그리고 그럴수록 지구궤도에 스페이스 콜로니나 우주 거주구를 건설하려는 욕망도 커질 것이다. 이는 인구 증가로 지구가 좁아졌기 때문도, 소행성 충돌 같은 외부 위협 때문도 아니다. 오히려 기후위기의 심화 속에서 부유층이 새로운 생존 대안을 모색하면서 우주 이주가 현실로 다가오고 있는 것이다.

그렇게 되면 지구궤도에는 기후위기의 영향을 받지 않는 고급 주거시설, 우주 치료센터, 다양한 중력 환경의 여가 및 요양 시설, 원격 노동이 가능한 기업의 사무실과 연구소 등이 들어서게 된다. 이러한 삶을 경제적으로 감당할 수 있는 고소득층과 관리 계급이 우주 거주구에서 생활하게 될 것이

다. 반면, 대다수 노동자와 시민, 그리고 그 가족들은 여전히
지상에 머물며 점점 심각해지는 기후위기의 피해를 감내하며
살아가야 한다. 그럴수록 지구는 더욱 황폐해질 것이다. 영
화 〈엘리시움〉은 이러한 미래를 정확히 예고하고 있다. 다만
그 배경은 2150년대가 아니라, 현재의 추진 속도를 고려하면
불과 30년 뒤의 현실일 수도 있다.

> "서기 2154년, 지구는 인구 폭증으로 인한 자원 고갈과
> 환경오염으로 더 이상 사람이 살기 어려운 곳이 되었다.
> 이에 세계의 정치·경제 엘리트들은 첨단 기술을 동원
> 해 지구 인근 궤도에 스페이스 콜로니 '엘리시움'을 건설
> 하고 이주를 시작한다. 지구에 남은 사람들은 낙후된 의
> 료 환경 속에서 치료조차 제대로 받지 못하는 반면, 엘
> 리시움 거주민은 시민권 인증만으로 MRI 형태의 힐링
> 머신에 누워 백혈병이나 암 같은 질병도 단 몇 초 만에
> 완치하는 최첨단 의료 혜택을 누린다. 그러나 엘리시움
> 의 자원은 여전히 지구에서 공급되고, 지구의 주민들은
> 엘리시움 서버의 명령을 받는 안드로이드 병사와 소수
> 의 요원에게 통제당하며, 극단적 양극화가 고착된 세계
> 에서 사실상 '노예'처럼 살아간다."[17]

---

17   영화 〈엘리시움〉 소개문에서. https://www.imdb.com/title/tt1535108/

억만장자들이 우주를 미래의 도피처로 삼으려 한다는 비판은 단순한 추측이 아니다. 코로나19 팬데믹 당시, 부유층이 한적한 휴양지로 대피했던 모습은 그들의 기후위기 대응 방식을 예고했다. 현재의 우주 기술 개발 속도, 우주의 상업화 및 민영화 방식, 우주 안보 체계의 구성 등을 고려하면, 지구 궤도의 우주 식민지는 사실상 초읽기에 들어간 셈이다. 민간 우주정거장이 확장된 형태이든, 새로운 스페이스 콜로니 형태이든, 20~30년 이내에 실현될 가능성이 높다. 그러나 이 공간은 부유층의 전유물이 될 가능성이 크고, 그에 따라 사회적 불평등은 더욱 심화될 것이다. 우주 기술이 발전할수록 지구궤도의 우주 거주구는 '스페이스 콜로니'가 아닌, 소수 특권층을 위한 '스페이스 헤이븐Space Haven'[18]으로 변질될 수 있다. 결국 우주 개발은 지구 환경 문제의 해결책이 아니라, 자본과 권력을 보호하려는 수단이 될 우려가 크다.

지구저궤도의 상업화는 '스페이스 헤이븐'이라는 꿈을 현실로 옮겨가는 단계에 이르렀다. 우주 상업화가 가속화될수록 궤도는 대안으로 더욱 부각되고, 기후위기 대응은 점점 더 뒷전으로 밀려나고 있다. '기후 재앙을 막는 마지노선'이

---

[18]　우주 궤도나 공간에 조성된 인공 거주 시설은 일반적으로 '우주 거주구'라 하며, 그중 식민지적 성격을 띤 공간은 '우주 식민지'로 불린다. 자전 구조물을 통해 인공중력을 만들어 지구와 유사한 환경을 구현한 형태는 '스페이스 콜로니'라 하고, 특히 부유층을 위한 고급 거주 공간은 '스페이스 헤이븐'이라 일컫는다.

라 불리는 1.5도 상승선이 2024년 처음으로 무너졌다. EU 기후변화 감시기구 '코페르니쿠스 기후변화서비스C3S'는 2024년 지구 평균기온이 15.1도를 기록했으며, 이는 산업화 이전인 1850~1900년 대비 1.6도 상승한 수치라고 밝혔다. 또한 2024년 6월까지 12개월 연속으로 상승폭이 1.5도를 초과했으며, 이 추세가 6개월 더 지속되면 총 18개월 초과로 파리협정 목표를 공식 초과하게 된다는 분석도 나왔다.[19] 그러나 지구가 점점 뜨거워지는 동안 세계 각국은 탄소 배출을 줄이기는커녕 오히려 석유와 석탄 등 화석연료 사용을 늘리고 있다. 동시에 전쟁과 우주 개발에 집중하면서 탄소 배출을 더욱 가속화하고 있다.

2025년 1월 20일 도널드 트럼프 대통령이 두 번째 임기를 시작한 날, 미국은 바이든 행정부에서 복귀했던 '파리기후변화협정'에서 다시 탈퇴했다. 재탈퇴의 배경에는 기후위기 대응을 위한 규제에서 벗어나 화석연료 생산을 확대하겠다는 의도가 깔려 있다. 취임식 당일 트럼프 대통령은 "저렴하고 신뢰할 수 있는 에너지와 천연자원"을 위한 '미국 에너지 해방' 행정명령에 서명했으며, 여기에는 화석연료 생산 장려, 각종 환경 규제 철폐, 전기차 확대 정책 폐지 등이 포함되었

---

19   https://doi.org/10.1038/s41558-025-02246-9

다.[20] 그러면서도 그는 취임 연설에서 "화성에 성조기를 꽂겠다"라고 선언하며, 정부효율부DOGE 수장으로 행정부에 합류한 일론 머스크의 입가에 웃음꽃을 선사해 주었다. 이 장면은 트럼프와 머스크 같은 초부자 권력이 기후위기 대응은 외면한 채, 우주를 대피처로 상정하고 있음을 보여주는 상징적 순간이었다.

---

20   https://www.hani.co.kr/arti/society/environment/1179121.html

3.
우주 식민지 후보지

우주 공간의 상업화, 영토화, 군사화가 진행됨에 따라 우주 식민지 또한 점차 확대될 전망이다. 현재 달의 자원 식민화는 이미 시작되었으며, 이를 본격화한 아르테미스 계획은 2030년대 초반에 완료될 것으로 예상된다. 그러나 거주 공간이나 영토적 의미에서의 우주 식민지는 달이 아니라 지구궤도, 특히 지구저궤도를 중심으로 진행되고 있다. 화성과는 달리 지구궤도나 라그랑주점Lagrangian point에 건설되는 스페이스 콜로니는 그 필요성, 건설 과정, 운영 목적 모두가 지구에 종속되어 있다. 달은 향후 행성 탐사의 전초기지이자 지구 안보의 전략적 거점이 되겠지만, 무엇보다 자원 제공을 위한 '자원 식민지'로 활용될 가능성이 크다.

달의 몰락: 우주 광산이자 개발 전진기지

지구궤도가 민간 우주기업에 의해 빠르게 상업화되는 것과 달리, 달과 화성, 외기권은 여전히 탐사 단계에 머물러 있으며, 아르테미스 계획처럼 국가 또는 국가 우주기구가 개발을 주도하고 있다. 이는 상업적 수익을 내기까지 해결해야 할 기술적 난제가 많고, 초기 탐사와 준비에 막대한 비용이 들기 때문이다. 그러나 각국의 달 개발 허가법과 아르테미스 협정Artemis Accords 등을 통해 국제법상 금지되어 있던 달의 개발, 상업화, 사유화에 대한 문이 점차 열리고 있다. 이로 인해 국가 간 경쟁이 격화되는 것은 물론, 민간기업까지 경쟁의 주체로 뛰어들면서 달은 무한경쟁의 공간으로 변모하고 있다.

NASA와 아르테미스 진영은 아르테미스 계획을 통해 민간기업의 달 탐사 참여를 확대하고, 달의 상업화를 적극적으로 추진하고 있다. NASA의 '민간 달 탑재체 수송 서비스이하 CLPS'는 민간이 개발한 무인 착륙선과 로버를 달에 보내는 임무로, 2028년까지 최대 26억 달러 규모의 계약이 체결되었다. 이 프로젝트를 통해 아스트로보틱 테크놀로지Astrobotic Technology의 페레그린Peregrine 달 착륙선은 2024년 1월 8일, 유나이티드 론치 얼라이언스United Launch Alliance, 이하 ULA의 벌컨 센타우어Vulcan Centaur 로켓에 실려 발사되었지만, 발사 7시간

후 추진계통 문제로 연료가 누출되면서 착륙에 실패했다. 반면, 2024년 2월 인튜이티브 머신스Intuitive Machines의 오디세우스Odysseus 달 착륙선은 스페이스X의 팰컨 9에 실려 발사된 후 달 착륙에 성공했다. 오디세우스는 최초의 상업용 달 착륙선으로 기록되었으며, NASA는 이 착륙선 개발에 1억 1,800만 달러를 지원한 것으로 알려졌다. 이어 2025년 3월 파이어플라이 에어로스페이스Firefly Aerospace의 블루 고스트Blue Ghost가 스페이스X의 팰컨 9에 실려 발사된 후 민간기업으로서는 두 번째로 달 착륙에 성공했다. NASA는 이 착륙선 개발에 1억 4,500만 달러를 지원했다.

일본 벤처기업 아이스페이스ispace는 2023년 4월, 민간기업 최초로 달 착륙을 시도했다. 그러나 착륙 직전 통신이 두절되며 착륙선이 달 표면에 충돌해 임무는 실패로 끝났다. 만약 성공했다면, 일본은 미국, 러시아, 중국에 이어 네 번째 달 착륙 국가가 되는 동시에, 민간기업 탐사선의 최초 달 착륙이라는 기록도 세울 수 있었다.

또한 '게이트웨이 물류서비스GLS'는 달 궤도 우주정거장 '루나 게이트웨이Lunar Gateway'의 조립과 무인 보급 전 과정을 민간기업에 위임하는 프로젝트다. 스페이스X는 이 사업에서 NASA와 70억 달러 규모의 계약을 맺고, 향후 15년간 물류 서비스를 제공하게 되었다. 최근 우주관광 사업도 지구궤도를 넘어 달로 확장되고 있다. 대표적으로, 스페이스X는 달·

화성 탐사용 대형 우주선인 스타십을 개발해, 이를 활용한 달 관광 상품을 출시했다. 일본의 억만장자 마에자와 유사쿠前澤友作가 비용을 전액 부담했으며, K-POP 그룹 빅뱅의 전 멤버 T.O.P(최승현)을 포함한 8명의 탑승자를 온라인 공모를 통해 선정했다.

미국을 비롯한 주요 우주개발국과 민간 우주기업이 달에 집중하는 이유는, 달이 현재 기술로 도달 가능한 가까운 거리에 있으면서도 풍부한 광물 자원을 보유하고 있기 때문이다. 달에는 헬륨-3, 희토류, 마그네슘, 실리콘, 티타늄 등 엄청난 양의 광물이 매장되어 있으며, 이 중 헬륨-3은 핵분열보다 약 4.5배 많은 에너지를 생성하는 핵융합의 원료로 주목받고 있다. 헬륨-3 1g은 석탄 40톤(약 4,000만 배)과 맞먹는 에너지를 생산할 수 있으며, 석유 1g과 비교하면 약 1,400만 배의 열량을 낸다. 이 때문에 1톤당 약 50억 달러의 경제적 가치가 있다고 평가된다. 또한 헬륨-3 100톤이면 지구 전체가 1년 동안 사용할 에너지를 공급할 수 있으며, 달에는 100만 톤 이상의 헬륨-3이 매장된 것으로 추정된다. 이는 지구 전체에 약 1만 년 동안 에너지를 공급할 수 있는 막대한 양이다.

또한 달에는 반도체, 2차전지, 스마트폰, 디스플레이 등 첨단 기술 제품 제조에 필수적인 희토류도 풍부하게 매장되어 있다. '4차 산업혁명의 석유'로 불리는 희토류는 미국과 중국 같은 패권국이 안보 자산으로 간주하며, 공급망을 둘러싸고 치열한 경쟁을 벌이고 있는 핵심 광물이다. 2019년 미·중 무역전쟁이 최고조에 달했을 당시 중국은 '희토류의 무기화' 를 공식적으로 언급하며, 이를 경제적·외교적 압박 수단으로 활용할 가능성을 내비쳤다. 이에 대응해 미국은 반도체와 배터리를 전략 자산으로 지정하고, 관련 희토류의 공급과 생산을 국가 차원에서 통제하고 있다. 중국이 희토류 무기화를 언급한 지 두 달 뒤, NASA 국장 짐 브리덴스타인Jim Bridenstine 은 CNBC 인터뷰에서 "금세기 안에 달 표면에서 희토류 채굴이 가능할 것"이라고 밝혔다.

한국은 아르테미스 계획에 참여하는 23개국 중 하나이며, 세계에서 일곱 번째로 달 탐사에 성공한 국가다. 2022년 8월 발사된 한국 최초의 달 궤도선 다누리Korea Pathfinder Lunar Orbiter, KPLO는 2시간마다 한 바퀴씩 달을 돌며 관측 활동을 수행하고 있다. 다누리에 탑재된 '감마선 분광기KGRS'는 달의 감마선을 분석해 5종 이상의 원소 지도를 제작하고, 희토류, 헬륨-3 등 핵심 자원의 분포를 파악하는 역할을 한다. 한국은 아르테미스 계획과는 별도로, 2032년까지 무인 탐사선을 통해 달 자원을 채굴하고, 2045년까지 화성에 도달한다는 목표도 세우고 있다. 결국 한국 역시 달 자원 채굴과 식민지화 경쟁에 본격적으로 뛰어든 셈이다.

2020년 NASA는 민간 파트너들과 4건의 계약을 체결해 달

레골리스lunar regolith(달의 토양)를 현장에서 직접 수집하고, 자원 소유권을 NASA에 이전하는 방안을 마련했다. 이는 채굴한 자원을 지구로 가져오지 않고 우주 현장에서 상업적으로 거래한 최초의 사례로 평가된다. NASA는 이 임무를 수행할 기업으로 루나 아웃포스트Lunar Outpost, 마스텐 스페이스 시스템 Masten Space Systems, 아이스페이스 재팬ispace Japan, 아이스페이스 유럽ispace Europe 등 4곳을 선정했다. 총 25,001달러 규모의 이 계약을 통해, NASA는 민간기업이 우주자원을 직접 채굴하고 소유권을 이전·거래하는 시대의 문을 열었다.[21]

라그랑주점, 스페이스 콜로니의 최적지

지구궤도와 함께 우주 식민지 건설의 최적지로 꼽히는 곳이 라그랑주점이다. 칭동점秤動點이라고도 불리는 라그랑주점은 두 개의 거대한 천체가 만드는 중력장 속에서 작은 천체가 안정적으로 위치를 유지할 수 있는 다섯 개의 지점을 말한다. 예를 들어, 인공위성이 태양과 지구 사이에서 정지 상태를 유지할 수 있는 특정 우주 공간이 라그랑주점이다. 이러한 특성 때문에 라그랑주점은 지구동기궤도GSO와 유사하게

---

21   https://www.nasa.gov/news-release/nasa-selects-companies-to-
         collect-lunar-resources-for-artemis-demonstrations/

'고정된' 위치를 가질 수 있는 공간으로 평가된다. 두 천체의 중력과 궤도 유지에 필요한 원심력이 라그랑주점에서 균형을 이루기 때문에, 제3의 물체는 이 지점에서 정지 상태를 유지할 수 있다. 또한 이 지점은 중력의 간섭이 최소화되면서도 안정적인 고정이 가능해, 우주정거장이나 스페이스 콜로니를 운영하는 데 필요한 에너지가 가장 적게 든다. 이러한 특성 덕분에 라그랑주점은 우주 개발에서 가장 전략적인 지역으로 평가받고 있다.

지구를 둘러싼 우주 공간에서 중력이 크게 작용하는 두 주요 천체는 태양과 지구, 그리고 지구와 달이다. 따라서 태양-지구, 지구-달 시스템 각각에 5개의 라그랑주점이 존재하며, 총 10개의 라그랑주점이 형성된다. 먼저, 태양-지구 제1 라그랑주점(L1)과 제2 라그랑주점(L2)은 지구로부터 약 150만km 떨어져 있으며, 태양과 지구 사이 거리(약 1억 5천만km, 1AU)의 약 100분의 1(0.01AU)에 해당하는 지점에 위치한다. 이 두 지점은 달로부터는 약 61,500km 떨어져 있다. 제3 라그랑주점(L3)은 태양 반대편, 즉 지구 기준으로 태양-지구 거리(1AU)의 두 배 지점에 위치하며, 태양과 지구의 직선 연장선상에 놓인다. 제4 라그랑주점(L4)과 제5 라그랑주점(L5)은 태양-지구 거리(1AU)만큼 떨어져 있으며, 태양과 지구, 그리고 각각의 라그랑주점이 정삼각형을 이루는 위치에 자리잡고 있다.

세계사를 돌아보면, 근대 이후 유럽인들이 바다 건너 대륙의 존재를 인식한 뒤로, 세계 패권은 바닷길을 장악한 국가들이 차지해 왔다. 앞으로 우주산업이 급속히 성장하고 달 기지가 현실화되면, 우주의 주요 거점을 선점하는 것이 국가 경쟁력에 결정적 영향을 미칠 것이다. 따라서 21세기 우주시대의 패권을 노리는 국가들에게 지구와 달 사이의 중력이 균형을 이루는 라그랑주점은 '지구─달 우주 경제 시스템'을 관장하는 핵심 전략 거점이다. 이미 경쟁은 시작되었으며, 지구궤도의 상업화가 진행된 것처럼 라그랑주점 또한 전략적 가치는 물론 상업적 가치까지 고려되는 새로운 우주 환경으로 부상하고 있다. 이러한 변화가 가속되면, 라그랑주점은 단순한 임시 거주용 우주정거장을 넘어 도시형 스페이스 콜로니 건설의 기반이 될 수 있다.

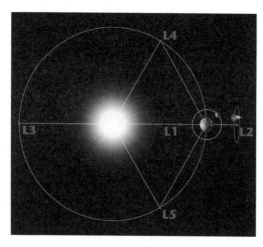

라그랑주점.
출처: NASA

① L1: 태양 관측과 우주 거주구의 전략 거점

　태양-지구 L1과 L2는 지구와 가까우며, 지구와 달의 지원을 모두 받을 수 있어 라그랑주점 중에서도 스페이스 콜로니 건설의 최적지로 꼽힌다. 지구궤도가 포화되어 입지로서의 매력이 떨어지거나, 행성 간 우주비행에서 중간 기착지가 필요해질 경우, 이곳에 우주정거장 겸 거주구가 건설될 가능성이 높다.

　L1은 태양 쪽을 향해 있어 태양 관측에 유리하며, 태양광을 활용해 온도 조절과 유지가 용이하다는 장점이 있다. 반면, 태양풍과 우주방사선을 직접적으로 받는다는 한계도 있다. 이러한 조건 덕분에 L1에는 다수의 태양 관련 탐사선과 관측 위성이 배치되어 있다. 1994년 NASA의 태양풍 연구 위성 윈드WIND가 이곳에 배치되어 여전히 임무를 수행 중이며, 1995년 NASA와 ESA가 공동으로 발사한 소호SOHO는 태양 관측의 대표적 거점으로 자리 잡았다. 또한 1997년 발사된 NASA의 고에너지 입자 연구 위성 에이스ACE, 2015년 발사된 미국 해양대기청이하 NOAA의 심우주 기후 관측 위성 디스커버DSCOVR 역시 L1에서 운영되고 있다. 2023년 9월 발사된 인도의 첫 태양 탐사선 아디트야Aditya-L1는 약 4개월의 비행 끝에 2024년 1월 6일 L1 궤도에 도달했다. 이 외에도 2025년 발사 예정인 NOAA의 SWFO-L1 위성은 태양풍을 실시간 탐지할 목적으로 이곳에 배치될 예정이다. 또한 2020년대 후반 발사

를 앞둔 NASA의 태양물리학 연구 위성 아이맵IMAP과 소행성 탐지 위성 니오 서베이어NEO Surveyor도 L1을 최종 목적지로 하고 있다.

② L2: 심우주 관측의 최적지

현재 가장 많은 관심이 집중되는 라그랑주점은 L2다. 태양을 등진 위치에 있는 L2는 심우주 관측에 최적화된 지점으로 평가된다. 이곳은 지구와의 통신이 원활할 뿐 아니라, 우주선 전면에서는 태양의 간섭 없이 심우주를 관측할 수 있고, 후면에서는 태양광 발전이 가능하다는 장점이 있다. 이러한 조건 덕분에 L2에는 우주배경복사CMB를 탐색하기 위한 NASA의 더블유맵WMAP 위성이 배치되었으며, ESA의 플랑크Planck 위성과 적외선 관측 우주망원경 허셜Herschel도 이곳에서 임무를 수행했다. 현재는 NASA의 제임스 웹 우주망원경JWST이 심우주를 관측 중이며, 2023년 8월에는 ESA의 유클리드Euclid 우주망원경이 L2에 도달해 암흑 물질과 암흑 에너지의 비밀을 밝히는 임무에 착수했다.

L2는 지구로부터 약 150만㎞ 떨어진 지점에 있으며, 지구 바깥쪽에 위치해 화성 등 외행성이나 소행성 탐사의 전진기지로 활용될 수 있는 전략적 거점이다. 현재 미국과 유럽이 주도하는 아르테미스 계획에서는, 루나 게이트웨이가 L2를 기준으로 달 궤도를 연결하는 '직선 헤일로 궤도NRHO'를 따라

운용될 예정이다. 다만 L2는 안장점saddle point이라고도 불리는데, 이는 이 지점에 위치한 물체가 마치 말안장 위처럼 불안정하게 흔들리는 궤도 특성 때문이다. 따라서 L2에 머무는 우주선이나 관측 장비는 정기적인 궤도 수정이 필요하다는 단점이 있다.

③ 지구–달 라그랑주점: 전략과 안보의 요충지

지구–달 시스템에서도 L1과 L2는 달을 중심으로 일직선상에 위치하며, 각각 달의 앞뒤 방향으로 약 6만㎞ 떨어져 있다. 지구를 기준으로 보면, L1은 약 32만㎞, L2는 약 44만㎞ 떨어진 지점에 위치한다. L3은 달 반대편, 즉 지구–달 거리(약 38만㎞)만큼 떨어져 있으며, L4와 L5는 지구와 달이 정삼각형을 이루는 지점으로 서로 대칭을 이룬다. 이 두 지점도 지구로부터 약 38만㎞ 떨어져 있다.

이 중 달의 뒷면을 관측할 수 있는 L2는 군사 안보 전략 차원에서 특히 주목받고 있다. 달의 뒷면에서는 달이 전파를 차단해 지구와 직접 통신할 수 없지만, 중국은 2019년 창어嫦娥 4호 착륙 임무에서 L2에 췌차오鵲橋(오작교) 통신 중계 위성을 배치해 이 문제를 해결했다. 췌차오는 L2에 배치된 세계 최초이자 현재까지 유일한 통신 중계 위성으로, 중국은 이를 통해 미국보다 앞서 달 뒷면과의 통신망을 구축한 셈이다. 중국은 이후 췌차오 2호 위성도 L2에 배치해, 달 뒷면 표본을 수집하는 창어 6호 임무와 지구 간 통신을 지원하고 있다.

궤도가 안정적인 L4와 L5도 향후 전략적 가치가 부각될 전망이다. 두 지점은 달의 공전 궤도에서 앞뒤 60도 지점에 위치해, 지구와 달 전체를 한눈에 조망할 수 있다. 훗날 달 기지나 달 거주구가 조성될 경우, 이 두 지점은 지구 – 달 경제 시스템을 관리하는 데 유용한 거점이 될 것이다.

미국 하원은 2023년 말 중국과의 경제 및 기술 경쟁에 관한 150개 항목의 정책 권고 보고서를 발표하며, 라그랑주점의 지정학적 중요성을 강조했다. 보고서는 "미국이 모든 라그랑주점에 자산을 영구적으로 배치하는 최초의 국가가 되도록 하라"는 내용을 담았으며, 우주에서 중국 공산당의 '악의적인 야망'에 대응하기 위해 NASA와 국방부의 주요 프로그램에 자금을 지원하라고 요구했다. 현재 NASA는 2020년대 후반 구축을 목표로 하는 달 궤도 우주정거장 '루나 게이트웨이'의 타원형 궤도 운용에서 지구–달 L2 지점을 활용할 계획이다. 또한 미국 공군연구소AFRL는 라그랑주점을 따라 궤도 순찰을 수행하는 달 구역 위성 CHPS 프로그램의 추진을 검토하고 있다고 밝혔다.[22]

---

22   https://www.hani.co.kr/arti/science/future/1125714.html

금성 궤도에서의 우주 거주구 가능성

1960년대 초까지만 해도 사람들은 금성을 아열대 기후를 지닌 지상낙원으로 여겼다. 미국의 일부 천문학자는 "플로리다 해변 같은 날씨가 아닐까?" 하고 상상하기도 했다. 실제로 소련의 베네라Venera 탐사선을 통해 흑체 복사 온도를 계산한 결과, 금성 표면의 온도는 약 27℃(300K)로 추정되었기에, 이러한 상상은 완전히 터무니없는 것만은 아니었다. 그러나 현실은 지옥에 가까웠다. 두꺼운 대기가 극심한 온실 효과를 일으킨 결과, 오늘날 우리가 아는 혹독한 환경이 형성된 것이다. 금성 탐사의 역사는 결국 인류가 금성에 품었던 환상이 하나씩 깨지는 과정이었다.

금성은 지구와 크기 및 질량이 비슷하고, 표면 중력도 0.904g으로 무중력에 따른 의학적 문제를 줄이는 데 충분한 조건을 갖추고 있다. 또한 금성은 지구에서 비교적 가까워, 태양계의 어떤 행성보다 수송과 통신이 용이하다. 행성 간 최단 거리를 기준으로 발사 주기를 비교하면, 화성은 780일마다 한 번씩 발사 기회가 있는 반면, 금성은 584일마다 접근할 수 있다. 우주비행 시간도 금성이 더 짧다. 예를 들어, ESA의 비너스 익스프레스Venus Express는 약 5개월 만에 2006년 4월 금성에 도착했지만, 마스 익스프레스는 화성까지 거의 6개월이 걸렸다.

그러나 금성 대기의 대부분은 이산화탄소로 구성되어 있어 강력한 온실 효과를 일으키며, 금성 표면의 평균 온도는 464°C(737K)에 이른다. 이는 납의 녹는점인 327°C를 크게 웃돈다. 대류권은 지표에서 약 80km 상공까지 형성되며, 강한 대류 운동으로 평균 풍속은 360m/s에 달한다.[23] 지표면의 대기압은 지구보다 90배 이상 높아, 수심 1km 해저에서의 압력과 비슷하다. 금성의 대기는 주로 이산화탄소로 구성되어 있지만, 질소·산소·황 등 상대적으로 가벼운 기체는 30~60km 고도의 상부 대류권에 모여 두꺼운 구름층을 형성한다. 이 구름은 황산 방울로 이루어져 있어 금성에는 황산비가 내린다. 그러나 이 비는 뜨거운 대기 속에서 모두 증발해 표면에 도달하지 못하고 다시 구름층으로 돌아간다. 이 과정이 반복되면서, 금성은 90배의 고압과 유독한 황산비, 극한의 고온이 동시에 작용하는 지옥 같은 환경을 유지한다.

이러한 이유로 금성의 표면 탐사 임무는 대부분 매우 짧게 끝났다. 소련의 탐사선 베네라 5호와 6호는 지표 18km 상공에서 극한의 고압을 견디지 못하고 산산조각 났다. 이후 베네라 7호와 8호는 착륙에 성공하고 데이터를 전송했지만, 혹독한 환경 속에서 단 1시간밖에 생존하지 못했다. 1982년 금

---

23   한국 기상청은 풍속 54m/s 이상을 '초강력 태풍'으로 분류하는데, 금성 지표에서는 이보다 7배나 강한 바람이 일상적으로 분다.

성에서 가장 오래 버틴 탐사선은 베네라 13호였다. 이 탐사선은 동체를 티타늄으로 제작하고, 카메라 렌즈를 수정으로 만들었으며, 액체 질소 냉각 시스템까지 탑재했음에도 불구하고 지표에서 127분간만 작동할 수 있었다.

금성은 지구와 달리 행성 자기장이 매우 미약하다. 실제로 금성에는 증기 형태로 존재하는 수분조차 거의 없는데, 이는 금성의 자전이 매우 느려 자기장이 형성되지 못했고, 그 결과 태양풍을 효과적으로 차단하지 못했기 때문이다. 태양풍은 대전된 입자로 구성되어 있으며, 자기장은 액체 외핵의 대류 활동과 빠른 자전에 의해 생성되는 다이나모dynamo 현상에 따라 형성 여부가 달라진다.

1985년 소련이 발사한 금성 탐사선 베가Vega 1 · 2호는 금성 대기층을 구성하는 성분을 밝혀냈다. 당시 관측 결과, 금성 대기의 주성분은 이산화탄소였으며, 여기에 황산과 철 등의 물질이 소량 포함된 것으로 추정되었다. 또한 대기 상층에서는 금성이 방출하는 자외선과 블루라이트가 흡수되는 현상이 관측되었으나, 어떤 성분이 이를 흡수하는지는 오랫동안 밝혀지지 않았다. 이 '미확인' 성분은 자외선 카메라로 금성을 촬영할 때 행성이 어둡게 나타나도록 해 정확한 관측을 방해했다. 그러나 최근 연구에 따르면, 금성 대기 중 다양한 농도로 존재하는 황산과 철이 반응해 황산염 광물인 롬보클레이스Rhomboclase와 산화황산제이철acid ferric sulfate을 생성하며,

이들 광물이 금성의 자외선과 블루라이트를 흡수하는 '자외선 흡수체'로 작용하는 것으로 확인되었다.[24]

금성 탐사를 위한 움직임은 이미 활발하게 진행 중이다. NASA는 2022년 금성 대기의 조성을 파악하는 다빈치+DAVINCI+와 금성의 지형도를 제작하는 베리타스VERITAS 프로젝트를 발표했다. 특히 다빈치+ 미션은 미국이 1989년 금성 탐사선 마젤란Magellan을 발사한 이후 약 30년 만에 추진하는 탐사 계획으로, 2029년 두 대의 탐사선을 발사할 예정이다. 이외에도 미국의 민간기업 로켓랩Rocket Lab은 2025년 금성 대기 진입 탐사선을 발사할 계획이며, ESA는 2031년 금성 궤도선을 쏘아 올리는 엔비전EnVision 프로젝트를 진행한다. 일본 우주항공연구개발기구이하 JAXA는 2015년부터 금성 탐사선 아카츠키あかつき를 통해 연구를 이어오고 있으며, ESA와 협력해 탐사선 베피콜롬보BepiColombo를 활용한 금성 관측도 수행 중이다. 한국 또한 초소형 위성을 활용한 금성 탐사 프로젝트 '금성 장기 관측 프로젝트CLOVE'에 착수했다.

지구형 행성 탐사에서 지구와 가까운 금성은 화성과 함께 주요 탐사 대상이었다. 우주탐사 시대가 열린 1950년대 말, 인류가 처음으로 탐사선을 보낸 행성도 금성이었다. 1970년대부터 소련과 미국은 여러 차례 금성 탐사선을 보내 금성의

---

24   https://www.dongascience.com/news.php?idx=63157

특성을 파악했으며, 화성 외에 인류가 이주할 수 있는 행성인지에 대한 연구와 탐사도 꾸준히 이어졌다.

칼 세이건은 1961년 금성의 테라포밍Terraforming을 제안했다.[25] 그는 금성 대기에 조류藻類를 도입해 물, 질소, 이산화탄소를 유기물로 전환하는 방식을 구상했다. 이 과정을 통해 대기 중 이산화탄소를 제거하면 온실효과가 줄어들고, 금성의 표면 온도를 쾌적한 수준으로 낮출 수 있다고 보았다. 세이건은 이때 탄소가 금성 표면에서 비휘발성인 흑연 형태로 고정될 것이라 예상했다. 그러나 이후 연구 결과, 이 방식은 현실적으로 불가능하다는 점이 드러났다. 가장 큰 문제는 금성의 구름이 고농도의 황산으로 이루어져 있고, 대기압이 지구보다 90배나 높다는 점이었다. 금성의 혹독한 환경에서 조류가 살아남는다 해도, 극한의 고압이 또 다른 장애물이 된다. 결국 유기물 형태로 고정된 탄소는 다시 연소되어 이산화탄소로 방출되고, 이산화탄소의 지속적인 유기물 전환이 불가능해지면서 테라포밍은 실패하게 된다.

행성 전체를 인간이 살 수 있도록 개조하는 완전한 형태의 우주 식민주의적 테라포밍 구상은 무산되었지만, 이후 매우 흥미로운 가설이 제기되었다. 2014년 NASA는 금성에 사람이 거주할 수 있는 도시 건설 계획을 구상했다. 금성 표면은

---

25   Sagan, Carl. "The Planet Venus". *Science*. 1961.

극한의 고온과 고압으로 인해 사람이 생존할 수 없지만, 고도가 높아질수록 대기압이 낮아진다. 특히 금성의 50~65㎞ 고도에서는 대기압이 지구 표면과 유사해진다. NASA는 금성 상공 48㎞ 지점이 지구와 가장 유사한 환경을 가지고 있다며, '고고도 금성 운영 콘셉트이하 HAVOC' 프로젝트를 제안했다. 이 고도에서는 대기압이 지구와 거의 같고, 중력도 지구보다 약간 낮다. 또한 두꺼운 대기층 덕분에 방사능 수치도 지구와 큰 차이가 없다. 기온은 약 75℃로, 같은 위도의 지구 최고 온도보다 17℃가량 높지만, 비행선 내부는 충분히 냉각해 우주비행사들이 쾌적하게 지낼 수 있다. NASA는 금성 비행선을 접은 상태로 지구에서 발사한 뒤, 금성에 가까워지면 낙하산을 이용해 속도를 줄이고, 목표 고도에 도달하면 비행

HAVOC 계획의 미래 가능성 중 하나로 제시된 금성 대기 도시의 상상도.
출처: NASA Langley Research Center

선을 부풀려 금성을 탐사하는 방안을 구상했다. 나아가, 이러한 기술을 활용해 거대한 비행선 도시를 건설하고, 사람이 거주할 수 있게 하겠다는 계획도 세웠다.[26]

지구를 벗어나 다른 행성에 우주 식민지를 건설할 경우, 자연조건만 고려한다면 화성이나 화성 궤도보다 금성 궤도에 정주하는 것이 훨씬 더 안전하고 생존 가능성도 높다. 그러나 우주 식민지는 자연조건뿐만 아니라, 우주 광산 개발과 같은 상업적 가치나 군사·안보 측면의 전략적 가치가 있는 곳에 우선적으로 건설될 것으로 보인다. 우주의 자연조건은 우주 식민지 건설에서 핵심 요소지만, 정치적·경제적 요인 또한 중요한 변수로 작용하며, 우주 식민지는 이 모든 요소가 종합적으로 고려된 결과로 나타날 것이다.

---

26   https://www.space.com/29140-venus-airship-cloud-cities-incredible-technology.html

2장

아르테미스라는 이름의
'우주 식민주의'

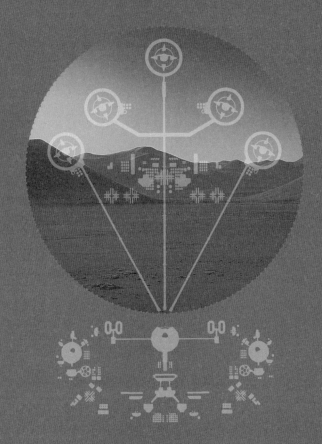

1.

우주 대탐사 시대와 아르테미스

우주 대탐사의 개막

과거 미국과 소련 간의 경쟁 구도 속에서 국가 주도로 진행되던 우주탐사는 21세기에 들어 민간기업의 적극적인 참여로 새로운 국면을 맞이하고 있다. 특히 스페이스X, 블루 오리진, 버진 갤럭틱 등 주요 민간기업들이 우주발사체 개발에 성공하면서 우주 시장의 지형이 빠르게 변화하고 있다. 스페이스X는 재사용 가능한 팰컨 9 로켓과 초대형 발사체 슈퍼헤비를 개발해 발사 비용을 기존의 10분의 1 수준으로 낮췄으며, 초대형 우주선 스타십을 통해 달과 화성 등으로의 유인 우주탐사를 현실화하고 있다. 민간기업들은 이러한 기술 진보와 비용 절감을 바탕으로 인공위성 시장의 상업화를 이끌었고, 우주 발사 시장뿐 아니라 유인 우주 운송, 우주관광, 화성 탐사 등 다양한 분야에서 우주산업의 성장을 주도하고 있다. 결국 이러한 흐름은 인간의 우주 활동을 근본적으로 변화시키는 '우주 대탐사 시대Age of Universal Discovery'의 개막을 의미한다.

15세기부터 17세기까지 지속된 '대항해 시대Age of Discovery'는 유럽 국가들이 해상 탐사를 통해 아메리카, 아프리카, 아시아로의 항로를 개척하며 새로운 지리적 발견을 이룬 시기였다. 스페인의 크리스토퍼 콜럼버스는 1492년 유럽과 아메리카를 연결하는 항로를 개척했으며, 포르투갈의 바스쿠 다가마는 아프리카 남단을 돌아 인도로 향하는 해상로를 발견했다. 또한 페르디난드 마젤란은 세계일주를 통해 지구가 둥글다는 사실을 입증했다.

이러한 대항해 시대는 범선帆船, sailing ship의 기술적 발전과 대규모 투자로 가능해졌다. 대형 범선의 개발로 더 많은 인원과 물자를 실어나를 수 있었으며, 이를 바탕으로 대양을 넘나드는 장거리 항해가 이루어졌다. 이러한 탐사는 기술 발전뿐만 아니라, 막대한 자금과 국가(왕국)의 지원이 필수적이었다. 초기에는 왕실이 후원한 탐사가 주를 이루었지만, 점차 상인 자본이 주도하는 기업형 탐사로 전환되었고, 이는 식민지 확장을 위한 대규모 이주와 경제적 착취 및 수탈로 이어졌다. 역사적으로 '유럽 식민지 건설의 첫 물결The First Wave of European Colonization'이 대항해 시대와 맞물려 진행된 것처럼, 오늘날의 우주 대탐사 시대도 우주 식민주의의 등장과 우주 식민지 건설의 첫 단계를 의미할 수 있다.

현재, 우주 발사 비용을 획기적으로 낮춘 재사용 가능 우주
발사체Reusable Launch Vehicle, RLV뿐만 아니라, 스타십과 같은 차
세대 민간 우주선의 개발은 화성 및 심우주 탐사를 현실화하
는 데 중요한 요소로 작용하고 있다. 우주 시장이 확대되면
서 상업적 목적의 우주탐사도 더욱 활발해지고 있으며, 이는
지구 자원의 한계를 극복하고 새로운 경제적 기회를 모색하
려는 금융자본의 투자로 이어지고 있다. 이제 우주는 더 이
상 국가 기관만의 영역이 아니라, 기업들이 경쟁적으로 개척
하는 경제 공간으로 변모하고 있다.

대항해 시대가 신대륙 개척과 식민지 확장을 초래했던 것
처럼, 우주 대탐사 시대 역시 우주 식민지 건설과 자원 수탈
의 시대를 예고하고 있다. 과연 인간의 우주 진출이 인류 전
체의 공영을 위한 것인지, 아니면 특정 기업과 국가의 이익
을 위한 것인지에 대한 논의는 앞으로 더욱 심화될 것이다.
이러한 점에서, 우주탐사가 초래할 정치적 · 경제적 · 윤리적
영향을 면밀히 검토할 필요가 있다.

우주 개발과 금융자본

제국주의와 식민주의의 확장은 금융자본의 성장과 불가분
의 관계를 맺고 있다. 17세기 이후 유럽의 식민지 확장은 주

식회사 제도와 금융 시장의 발전과 함께 이루어졌으며, 금융 자본의 투기적 이윤 추구는 새로운 시장과 자원을 확보하려는 식민주의적 동력으로 작용했다. 주식회사 제도가 형성되면서 민간기업과 투자자들이 직접 신대륙 탐사와 식민지 개척에 자본을 제공했고, 이를 통해 엄청난 부를 축적하는 경제 시스템이 형성되었다.

우주 개발과 우주 진출에는 막대한 자본이 투입되며, 이 시장에서는 수십 년 동안 경제적 이익 실현이 어려웠다. 그러나 최근 미국과 NASA의 주도로 민간 우주산업이 활성화되면서 본격적인 수익 모델이 창출되기 시작했다. 우주산업은 단순히 과학 연구를 위한 분야를 넘어, 최근에는 주식 시장과 금융 투자 영역으로까지 확장되고 있다.

스페이스X를 비롯한 민간 우주기업들이 급속도로 성장할 수 있었던 배경에는 NASA를 통한 국가 투자와 거대한 금융 자본이 존재한다. 특히 일론 머스크의 화성 이주 계획은 과학적 탐구보다는 투자 유치와 상업적 성공을 위한 전략적 도구로 활용되고 있다는 비판을 받고 있다. 2021년 NASA와 스페이스X 간에 체결된 아르테미스 프로젝트 계약은 이러한 의혹을 더욱 뒷받침하는 사례로 꼽힌다. NASA는 28억 9천만 달러 규모의 계약을 체결하며, 스페이스X가 개발 중인 스타십을 달 착륙선으로 활용할 계획을 밝혔다. 이 과정에서 머스크의 화성 이주 계획 발표는 결국 NASA의 달 탐사 프로젝트 계약을 따내기 위한 전략적 언론 플레이였다는 해석이 나온다. NASA 역시 "우리는 달에서 멈추지 않을 것"이라며 화성 탐사가 궁극적인 목표임을 강조했고, 머스크의 비전이 사업자 선정에 영향을 미쳤음을 사실상 인정했다.[27]

오늘날 우주 시대 역시 금융 자본주의의 팽창과 성장을 배경으로 발전하고 있으며, 이는 곧 우주 식민주의의 초석이 되고 있다. 우주 민간기업들은 천문학적인 자본을 동원해 우주 시장을 개척하고 있으며, 그 배경에는 과잉 자본과 신자유주의적 경쟁이 존재한다. 이윤을 좇는 자본은 이제 지구를 넘어 우주로 향하고 있으며, 새로운 식민지를 개척하려는 역사적 흐름이 다시금 반복되고 있다.

우주산업은 과거와 달리 이제 주식 시장과 직접적으로 연결된다. 스페이스X의 기업 가치는 지속해서 상승하고 있으며, 이에 따라 금융 시장에서도 우주 관련 투자 상품과 펀드가 등장하고 있다. 금융자본은 높은 수익률을 기대하며 우주 개발에 자금을 투입하고, 그 과정에서 우주 식민지 개척이 더욱 구체화되고 있다. 트럼프 2기 행정부는 일론 머스크를 정부효율부 수장으로 임명하고, 화성에 성조기를 게양하겠다고 선언하며 민간 우주기업에 대한 성장 기대감을 한층 더 높

---

27   https://www.nasa.gov/news-release/as-artemis-moves-forward-
nasa-picks-spacex-to-land-next-americans-on-moon/

였다. 이러한 정치적 메시지는 시장에 즉각적인 반응을 일으켜 우주산업 관련 주식이 급등했다. 또한 금리 인하 정책 역시 미래 성장 산업으로 평가받는 우주산업의 가치 상승을 부추기고 있다. 이러한 흐름 속에서 우주 개발은 단순한 과학적 연구를 넘어, 금융자본이 주도하는 신자유주의적 탐사의 새로운 장이 되어 가고 있다.

19세기 제국주의 식민지 시대가 주식 시장과 금융 시장의 발전과 함께 진행되었듯, 금융자본주의에 기반한 우주 개발도 우주 식민주의 시대와 함께하고 있다. 지구에서 과잉 자본과 과잉 경쟁으로 인해 이윤율 저하에 직면한 금융자본이 우주 식민주의를 추동하는 핵심 동력이라는 해석도 가능하다. 이제 자본은 더 이상 지구에 머물지 않는다. 이윤을 찾아 우주로, 그리고 더 먼 우주로 향하는 흐름이 이미 시작되었으며, 이것이 인류의 미래를 밝히는 길이 될지, 아니면 새로운 착취와 불평등의 시대를 여는 길이 될지에 대한 논쟁은 앞으로 더욱 거세질 것이다.

아르테미스 계획과 우주 질서의 재편

미국 오바마 행정부의 우주 정책은 한 번 다녀온 달보다 화성을 직접 겨냥하는 '마스 퍼스트Mars First' 전략을 지향했다. 오바마는 기존의 달 탐사 계획이었던 컨스텔레이션Constellation

프로그램을 취소하고, 화성까지 유인 비행이 가능한 대형 우주발사체 개발 계획인 '우주 발사 시스템Space Launch System, 이하 SLS'과 '상업 승무원 수송 프로그램Commercial Crew Program, 이하 CCP'을 추진했다. 특히 CCP는 미국 민간 우주기업의 우주선을 이용해 국제우주정거장에 우주비행사를 수송하는 프로젝트로, 최종적으로 스페이스X와 보잉이 사업자로 선정되었다.

그러나 트럼프 행정부에 들어서면서 미국의 우주 정책은 '마스 퍼스트'에서 다시 '문 퍼스트Moon First'로 전환되었다. 더 정확하게는, "달을 거쳐 화성으로" 가는 전략을 제시했으며, 이것이 바로 '아르테미스 계획'이다. 아르테미스 계획의 목표는 ① 인류의 지속 가능한 달 방문 실현, ② 2024년(이후 2027년으로 연기)까지 인간의 달 착륙, ③ 달 탐사 미션의 연장 및 화성 탐사를 위한 준비 등이다.

SLS와 캡슐형 오리온 우주선으로 구성된 아르테미스 1호는 2022년 11월 발사에 성공했다. 시험용 마네킹을 태운 무인 우주선이었던 아르테미스 1호와 달리, 2026년 예정된 아르테미스 2호는 우주비행사 4명을 태우고 달 궤도를 왕복할 예정이다. 이어 2027년에는 아르테미스 3호를 통해 인류가 다시 달에 착륙하게 된다. 이를 위해 NASA는 달 궤도를 도는 우주정거장 루나 게이트웨이를 건설해 다양한 우주선이 달에 접근할 수 있는 통합 플랫폼이자 화성 탐사의 전초기지로 활용할 계획이다. 전력·추진 모듈PPE과 주거·서비스 모듈HALO은 통합된 형태로 2027년 말 스페이스X의 팰컨 헤비 로켓에 실려 달 궤도에 진입할 예정이며, 2028년부터는 ESA, JAXA 등 각국이 개발한 모듈들이 순차적으로 결합되어 게이트웨이가 단계적으로 완성될 전망이다.

이러한 아르테미스 계획은 NASA뿐 아니라, 세계 각국의 우주 기구와 민간 우주기업이 연계된 대규모 국제 프로젝트로 진행되고 있다. 현재 미국, 영국, 프랑스, 이탈리아, 일본, 호주 등 40여 개국이 아르테미스 협정에 서명해 사업별로 협력하고 있으며, 한국도 열 번째로 협정에 참여했다. 이처럼 아르테미스 계획과 협정은 미국과 그 동맹국을 중심으로 전개되고 있다.

아르테미스 계획과 협정은 우주탐사의 발전을 명분으로 내세우지만, 실제로는 우주 식민주의를 본격화하는 계기를 마련하고 있다. 트럼프 대통령은 첫 임기 중인 2020년 4월 6일, 미국 기업이 달을 비롯한 우주자원을 자유롭게 채굴할 수 있도록 하는 행정명령을 발표했다. 그는 "혁신 우주 기업가들을 위해 안정적이고 예측 가능한 투자 환경 조성이 중요하다"라며, "이번 정책은 달과 화성 및 다른 우주 지역의 탐사와 개발의 장기적 지속 가능성에 있어 필수적이다"라고 강조했다. 행정명령에는 "우주 공간은 법률적으로나 물리적으로 인간 활동의 영역이며, 미국은 우주를 세계 공동 자산으로 보지 않는다"는 내용이 포함되어 있다.[28] 이는 우주를 국제 공유물 또는 인류 공동 유산으로 간주하는 기존의 국제우주법 체계를 정면으로 부정하는 입장이다.

미국 의회는 이미 2015년 상업우주발사경쟁력법CSLCA을 통과시켜 미국 기업들이 달과 소행성에서 자원을 채굴할 수 있도록 제도적 기반을 마련했다. 나아가, 이 행정명령은 "미국 기업 및 같은 입장을 가진 국가의 기업이 경제적 영역을 우주로 확장해 이익을 얻을 것"이라고 천명하며, 아르테미스 협정국의 상업적·경제적 이익 보호를 명문화했다.

아르테미스 협정국들은 달 탐사를 진행하며 희토류와 헬륨-3 등 천연자원 채굴 계획을 노골적으로 드러내고 있다. 한국의 윤석열 전 대통령도 2022년 11월 28일, '미래 우주경제 로드맵' 선포식에서 "미래 세대에게 달의 자원과 화성의 터전을 선물하겠다"고 밝히며, 2032년까지 달에 착륙한 뒤 자원 채굴을 시작하겠다고 발표한 바 있다.[29] 또한 아르테미스 협정국들과 민간 우주기업들은 소행성 포획과 채굴 계획까지 수립하고 있다. 이는 우주를 경제적·상업적 영역으로 간주하는 것으로, 기존 국제우주법의 기본 정신을 위배하는 행위다.

---

28   https://m.dongascience.com/news.php?idx=35975

29   https://www.yna.co.kr/view/AKR20221128050500001

특히 아르테미스 협정국들은 향후 우주의 영토화를 염두에 두고 '안전지대' 개념을 도입해 우주 공간을 특정 국가의 영향권에 두려 하고 있다. 이는 과거 제국주의 시대의 식민지 확장 논리를 그대로 재현하는 것이며, 달과 우주가 자원 수탈의 공간으로 변질되고 있음을 시사한다. 결국 아르테미스 계획과 협정은 단순한 우주탐사가 아니라, 우주를 새로운 식민지로 보고 이를 지배하려는 '우주 식민주의'의 발현이라고 할 수 있다.

상업 우주 개발과 배타적 점유

아르테미스 협정은 미국과 아르테미스 계획에 참여하는 국가들 간의 다자간 협정이다.[30] 이 프로그램은 미국이 2025년까지 인간을 달에 보내고(이후 2027년으로 연기), 달 자원을 채취·활용하기 위해 추진한 것이다. 협정의 내용은 크게 세 가지 범주로 나뉜다.

첫째, 국제 우주조약과 기존 원칙의 특정 조항을 재확인하고 이를 강화하는 내용이다. 협정은 모든 우주 활동이 "평화적 목적"을 위해 이루어져야 하며, "관련 국제법에 따라" 수행되어야 한다고 명시한다. 또한 우주비행사 '구조협정'에 따

---

30   https://www.nasa.gov/artemis-accords/

른 지원 의무와 우주물체 '등록협약'에 따른 등록 요건을 재확인하고 이를 확장한다. 둘째, 개별 쟁점에 관한 규정을 포함한다. 협정은 투명성, 상호 운용성, 과학적 데이터 공유를 촉진하며, 특히 심각한 우주 폐기물 문제와 관련해 서명국들이 폐기물 완화 계획에 참여할 것을 약속하도록 한다. 셋째, 달과 우주 유산의 보호, 우주자원의 채굴, 우주 활동 간 충돌 방지 등에 관한 원칙이 포함되어 있다.

아르테미스 협정에서 첫 번째와 두 번째 범주는 논란의 여지가 없다. 첫 번째 범주는 이미 구조화된 우주 활동의 원칙과 조약을 재확인한 것이며, 두 번째 범주는 구체적인 사례에서 운영상 문제를 성문화한 것이다. 그러나 세 번째 범주의 조항들은 기존의 우주조약 및 달 조약과 충돌한다. 특히 아르테미스 협정 제10항은 '우주자원의 추출'과 관련된 조항으로, "달, 화성, 혜성 또는 소행성의 표면이나 지하에서 채취하는 것을 포함하여 우주자원의 추출 및 활용은 우주조약을 준수하고, 안전하고 지속 가능한 우주 활동을 지원하는 방식으로 이루어져야 한다"고 명시하고 있다. 즉 아르테미스 협정국들은 이 조항을 근거로 달, 화성, 혜성, 소행성 등에서 자원을 추출하고 활용할 수 있다는 입장이다. 다만 우주자원의 상업적 추출과 이용이 명시적으로 허용된 것은 아니므로, 공식적으로는 우주조약 위반을 피했다고도 해석할 수 있다.

그 대신 아르테미스 협정은 각국의 국내법 뒤로 숨었다. 미국과 아르테미스 협정국들은 협정 내에서 우주 자원의 상업적 이용을 전면에 내세우지 않는 대신, 국내법을 제정해 우주자원의 상업적 추출과 이용을 가능하게 했다. 미국은 1984년 상업우주발사법 제정 이후 일련의 상업 관련 우주법을 지속적으로 개정해 왔다. 특히 2015년 제정된 상업우주발사경쟁력법은, 미국인이면 누구나 우주에서 캐거나 뽑아낸 자원을 소유할 수 있도록 법적으로 보장했다.[31] 이 법은 추출한 우주자원에 대한 재산권을 민간기업에 명시적으로 부여한 세계 최초의 입법 사례로 평가된다. 이후 2017년 룩셈부르크도 미국과 유사한 '우주자원법'을 제정했고, UAE도 관련 법을 마련해 달 탐사와 화성 탐사에 동참하고 있다. 일본은 네 번째로 2021년 12월 '우주자원 탐사와 개발을 위한 상업활동 촉진법(우주자원 탐사법)'을 제정하고, 2022년 11월부터 이를 시행하고 있다. 이들 국가는 모두 아르테미스 협정에 최초로 서명한 8개국에 포함된다.

이처럼 미국과 아르테미스 협정국들은 국제법 위반 소지를 감수하면서까지 자국 기업이 우주자원을 채굴하고 상업

---

31 미국은 1984년 상업우주발사법을 제정해 우주산업에 대한 안전 규제를 완화했으며, 이후 원격탐사상업화법(1984), 우주상업화촉진법(1996), 상업우주법(1998) 등 상업적 우주 활동과 관련된 법률을 지속적으로 제·개정하며 민간기업의 우주산업 참여를 꾸준히 확대해 왔다.(윤인숙, 「미국 우주법제 연구 ─상업적우주발사경쟁력법을 중심으로」, 지역법제 연구 16-16-2. 2016.8.16 참조)

적으로 거래할 수 있도록 국내법을 제·개정해 왔다. 최초의 우주자원 거래 사례는 달에서 수집한(비록 본격적인 채굴은 아니지만) 레골리스를 판매하기 위해 미국, 룩셈부르크, 일본의 4개 기업이 NASA와 체결한 계약이다. NASA는 CLPS 프로그램에 따라 이들 기업과 달 표토 매매 계약을 맺었다. 일본은 우주자원 탐사법이 발효되면서, 일본 우주기업 아이스페이스가 2020년 9월 NASA와 체결한 달 표토 매매 계약이 법적 효력을 갖게 되었다며 이를 환영했다. 일본 경제안보성 다카이치 사나에 장관은 "아이스페이스가 달 자원의 소유권을 NASA에 양도하게 되면, 민간 사업자가 달에서 채굴한 우주자원을 상업적으로 거래하는 세계 최초의 사례가 될 것"이라고 밝혔다.[32]

우주에 깃발을 꽂는 법적 기술들

아르테미스 협정은 외기권 천체에 대한 소유권이나 주권을 공식적으로 주장하지는 않지만, 배타적 점유가 인정되는 '안전 구역' 설정을 가능하게 하여, 우주 공간의 국가 소유나 전유를 금지한 우주조약 및 달 조약을 위반했다. 아르테미스 협정 제11조는 '우주 활동의 충돌 방지'와 관련된 조항

---

32   https://www.hani.co.kr/arti/science/science_general/1068659.html

으로, 우주자원 추출을 포함한 우주 활동이 이루어지는 공간에서 유해한 간섭을 피하기 위해 안전 구역을 설정하고, 이를 통지 및 조정할 수 있도록 규정하고 있다. 즉 표면적으로는 충돌 예방을 위한 안전 구역 설정이지만, 이는 해당 국가의 주권 행사가 가능한 구역으로 기능할 수 있어 사실상 특정 국가의 독점적 점유로 이어진다.[33] 예를 들어, 미국 등 아르테미스 협정국들이 중국·러시아가 주도하는 '국제 달 과학 연구기지이하 ILRS'가 자국의 달 탐사 활동에 유해한 간섭을 야기할 수 있다고 판단할 경우, 달 표면에 안전 구역을 설정할 수 있다. 결국 우주 활동 지역을 명시적으로 국가 소유로 선언하지는 않더라도, 안전 구역 설정을 통해 해당 국가가 독점적·배타적 활동을 전개할 수 있는 구조가 형성된다. 이는 제2차 세계대전 이후 각국이 바다에 대한 주권을 주장하며 영해, 배타적 경제수역EEZ, 접속수역Contiguous zone 등의 관할 수역을 설정했던 역사와 유사한 맥락에서 이해할 수 있다.

이미 국제우주정거장 운영과 관련한 규범 속에서도 관할권과 주권 개념이 존재하기 때문에, 이러한 개념이 국제적으로 확산될 가능성이 높다. '국제우주정거장 정부 간 협정IGA'

---

33   우주조약 제1조는 우주를 "모든 인류의 활동 범위"로 선언하고, "천체의 모든 영역에 대한 출입을 개방한다"고 명시하고 있다. 또한 제2조에서는 "달과 기타 천체를 포함한 외기권은 주권의 주장에 의하여, 또는 이용과 점유에 의하여, 또는 기타 모든 수단에 의하여 국가의 전용 대상이 되지 아니한다"고 규정하고 있다.

은 우주정거장 파트너 국가가 우주 공간에서 자국의 관할권을 확장할 수 있도록 허용하며, 이에 따라 우주정거장의 특정 요소(모듈, 실험실 등)는 해당 국가의 영토와 동일한 법적 지위를 가진다. 협정 제5조에 따르면, "각 파트너 국가는 자신이 등록한 요소와 자국민인 우주정거장 안팎의 인원에 대한 관할권과 통제권을 보유해야 한다." ESA는 국가 관할권에 대해 "파트너의 우주정거장 요소에서 발생하는 활동에 적용되는 법률이 결정된다. 이 법적 체제는 파트너 국가 법원의 관할권을 인정하며, 형사 문제, 책임 문제, 지적재산권 보호 등 여러 분야에 자국법의 적용을 허용한다"라고 밝히고 있다.[34] 즉 국제우주정거장의 자국 모듈과 자국민 우주인에 대해서는 자국 주권이 적용되며, 현재 우주정거장의 각국별 모듈과 내부 공간은 해당 모듈을 발사한 국가의 관할권 아래에 있다.

우주 개발 사업의 식민성

우주 식민지가 시작되기 이전부터, 우주 개발 사업 자체가 이미 식민지와 식민주의에 기반하고 있었음을 지적할 필요가 있다. 우주 로켓 발사 시 다량의 이산화탄소와 유해가스

---

34   https://www.esa.int/Science_Exploration/Human_and_Robotic_
          Exploration/International_Space_Station/International_Space_Station_
          legal_framework

가 배출되며, 발사장 주변 환경을 심각하게 오염시킨다. 로켓 발사가 실패해 공중에서 폭발할 경우, 발사장 인근 지역 주민의 삶에 치명적인 영향을 미치기도 한다. 그렇다면 이러한 우주발사장은 과연 어디에 설치되었을까?

2017년 프랑스령 기아나에 있는 기아나 우주센터가 시위대에 점거되어 한 달 동안 전 세계 우주 발사의 절반이 중단되는 사태가 벌어졌다. 프랑스령 기아나는 아메리카 대륙에 남아 있는 몇 안 되는 유럽의 해외 영토다. 프랑스는 1853년부터 1953년까지 이곳을 감옥과 수용소가 밀집한 유배지로 운영했다. 영화 〈빠삐용〉의 주인공이 살인 누명을 쓰고 갇혀 있던 수용소도 이곳에 있었다. 프랑스는 열대우림이 우거진 기아나를 '녹색의 지옥'이라 불렀다. 1946년 프랑스는 기아나, 마르티니크, 과들루프, 레위니옹, 마요트 등 과거 식민지 5곳을 '해외령'으로 편입해 본토와 동일한 정치적 지위를 부여했다. 그러나 70년이 지나도록 본토와의 경제적·사회적 불평등은 해결되지 않았다.[35] 기아나는 적도 인근에 위치해 있어, 프랑스는 1964년부터 이곳에 우주센터를 건설하고 운영해 왔다. 초기에는 우주로 향하는 관문이 될 것이라는 기대가 있었으나, 우주센터는 오히려 지역의 상황을 악화시켰다. 우주센터 특수를 노린 주변 빈국 사람들이 기아나로

---

35   https://www.khan.co.kr/world/america/article/201704032055035

몰려들었고, 교육, 치안, 의료 등 여러 분야에서 문제가 발생하면서 빈곤은 더욱 심화되었다.

프랑스령 기아나에서의 우주 관련 식민 지배는 결코 고립된 사례가 아니다. 적도 인근의 개발도상국 영토는 지구동기궤도와 최단 거리로 연결되어 있어 우주 발사, 우주선 통신, 궤도 모니터링에 특히 유용했다. 1960년대 미국과 소련 간의 우주 경쟁이 격화되던 시기에 세계 곳곳에서 우주발사장이 집중적으로 건설되었고, 프랑스령 기아나 외에도 인도의 툼바 적도 로켓발사장TERLS(1963), 케냐의 루이지 브로글리오 우주센터LBMSC(1964) 등이 대표적이다.

당시 적도 인근 대부분의 국가는 여전히 식민지 상태이거나, 독립한 지 채 10년도 되지 않아 식민지적 관계와 잔재가 그대로 남아 있었다. 우주발사장은 기후와 지리 조건뿐 아니라, 넓은 부지와 지역 주민의 저항이 적은 공간이 필요했다. 인도 남단의 툼바 적도 로켓발사장은 인도와 미국의 지배층 및 과학 엘리트가 로켓 프로그램을 구축하는 과정에서 식민지적 권력을 활용한 대표 사례로 비판받고 있다. 발사장 건설 당시 지역 어민들이 강제로 이주당한 과정 역시 식민지적 폭력으로 분석된다.[36] 케냐의 루이지 브로글리오 우주센터

---

36   https://www.tandfonline.com/doi/abs/10.1080/07341512.2015.1134886?journalCode=ghat20

또한 유사한 비판을 받는다. 이 시설은 이탈리아가 건설하고 관리·운영하면서 사실상 이탈리아의 우주센터로 기능했다. 2019년 3월 브라질의 자이르 보우소나루 대통령은 미국의 트럼프 대통령과 함께 브라질 알칸타라 발사센터를 미국 우주산업에 개방하는 계약을 체결했다. 이에 따라 브라질의 퀼롬볼라 부족을 비롯한 흑인 원주민과 빈민 공동체의 토지 권리에 대한 우려가 다시 제기되었다. 1980년대 브라질 정부는 경제 발전을 약속하며 이들에게 강제 이주를 요구했지만, 그 약속은 지켜지지 않았다.[37] 한편, 2024년 11월에는 페루와 미국이 NASA 협력을 기반으로 적도 인근 피우라주 탈라라에 우주발사장을 건설할 계획이라고 발표했다.[38]

미국의 제국주의적 확장 역사 속에는 달 식민지 계획은 물론, 인공위성을 통한 원주민 땅 자원 조사의 역사도 포함되어 있다. 미국의 GPS는 통신 기지를 미국 영유의 수많은 섬에 설치하고, 해당 지역 공동체를 축출하며 지역 사회를 파괴해 왔다. 미국이 점유한 전 세계 섬 영토는 정보·통신·군사 시스템을 매개로 한 권력 지배의 실체다. 푸에르토리코 연방, 괌, 아메리칸 사모아, 미크로네시아, 팔라우 등 '거의 보이지 않는' 섬 네트워크는 미국 제국주의의 뿌리이기도 하

---

37   https://www.thenation.com/article/world/apollo-space-lunar-rockets-colonialism/

38   https://news.kbs.co.kr/news/pc/view/view.do?ncd=8107916

다.[39] 또한 미 우주군은 록히드 마틴Lockheed Martin에 위탁해 궤도상의 우주선과 우주 잔해물을 감시하는 스페이스 펜스Space Fence를 운영하고 있다. 이 시설은 지상에 어레이 안테나, 레이더, 레이돔, 냉각 장비 등을 설치하는 구조로, 주한미군이 경북 성주에 설치한 사드THAAD와 마찬가지로 환경 파괴와 유해성 논란을 불러일으키고 있다. 주요 스페이스 펜스 운영 기지는 미국이 실질적으로 군사적 지배권을 행사하는 마셜 제도 내 군사 기지에 설치되어 있다. 2019년에는 하와이에서 마우나케아산 정상에 거대한 우주망원경이 건설되는 것을 막기 위해 원주민들이 시위를 벌이기도 했다.[40]

이처럼 우주산업과 우주 개발은 식민 지배의 구조와 식민지적 관계를 바탕으로 성장해 왔으며, 오늘날에도 내부 착취를 동반한 방식으로 확장되고 있다. 이러한 우주 개발 구조는 우주법 체계에도 그대로 반영되어 있다. 우주조약에서 언급되는 '인류 공동의 이익'이나 '평화적 목적 이용'과 같은 원칙은 반제국주의적·반식민주의적 이념으로 주목받아 왔지만, 실제로는 세계 북반구 국가와 기업이 실천해 온 우주비

39   Ruth Oldenziel, "Islands: The United States as a Networked Empire", *Entangled Geographies: Empire and Technopolitics in the Global Cold War*, ed. Gabrielle Hecht (Cambridge, MA: MIT Press, 2011), pp. 13-41.

40   https://www.space.com/thirty-meter-telescope-hawaii-mauna-kea-protests.html

행과 우주법의 역사를 대표하지 않는다.

1976년의 보고타 선언은 이러한 위선을 정확히 지적했다. 당시 선언은, 우주나 공해公海에 접근조차 할 수 없는 국가는 그것을 이용할 기회조차 갖지 못하며, 접근 가능한 국가만이 자원을 독점적으로 활용하고 있다고 비판했다. 최근 우주비행을 통해 막대한 부를 축적하는 억만장자들의 증가는 우주 탐사 발전 과정에서 지속되어온 불평등의 연장선에 있다. 그러나 이 불평등은 결코 새로운 것이 아니다.

무장과 상업화, 우주 식민주의의 두 축

달과 소행성 자원의 채굴, 우주 상업화 촉진을 목표로 한 아르테미스 계획, 그리고 우주 무장과 안보 논의는 '우주 식민주의'의 본격적 등장을 알리는 신호탄이다. 우주 강국들은 무장 책임을 서로 전가하며 공방을 벌이고 있으며, 지구궤도는 점점 군사화되고 있다. 우주의 상업화가 가속화되면서 우주자원과 이익(재산권)을 보호하려는 '안보' 개념이 부각되고, 이는 곧 우주 군사화의 심화를 동반하고 있다.

우주 공간에 대한 군사적 무장과 민간의 상업적 개발이 동시에 가속화되는 현상은, 우주를 사실상 '새로운 식민지'로 삼으려는 욕망을 드러낸다. 과거 지구상의 식민지 쟁탈전이 무력 경쟁과 자원 수탈의 결합으로 전개된 것처럼, 21세기의 우주 경쟁 또한 군비 확대와 경제적 이윤 창출이 얽혀 작동하는 구조를 띠고 있다. 이것이 '우주 식민주의'의 핵심 동력이다. 즉 군사적 안전장치 마련과 상업적 이익 확보가 서로 상승 작용을 일으키는 구조다.

첫째, 우주 무장은 자국의 우주 자산(달 기지, 소행성 채굴 설비, 위성 군집 등)을 보호한다는 명분 아래 추진된다. 우주가 지상 국가 간 경쟁의 '확장판'으로 인식되는 가운데, 요격 무기나 군사 위성을 선제적으로 배치하면 주도권을 확보할 수 있다는 논리가 작동한다. '경쟁자보다 먼저 무장해야 안전하다'는 사고는 19세기 제국주의 시기의 식민지 개척을 정당화하던 논리와 다르지 않다. 결과적으로 우주 무장은 실질적 분쟁 억제책이 아니라, 군비 경쟁을 촉진하고 안보 딜레마를 심화시키는 역설로 이어진다.

둘째, 우주 상업화는 고위험이지만 고수익이 기대되는 분야로 주목받고 있다. 민간 로켓 발사, 위성 인터넷, 달·소행성 자원 채굴, 우주관광 등에서 거의 무한대에 가까운 시장 잠재력이 거론된다. 하지만 기업이나 정부가 막대한 투자를 통해 확보한 자산은 언제든 경쟁자의 위협에 노출될 수 있으며, 이때 상업적 이익을 지킬 군사적 장치가 필요해진다. 결국 상업화가 무장을 자극하고, 무장이 다시 상업화를 촉진하는 순환 구조가 형성된다. 우주 식민주의가 단순히 군사 논리에만 기반하지 않는 이유가 여기에 있다. 군사, 정치, 경제

가 결합하면서 우주는 '이윤의 경계'이자 '지배의 무대'가 된
다.

셋째, 우주조약과 달 조약 등 국제 협약은 우주를 인류 공
동의 유산으로 규정하고, 주권 주장과 영토화를 금지하고 있
다. 그러나 이러한 조약은 강제력이 약하고, 명확한 검증 체
계가 부족하다는 한계가 있다. 우주 식민주의의 시각에서 보
면, 오히려 실효적 지배를 위해서는 군사력을 기반으로 한
점유가 더 유효하다는 판단이 가능해진다. 이는 과거 제국주
의 시기, 식민지를 '치안 유지'라는 명분으로 통제하고 자원
을 수탈했던 역사와 본질적으로 다르지 않다. 즉 무력 충돌
로부터 '안전한 우주'를 만들기 위해 우주 공간 자체를 장악
해야 한다는 식민주의적 사고가 강하게 작동하고 있다.

결과적으로, 우주 무장과 상업화는 우주 식민주의를 촉진
하는 양대 축이다. 상업적 이권 보호를 명분으로 군사 인프
라가 구축되고, 군사 기술의 발전은 우주 공간을 더 실효적
으로 '영토화'할 수 있다는 확신을 강화한다. 이 과정에서 상
업화는 더욱 가속된다. 핵심 문제는, 복잡하고 거대한 우주
환경을 지구상의 단일 국가나 특정 기업이 독점적으로 관
리·방어하기 어렵다는 데 있다. 군사 논리로는 무장 경쟁의
확산이 불가피하고, 상업 논리로는 소수 초강대국과 대기업
의 자원 독점 가능성이 커진다. 어느 쪽이든 이는 우주를 인
류 공동의 장으로 보려는 국제 협력의 이상과 충돌한다.

이러한 상황에서 우주 공간의 비무장화와 비군사화를 실현하려면, 우주를 공해나 남극처럼 어떤 국가도 독점할 수 없는 영역으로 인식하는 태도를 국제사회가 더욱 확고히 해야한다. 이를 위해서는 선언적 조약을 넘어, 강제력 있는 검증메커니즘과 투명성 조치(예: 발사체 활동 정보 공유, 민군 겸용 기술 사용 제한 등)를 마련해야 한다. 그러나 현실적으로는, 무장화와 상업화가 결합된 우주 식민주의 구조가 이미 상당히 진전된상태다. 앞으로도 우주는 군사·경제 양 측면에서 더욱 치열한 각축장이 될 것이다. 상업적 이익이 커질수록 이를 보호하려는 무장은 정교해지고, 이에 대응하는 무장도 고도화되는 악순환이 이어질 가능성이 크다. 식민주의적 접근이 강화되는 한, 우주는 지구에서의 패권 경쟁이 단지 확장된 무대로 전락할 수 있다. 우리는 이 구조적 위험을 냉철하게 직시해야 한다.

2.
국제우주법, 논란과 도전

"화성은 우주조약에 따라 어느 나라의 영토도 아니며, 그런 경우 해양법에 의해 공해로 취급된다. 그 공해에서 미국 선적의 선박을 탈취해 사적으로 이용할 작정이니, 우주 해적이다! 우주 해적이라고!"

– 영화 〈마션〉, 마크 와트니의 대사 중에서.

영화 〈마션〉에서 주인공 마크 와트니는 화성 탈출을 위해 미리 착륙해 있던 아레스 4의 MAV(화성 상승 비행체)까지 약 3,000km를 이동하며, 스스로를 '우주 해적'이라 부른다. 그는 미국 당국의 허락 없이 아레스 4의 MAV를 사용해야 하는데, 화성은 공해와 같고, 공해상에 있는 미국 우주선, 즉 '우주 선박'을 허가 없이 탈취하는 것이므로 자신이 해적이나 다름없다고 말한다.

이 대사는 농담처럼 들리지만, 여기에는 우주조약과 해양법협약UNCLOS 등 여러 국제법적 논리가 개입되어 있다. 결론부터 말하면, 이 주장은 국제법적으로 사실인 내용과 사실이 아닌 내용이 혼재되어 있다. 특히 우주조약 및 미국의 기존 입장이 일부 반영되어 있다. 우선, 우주조약에 따라 우주 공간이 어떤 국가의 영토도 될 수 없다는 점은 사실이다. 그러나 우주 공간이 해양법협약상 공해로 간주된다는 주장은 사실이 아니다. 우주와 해양은 서로 다른 국제법 체계의 적용 대상이며, 해양법협약은 해양을 규율하는 법으로 우주에는 적용되지 않는다. 또한 우주조약 어디에도 우주 공간을 해양법협약상 공해나 국제 공역으로 간주한다는 규정은 없다. 그럼에도 미국과 일부 서유럽 국가는 상업적 우주 활동의 합법성을 강조하기 위해 이러한 주장을 관행적으로 반복해 왔다.

한편, 와트니가 미국 당국의 동의 없이 MAV를 사용한다고 해서 곧바로 '해적 행위'로 볼 수는 없다. 그는 조난당한 우주비행사이기 때문이다. 1967년 우주조약과 그 직후 체결된 구조협정에 따르면, 조난당한 우주비행사는 조약국으로부터 무조건적인 구조를 받을 권리가 있으며, 조약국은 구조 의무를 부담한다. 또한 타국의 우주비행사를 구조한 경우 본국으로 송환할 의무도 따른다. 따라서 화성에서 조난된 와트니는 MAV를 사용할 권리가 있으며, 이는 해적 행위가 아니라 우주조약상 '인류의 사절'인 우주인으로서 정당한 보호와 지원을 받는 것이다. 실제로, 영화에서 NASA의 보급 우주선이 폭발한 뒤, 중국 국가항천국^{이하} CNSA은 기밀로 유지하던 자국 위성발사체 타이양셴^{太陽神, 태양신}을 와트니 구출 작전에 제공하기로 결정한다. 이는 인도주의적 차원에서 내려진 결정이지만, 동시에 우주조약 및 구조협정에 따라 조약국이 부담하는 우주비행사 구조 의무에 부합하는 조치이기도 하다.

1967년 UN 우주조약은 소련의 스푸트니크^{Sputnik} 발사 성공 이후 미국과 소련 간 우주 무기 경쟁을 억제하고, 우주 공간에 대한 법적 규율의 필요성을 충족하기 위해 제정됐다. 역사적으로 국제우주법은 UN의 '우주 공간의 평화적 이용을 위한 위원회^{이하} COPUOS'[41]에서 논의되고, 다자 조약과 원칙을 통해 발전해 왔다. 1962년 설립된 COPUOS는 우주 활동에 내재한 법적 문제를 다루기 위한 전문기구로, 이후 1967년 우주조약을 비롯해 1968년 구조협정, 1972년 책임협약, 1975년 등록협약, 1979년 달 조약 등 이른바 5대 조약과 5개 원칙 및 선언[42]을 채택했다.

---

41 우주의 평화적 이용을 위한 국제 협력을 촉진하고, UN의 우주 관련 프로그램을 수립하며, 우주 연구를 독려하고 관련 정보를 보급하는 한편, 우주 이용과 탐사에서 발생하는 법적 문제를 연구하기 위해 1959년 UN 총회의 결의로 설립된 상설 위원회.

42 5개 원칙 및 선언은 다음과 같다. ① 우주 활동의 법적 원칙에 관한 선언: 우주 탐사 및 이용에 관한 국가 활동의 기본 원칙 규율 ② 국가에 의한 위성 방송 원칙: 국제 텔레비전 방송을 위한 인공위성 사용에 관한 국가의 책임과 관리 ③ 지구 원격 감시에 관한 원칙: 우주에서 수행되는 지구 원격 감시에 대한 기본 원칙 규정 ④ 핵 동력 원칙: 우주 공간에서의 원자력 사용에 관한 안전 규범 ⑤ 국제 협력과 개발도상국 배려에 관한 선언: 개발도상국의 필요를 고려하면서 모든 국가의 이익을 위한 우주 탐사 및 이용의 국제 협력 촉진

우주 5대 조약의 주요 내용 및 당사국 수[43]

조약	공식 명칭	서명 연도	발효 연도	당사국 수 (2025년 3월 기준)
우주조약	우주 공간 탐사 및 이용에 관한 원칙에 관한 조약	1967년	1967년	115개국
구조협정	우주비행사 구출 및 우주 물체 반환에 관한 협정	1968년	1968년	100개국
책임협약	우주 물체로 인한 손해에 대한 국제 책임에 관한 협약	1972년	1972년	100개국
등록협약	우주 물체 등록에 관한 협약	1975년	1976년	75개국
달 조약	달과 천체에 대한 국가 활동 규율에 관한 협정	1979년	1984년	17개국

　우주조약은 대부분의 우주 강국이 가입한 데다, 우주 활동과 관련된 최초의 국제조약이라는 점에서 우주 활동의 기본법으로 간주된다. 이 조약은 크게 네 가지 원칙으로 구성된다. 첫 번째 원칙이자 대원칙은 '우주의 평화적 이용'이다. 우주는 '모든 인류의 영역'으로서 '모든 국가의 이익을 위해' 사용되어야 한다는 원칙이 명시되어 있다. 동시에 핵무기와 같은 대량살상무기WMD를 우주 공간에 배치하는 것은 금지된다. 다만 정찰위성과 같은 '평화적 목적'의 군사적 활용은 허

43　　https://treaties.unoda.org/t/outer_space; https://www.unoosa.org/oosa/en/ourwork/spacelaw/treaties/status/index.html; https://treaties.unoda.org/t/moon

용된다. 두 번째는 '비전유의 원칙'으로, 외기권 천체에 대한 국가의 전유를 금지한다. 이에 따라 어떤 국가도 특정 천체에 대한 주권, 점유권, 사법권을 주장할 수 없다. 세 번째는 '절대 책임의 원칙'이다. 우주 공간의 특성상 고의나 과실을 일일이 규명하기 어려우므로, 우주조약은 고의·과실 여부와 무관하게 자국의 우주 물체로 인한 손해에 대해 해당 국가가 무조건 책임을 져야 한다고 규정하고 있다. 이는 인공위성과 같은 우주 물체의 국적 등록이 중요한 이유이기도 하다. 네 번째는 '국가 책임의 원칙'으로, 각국 정부는 민간을 포함한 자국민의 우주 활동을 감독할 책임이 있다.

그러나 우주조약은 1960년대 미국과 소련 간의 우주 경쟁 속에서 급하게 체결된 탓에 많은 내용이 구체적이지 않으며, 제정된 지 반세기가 지난 현재 우주 현실과 맞지 않는다는 비판도 꾸준히 제기되어 왔다. 특히 우주 경쟁이 미국·소련 간 양극 체제에서 다국적 경쟁 구도로 확장되고, 상업화가 본격화되는 상황에서 우주조약이 보다 구체적인 규제를 담아야 한다는 요구가 커지고 있다.

우주조약을 둘러싼 논쟁은 크게 우주 무장 문제와 우주 소유권 문제로 압축된다. 첫째, 우주 무장과 관련해 핵무기 및 대량살상무기의 배치가 금지되었지만, '평화적 목적의 군사적 활용'이 허용된다는 점에서 그 허용 범위가 어디까지인지에 대한 논란이 존재한다. 또한 우주 평화를 실질적으로 보

장하려면 무장을 어떻게 제한하고 금지할 것인가가 중요한
쟁점으로 떠오르고 있다.

우주조약은 핵무기 및 대량살상무기의 우주 배치와 실험
을 금지하고 있다. 그러나 현실에서는 대륙간탄도미사일^{이하}
ICBM이나 극초음속 미사일이 외기권(고도 100㎞ 이상)을 통과하
고, 인공위성 간 충돌 및 파괴 실험, 핵에너지 또는 원자로가
탑재된 우주발사체 개발이 계속되고 있다. 사실상 핵무기 배
치가 가능한 상황에 이른 것이다. 이에 따라 무장 금지의 범
위와 방식을 더 정교하게 규정할 필요성이 커지고 있다. 공
식적으로는 어느 국가도 핵무장 허용을 주장하지 않지만, 미
국, 러시아, 중국 등 주요 우주 강국은 우주조약과 부분핵실
험금지조약을 자국에 유리하게 해석하며 우주 무장을 우회
적으로 추진하거나 무시하는 방식으로 확장해 왔다. 동시에,
타국의 우주 무장을 명분으로 자국의 무장을 정당화하는 흐
름도 강화되고 있다. 결국 핵무기 배치만을 금지하는 현행
우주조약만으로는 우주 무장을 효과적으로 억제하기 어렵고,
실질적인 우주 평화를 기대하기도 어렵다. 이에 따라 더 구
체적이고 현실적인 우주 무장 방지책 마련이 필요하다는 목
소리가 커지고 있다.

둘째, 우주 공간의 소유권과 자원 개발 문제도 중대한 쟁점
이다. 우주조약이 규정한 '비전유 원칙'과 '평화적 이용 원칙'
은 여러 허점을 안고 있다. 우주 물체는 크게 '자연 우주 물

체'(예: 유성)와 '인공 우주 물체'(예: 인공위성)로 구분되는데, 자연 우주 물체와 우주 공간에는 '비전유 원칙'이 적용되어 어떤 국가도 소유할 수 없다. 반면, 인공 우주 물체는 외기권에 있어도 해당 국가의 주권과 소유권이 인정되는 이중적 지위를 가진다. 이 원칙은 우주비행사에게도 동일하게 적용된다. 또한 인공 우주 물체가 차지한 공간에는 비전유 원칙이 적용되지만, 그 물체 자체는 해당 국가의 관할 대상으로 간주된다. 결과적으로, 인공 우주 물체가 차지한 공간도 사실상 국가 주권이 미치는 영역으로 기능하게 되는 모순이 발생한다.

더 나아가, 천체 자체에 대한 소유는 금지되지만, 채취된 자원에 대해 소유권이 인정될 수 있는가 하는 문제도 있다. 이는 우주자원의 상업적 이용과 관련된 쟁점으로, 자원의 채취와 이용이 가능하다면 그에 따른 재산권도 인정해야 한다는 주장이 나온다. 이와 함께, 미래에는 우주자원으로 제작된 우주 물체에 주권과 소유권이 적용될 수 있는지도 중요한 논의가 된다. 예를 들어, 화성 탐사 및 개척 과정에서 현지 자원을 활용해 탐사 장비와 시설을 제작하게 된다면, 이들 물체의 소유권은 누구에게 귀속되는가? 우주에서 만들어진 물체에 대해 주권과 소유권 개념을 적용할 수 있는지, 그리고 적용해야 하는지는 이제 현실적인 법적 과제가 되고 있다.

우주 소유권과 주권을 둘러싼 갈등

우주조약은 제2차 세계대전 이후 제국주의 식민지들의 독립과 탈식민지화가 진행되던 시기에 논의를 시작해 1967년 체결되었다는 점을 기억할 필요가 있다. 이 조약은 우주에서 "주권 주장, 이용과 점유, 기타 수단을 통한 국가의 전용을 금지"(제2조)한 조항으로 잘 알려져 있다. 미국, 소련, 유럽의 법률가들은 이 조항을 미·소 냉전의 타협 산물로 해석해 왔다. 그러나 초안이 작성되던 당시, 많은 개발도상국은 유럽 제국주의에서 막 독립했거나 여전히 외세의 개입에 저항하고 있었다. 이러한 역사적 맥락에서 본다면, 우주조약의 주권 주장 금지 조항은 조약 당사국의 다수를 차지했던 개발도상국들에게 '외세 개입의 차단' 또는 '영토 보전'이라는 의미로 받아들여졌을 수 있다.

하지만 실질적으로 우주 진출이 어려웠던 개발도상국에게 우주조약은 차별적인 조약으로 남았다. 이들에게 우주는 '그림의 떡'에 불과했으며, 우주 공간은 사실상 우주 강국들만의 잔칫상으로 인식되었다. 조약이 비전유 원칙을 선언했음에도 불구하고, 미국과 소련 등 우주 강국은 현실에서 우주 공간을 실질적으로 점유하고 있었다. 이러한 이중적이고 모순적인 비전유 원칙에 대한 최초의 공론화는, 아이러니하게도 지구정지궤도GEO 지배권 논쟁을 계기로 촉발되었다.

① 지구정지궤도 지배권

지구정지궤도는 지구동기궤도의 일종으로, 적도 상공 약 36,000㎞ 지점의 원형 궤도를 의미한다. 일반적으로 지구동기궤도는 타원형이지만, 정지궤도는 원형 궤도이기 때문에 통신·방송 위성 운용에 유리하다. 이 궤도에 위치한 인공위성은 중력과 원심력의 균형으로 지구의 한 지점 위에 고정된 상태를 유지하며, 무선 주파수를 안정적으로 송수신하고 다양한 위치로 데이터를 중계할 수 있다.

COPUOS는 정지궤도의 사용을 승인하며, 통신, 기상 관측, 지구 자원 및 환경 감시, 항법 및 항공기 제어, 새로운 시스템 시험, 천문학 연구, 데이터 중계 등 7가지 비군사적 용도를 제시했다. 다만 위성 간 충돌을 방지하기 위해 일정 간격으로 배치할 것을 요구했으며, 이로 인해 궤도상에는 '슬롯slot'이 형성되었다. 슬롯의 수는 제한되어 있어, 정지궤도에 배치 가능한 위성의 수도 제한된다. 이로 인해 동일한 슬롯에 접근하려는 여러 국가(경도는 같지만 위도가 다른 국가) 간의 갈등이 발생했고, 해당 분쟁은 국제전기통신연합이하 ITU에 이관되어, ITU는 국가 간 궤도 할당 메커니즘을 마련하게 되었다.[44]

---

[44] 정지궤도보다 더 심각한 경쟁은 지구저궤도에서 벌어지고 있다. 이 궤도에서는 상업용 통신위성 간의 경쟁이 본격화되고 있다. 스타링크는 이미 7,000기 이상의 위성을 발사했으며, 2027년까지 총 42,000기를 쏘아 올릴 계획이다.

그러나 세계 남반구의 개발도상국들에게 이러한 궤도 할당은 사실상 우주 강국들을 위한 배분으로 여겨졌다. 당시 인공위성 발사 능력을 갖춘 미국, 소련, 유럽, 중국 등 우주 강국이 주요 슬롯을 선점했으며, 실제로 지구정지궤도 운영은 '비전유 원칙'에도 불구하고 미국, 유럽, 러시아, 중국 등 북반구 국가들이 독점하는 구조로 유지되었다. 이에 지구 적도 인근에 위치한 개발도상국들은 자국 영토 상공의 우주 공간에 대한 통제 권한을 주장하고 나섰다.

1976년, 에콰도르, 콜롬비아, 브라질, 콩고, 자이르(현 콩고민주공화국), 우간다, 케냐, 인도네시아 등 8개국 대표가 콜롬비아 보고타에 모여 '보고타 선언'을 발표했다. 이들은 자국 영토 위의 공간은 1967년 우주조약이 규정한 '우주 공간(외기권)'에 해당하지 않으며, 자국 영공을 지나는 지구정지궤도는 천연자원과 마찬가지로 배타적으로 이용할 수 있어야 한다고 주장했다.[45] 이들은 자국 영토 및 영해 상공에 해당하는 정지궤도 구간에 대한 지배권을 인정해야 하며, 공해 상공의 궤

유텔샛-원웹Eutelsat-OneWeb 등 다른 민간 위성통신 기업들도 수백 기의 위성을 지구저궤도에 배치했으며, 중국 역시 2030년까지 약 15,000기를 발사할 계획이다. 이처럼 지구저궤도 위성 수가 급증하면서 주파수 간 통신 간섭 위험도 갈수록 커지고 있다. 이에 따라 ITU, NASA 등 국제기구와 각국 규제 당국은 간섭 위험 완화와 경쟁 조율을 위해 위성 주파수 공유 방안을 논의하고 있으며, 새로운 국제 표준 수립도 검토 중이다.

45   https://theconversation.com/the-outer-space-treaty-has-been-
       remarkably-successful-but-is-it-fit-for-the-modern-age-71381

도 구간은 '인류의 공동 유산'으로서 모든 국가가 공동 관리해야 한다는 입장을 내놓았다. 핵심 논지는, 우주조약의 공간 개념이 불분명한 만큼, 영공과 공해에 적용되는 기존 규정을 지구궤도까지 확장하고, '인류 공동 유산' 개념을 정지궤도에도 분명히 적용하자는 것이었다.

이 주장은 ITU가 정지궤도 슬롯을 할당하며 형성한 구조가 실질적으로는 우주 소유권 문제로 이어질 수 있음을 시사한다. 이 논쟁은 우주조약에서 말하는 '외기권'의 정의가 불분명하다는 문제와도 맞닿아 있다. 이는 해양법협약에서 영해의 범위를 규정하는 방식과 유사하게, 영공의 상한선을 어디에 설정할 것인가 하는 문제로 연결된다. 국제법상 영공은한 국가의 배타적 주권이 미치는 공간으로, 영토 및 영해 위의 상공을 포함한다.[46] 수평 범위는 명확하게 규정되어 있지만, 수직 범위, 즉 영공의 '높이'에 대해서는 국제적 합의가 존재하지 않는다. NASA는 고도 50마일(80.5km)부터를, 국제항공연맹이하 FAI은 100km(카르만 라인)를 우주의 경계로 본다. 대부분의 서방 국가는 FAI 기준을 따르며, 고도 100km 이하는 대기권에 포함되어 영공으로 간주된다. 그러나 우주조약은 '외

---

46   1944년 12월 미국 시카고에서 채택된 국제민간항공협약 제1조는 "각 국가는 자국 영공에 대해 완전하고 배타적인 주권을 가진다"고 규정하고 있다. 이에 따라 국제법상 외국 항공기는 해당 국가의 사전 승인 없이 영공을 침범할 수 없다.

기권'이라는 용어만 사용할 뿐, 우주의 시작점을 명확히 정의하지 않아 우주의 경계는 여전히 관습적 해석에 맡겨져 있다.[47]

보고타 선언에 서명한 국가들은 당시 미국과 소련이 정지궤도를 독점적으로 점유하고 있는 상황이 사실상 '우주 주권'을 행사하는 것과 다르지 않다고 비판했다. 이들은 자국 영공 위 정지궤도 구간에 대한 통제권을 주장하면서, 그 외 공해 상공의 궤도만을 '공역'으로 간주해 국제 공동 관리 대상으로 삼아야 한다고 요구했다. 이 같은 주장은 이후 콜롬비아 헌법에도 반영되어 오늘날까지도 해당 조항이 유지되고 있다. 제3세계 국가는 우주, 바다, 전자기 스펙트럼(통신 주파수)과 같은 초국경적 자원에 대한 공정한 접근을 요구하며 국제법 체계의 개편을 지속적으로 시도해 왔다. 이들은 미국과 러시아(소련)의 영외 활동을 새로운 형태의 제국주의로 간주했으며, 기존 국제법이 이러한 불평등을 제도화하고 정당화하는 데 기여했다고 비판했다.[48]

그러나 이러한 주장은 1967년 우주조약을 위반하는 것으로 간주되어 국제사회의 폭넓은 지지를 얻지 못했다. 비록

---

47   우주조약은 핵무기 배치 금지 조항에서 '지구 주변 궤도'를 명시하고 있어, 지구궤도 또는 그 일부가 외기권에 포함된다는 해석도 가능하다.

48   Haris Durrani, "Is Spaceflight Colonialism?", *The Nation*, July 19, 2019. Archived April 9, 2022.

정지궤도가 강대국 중심으로 운영되고 있더라도, 이를 자국 영공으로 선언해 단절하겠다는 주장에는 정당성이 부족했다. 더불어 지구정지궤도를 각국 영공의 일부로 간주하게 되면, 그 공간에 핵무기를 배치할 가능성도 생기기 때문에 오히려 우주 무장을 촉진할 위험이 있었다. 현실적으로도 적도 인근 국가는 대부분 약소국이며, 이미 많은 국가의 인공위성이 정지궤도를 활용하고 있는 상황에서, UN에서 보고타 선언의 주장을 관철시키는 것은 사실상 불가능했다. 앞으로 우주조약이 개정되어 지구궤도 밖을 명시적으로 우주 공간으로 규정하더라도, 지구정지궤도가 개별 국가의 영공으로 포함될 가능성은 매우 낮다.

② 공해·심해저·남극조약, 그리고 우주

해양법협약에서 벌어진 논쟁은 우주조약의 해석과 개정 방향에 유사한 함의를 던진다. 해양법협약은 바다의 영토와 주권, 경제적 이용, 공해 및 심해저에 대한 법적 지위와 접근 원칙을 규정하며, 연안국의 권리와 의무를 명확히 한다. 이에 대응하여, 우주조약은 지구 대기권을 넘어선 외기권과 천체의 이용에 관한 규범을 정하고, 주권 제한, 평화적 이용, 인류 전체의 이익이라는 원칙을 명시한다. 공해와 심해가 특정 국가의 영토나 주권이 미치지 않는 영역으로 간주되듯, 우주조약도 지상 100km 이상인 외기권 및 달·화성 등의 천체를 국가가 전용할 수 없는 영역으로 설정하고 있다. 특히 해양법의 공해·심해저 논의와 남극조약이 보여주는 법적 틀, 조약의 해석과 개정 과정은 우주조약의 미래를 가늠하는 유의미한 비교 대상이 된다.

바다는 오랜 기간 인류 공동의 것으로 여겨졌고, 따라서 주권 개념이 희박하거나 적용되지 않았다. 이런 점에서 바다에 대한 국제법과 우주에 대한 국제법은 여러 구조적 유사성을 지닌다. 그러나 제2차 세계대전 이후 바다에서 자원 확보와 안보 이슈가 대두되면서 각국은 주권을 명확히 주장하기 시작했고, 이에 따라 영해, 접속수역, 배타적 경제수역 등 새로운 관할 수역이 설정되었다. 국가 간 해양 분쟁이 잇따르자, UN은 연안국의 주권 확대와 공해의 자유라는 상반된 원칙을 조율하기 위해 세 차례의 해양법 회의를 열었고, 결국 1982년 제3차 UN 해양법 회의에서 해양법협약이 채택되었다.

이 협약은 바다와 그 자원을 개발·이용·탐사하려는 국가의 권리와 의무, 해양 생태계 보전, 해양 기술의 개발 및 이전, 분쟁 해결 절차 등을 320개 조항에 걸쳐 규정한다. 바다는 내수, 영해, 군도수역, 접속수역, 배타적 경제수역, 대륙붕, 공해, 심해저로 구분되며, 각 수역의 법적 지위가 명확히 설정되어 있다. 해양 과학 조사, 해양 환경 보호, 심해저 제도 등도 협약의 핵심 영역이다. 협약은 기선으로부터 12해리

(22.224km)를 한 국가의 완전한 주권이 미치는 영해로 정하며, 그 바깥 12해리까지는 접속수역[49]으로 설정해 일정한 관할권을 인정한다. 배타적 경제수역은 통상 최대 200해리(370.4km) 이내로 설정할 수 있으며, 이 구역에서는 자원 개발과 관련해 연안국에 배타적 권리가 부여된다. 내수, 영해, 접속수역, 군도수역, 배타적 경제수역에 포함되지 않는 바다는 공해로 간주되며, 어떤 국가도 주권을 주장할 수 없는 공동 수역으로서 모든 국가에 자유롭게 개방된다.

해양법협약의 제7부는 1962년 발효된 공해협약을 계승하고 있다. 이 공해협약은 이후 2023년 채택된 '공해협정'과 '국가 관할권 밖 해양생물 다양성 협정Biodiversity Beyond National Jurisdiction, 이하 BBNJ 협정'으로 이어졌으며, 이 두 협정은 '심해저 협정'과 함께 해양법협약에 따른 세 가지 주요 이행협정으로 간주된다. 공해협정은 공해에서 해양 생물 다양성을 보전하고 지속 가능하게 이용하기 위한 법적 구속력이 있는 조약이며, BBNJ 협정은 전 세계 바다의 약 3분의 2를 차지하는 공해 및 심해저 등 국가 관할권 밖 해역에서 해양 환경과 해양 생물 다양성을 보호하기 위한 최초의 다자간 조약이다. 약

---

49   공해와 영해의 중간에 위치한 구역으로, 양측의 법적 대립을 완화하는 완충지대 역할을 한다. 이 구역에서 국가는 자국의 영토 또는 영해에서 발생한 관세, 재정, 출입국, 보건·위생 관련 법규 위반을 예방하거나 처벌하기 위한 제한적 통제권을 행사할 수 있다.

20년간의 협상 끝에 2023년 6월 19일 협정문이 공식 채택되었으며, 60개국 이상이 비준할 경우 발효된다.[50]

공해협정에는 두 가지 핵심 원칙이 병존한다. 첫째는 공해의 자유 원칙으로, 이는 모든 국적의 선박이 공해에서 자유롭게 항해하고, 어업·탐사·과학 연구 등 평화적 활동을 수행할 수 있도록 보장하는 해양법협약 제87조의 기초가 되는 전통적 원칙이다. 둘째는 인류 공동 유산 원칙이다. 이 원칙은 국가들이 자국의 경제적 이익을 넘어서, 자국 수역 밖의 생물 다양성을 보호·보전하고, 모든 인류의 공동 이익을 위해 행동할 법적 책임을 진다는 점을 강조한다.[51] 협상에 참여한 국가들이 인류 공동 유산 원칙을 수용하고, 해양 생태계를 공공 관리 체계에 포함시키기로 합의한 것은, 해양을 보다 협력적이고 공정하게 관리하려는 국제적 전환의 일환으로 해석된다.

해양법협약에서 가장 논란이 큰 부분은 심해저 관련 규정이다. 협약 제11부는 심해저를 인류 공동 유산으로 규정하며, 이에 대한 공동 개발 원칙을 제시하고 있다. 인류 공동 유산이란 특정 국가가 점유하거나 소유할 수 없으며, 인

---

50   https://www.un.org/bbnjagreement/en

51   https://opiniojuris.org/2023/02/24/memorandum-on-the-common-heritage-of-mankind-and-biodiversity-beyond-national-jurisdiction-part-i/

류 전체의 이익을 위해 활용되어야 하는 영역을 뜻한다. 이 개념은 국제 공동체 차원의 공적 관리와 협력을 전제로 한다. 해양법협약은 이러한 원칙에 따라 국제해저기구ISA를 중심으로 한 심해저 공동 개발 체제를 마련했으며, 개발도상국의 기술력 부족을 보완하기 위해 선진국과 민간기업의 참여를 유도하고, 기술 이전 의무를 명시했다. 그러나 협약 제11부의 내용을 두고 제3세계 국가들과 서구 선진국들 사이에 큰 이견이 존재했다. 1970년대부터 이미 심해저 개발을 본격화하던 선진국들은 자원의 공적 개발 원칙과 기술 이전 의무 조항에 반발하며 협약 체결을 거부했다. 결국 1994년 심해저 관련 조항의 해석과 적용을 조정하기 위한 심해저 이행협정이 체결되었고, 이후에야 영국, 독일, 일본 등 주요 선진국들이 협약에 가입했다. 그러나 이 과정에서 원래 조약에 포함되었던 개발도상국에 대한 '기술 이전 의무'는 '기술 이전의 증진과 장려'로 완화되었으며, 이는 협약의 원래 취지에서 크게 후퇴한 것으로 평가된다. 사실상 기술 이전 의무가 사라진 셈이다.[52]

---

52   이러한 개정에도 불구하고, UN 해양법협약에는 여전히 '인류 공동 유산' 개념이 유지되고 있으며, 이에 따라 공적 개발과 공동 이용의 원칙이 적용된다. 이로 인해 공해나 심해저를 자국 중심으로 개발하고 경제적 이익을 추구하려는 미국은 지금까지도 해양법협약을 비준하지 않고 있다. 미국은 선박 등록국의 주권이 적용되는 '선적국주의' 원칙에 기반한 공해 개념을 우주 공간에도 적극 투영해 왔지만, 정작 이를 규정하는 해양법협약에는 가입하지 않는 모순된 입장을 취하고 있다.

한편, 남극은 여러 면에서 달이나 화성과 같은 외기 천체와 닮았다. '백색 화성White Mars'이라는 별칭이 붙은 것도 이 때문이다. 남극은 얼음으로 뒤덮여 있을 뿐 아니라, 지구상에서 우주에 가지 않고도 가장 유사한 환경을 경험할 수 있는 장소다. 이는 곧 사람이 살기에 적합하지 않은 극한 환경이라는 뜻이기도 하다. 이러한 이유로 남극은 달과 화성 탐사에 필요한 장비와 기술, 환경 조건을 실험하는 장소로 활용되고 있다.

또한 남극조약[53]이 규정하는 남극의 법적 지위는 우주조약이 정의하는 달이나 화성 등 외기 천체와 여러 면에서 유사하다. 남극조약은 기존의 영유권 분쟁을 잠정 봉합하고, 남극을 어느 국가에도 속하지 않는 영구 중립지대로 설정한 것으로 널리 알려져 있다. 즉 영유권 분쟁 지역을 일종의 국제 공역으로 간주한 셈이다. 그러나 실제로는 조약 가입국 간의 영유권 문제를 단지 유보해 둔 것에 가까우며, 남극조약 제4조는 조약 발효 이후 영유권 확대나 신규 선포를 금지하지만, 발효 이전에 선포된 영유권을 철회할 의무는 부과하지 않는다. 이로 인해 남극을 둘러싼 영토 분쟁과 영유권 주장

---

53   1959년 미국의 주도로 12개국이 체결했으며, 현재 57개국이 서명국으로 참여하고 있다. 한국은 1986년 11월 세계에서 33번째로 가입했다. 이 조약은 남극의 평화적 이용, 과학 탐사의 자유, 영유권 동결, 핵실험 금지를 명문화하고 있으며, 이후 생태계 보전 관련 조항도 추가되었다.

은 여전히 계속되고 있으며, 2048년 조약 검토 시점을 전후
해 다시 격화될 가능성도 제기된다.

　남극 해양 영토 분쟁의 근본적 원인은 '경제적 이익과 자원
개발'에 있다. 현재로서는 수산자원, 석유, 가스, 광물 등에
대한 탐사가 기술적으로 어렵지만, 남극에 막대한 잠재 자원
이 존재할 것으로 추정됨에 따라, 향후 이 자원을 어떻게 배
분할 것인가가 핵심 쟁점이 될 수 있다. 이에 따라 영유권을
주장하는 국가들은 향후 유리한 입지를 확보하기 위해 다양
한 명분을 마련하고 있다.

　우주조약과 해양법협약의 개정, 그리고 남극조약의 종료
가능성은 마치 '삼체문제Three-body problem'처럼 상호 얽혀 순환
하며, 쟁점 또한 유사한 양상을 띤다. 이러한 배경 속에서 미
국은 우주 공간 개발과 독점적 소유권 확보를 위한 조약 개정
또는 새로운 우주법 제정을 시도하고 있으며, 그 연장선에
있는 것이 바로 미국 주도의 다자간 달 탐사 및 자원 채취 협
정인 '아르테미스 협정'이다.

우주 상업화 논쟁과 국제법의 균열

　우주 소유권 논란의 핵심은, 우주의 상업화 확대에 따라 우
주자원과 공간의 상업적 이용 및 개발을 허용해야 한다는 주
장에 있다. 이에 대해 미국과 아르테미스 협정 가입국들은

우주조약이 이를 금지한 바 없으며, '평화적 목적의 이용'에는 상업적 활동도 포함된다고 해석한다. 또한 달 조약에 "달의 천연자원 개발이 가능하다"는 문구가 명시되어 있다는 점에서, 상업적 자원 채굴 역시 허용된다고 본다. 더 나아가, 우주조약에 명확한 규정은 없지만, 법적 지위가 유사한 공해를 다룬 해양법협약에 따르면 공해의 상업적 이용이 가능하므로, 우주 공간에도 같은 원리가 적용될 수 있다고 주장한다. 이들은 우주조약을 통해 달과 기타 천체가 무주지res nullius에서 국제 공역으로 전환되었으며, 각국이 특정 지역에 대한 법적 지위를 가질 수는 없지만, 마치 공해처럼 그 자원을 자유롭게 이용할 수 있다고 본다.[54]

나아가, 국제우주법 체계에서는 우주 개발이 '선착순 원칙'에 따라 이루어질 수밖에 없다는 주장도 있다. 특정 국가나 기업이 소유권을 가질 수는 없지만, 19세기 미국 서부의 골드러시처럼 먼저 광맥을 발견하고 깃발을 꽂으면 채굴권을 확보할 수 있으며, 남이 포기한 광산도 다시 개발하면 새로운 운영권을 가질 수 있다는 논리다.[55] 이처럼 미국과 아르

---

54   김한택, "국제법상 우주자원개발원칙", 한국항공우주정책·법학회지 제33권 2호 (2018), pp. 35-59.

55   19세기 중반 미국 서부의 골드러시 시기, 캘리포니아는 미국·멕시코 전쟁의 결과로 미국이 점령하고 있었으나, 1850년 9월이 되어서야 정식 주로 편입되었다. 1872년 광산법 제정 이전까지 캘리포니아는 사실상 무법지대였으며, 멕시코 통치 시기의 관행이 이어지고 있었다. 당시 금광은 사적 재산으로 간주되지 않았고, 면허료나 세금도 부과되지 않았다. 광산의 '소유권'은 최초

테미스 협정 진영은 21세기의 우주 시대를 19세기 서부 개척 시대로 되돌리려 한다는 비판을 받고 있다.

그러나 미국은 우주 공간을 공해로 간주하자는 입장을 취하면서도, 정작 공해를 법적으로 규정한 해양법협약에는 가입조차 하지 않고 있다. 이는 해양법협약이 공해 규정뿐 아니라 심해저의 공동 개발과 기술 이전 의무까지 포함하고 있기 때문이며, 미국과 다수 유럽 국가는 이를 수용할 수 없다며 협약 비준을 거부하고 있다. 결국 미국이 주장하는 "우주는 공해이자 국제 공역"이라는 논리는, 공해와 심해저를 '인류 공동 유산'으로 규정한 해양법협약의 정신을 계승하겠다는 선언이 아니다. 이는 오히려 자국민의 우주 소유권을 인정하고, 배타적 점유와 상업적 활동을 정당화하려는 주장에 불과하다.

그럼에도 불구하고, 우주법상 우주자원의 상업적 추출과 이용이 실제로 가능한가에 대한 의문은 여전히 남아 있다. 우주조약 등 현행 국제우주법은 상업 활동을 명시적으로 허용하지 않으며, 우주 평화를 고려할 때 앞으로도 상업적 이용은 제한되어야 한다는 견해가 우세하다. 미국이 상업적 우주 활동을 가능하게 하는 국내법을 제정한 것은, 우주자원을

탐사자가 주장할 수 있었지만, 실제로 채굴이나 채석이 이뤄지고 있을 때만 유효했다. 반면, 버려진 광산은 누구든 먼저 차지하면 새로운 소유권을 가질 수 있었다.

둘러싼 국가와 자본의 이익 경쟁이 본격화되었음을 보여주는 신호탄으로 해석된다. 이에 대해 반대 진영, 특히 러시아는 미국의 우주법이 국제법(우주조약)을 넘어서는 월권이라고 비판하며, 우주 활동은 전 인류의 이익을 위한 공공적 원칙에 따라 이루어져야 한다고 주장하고 있다.[56]

우주조약의 '인류의 영역' 원칙과 달 조약의 '인류 공동 유산' 개념은 외기권 천체에 대한 비전유 · 비소유를 최상위 의무로 명시하고 있다. 우주자원의 추출 자체는 가능하더라도, 이를 상업적 · 배타적으로 채굴하는 것은 허용되지 않는다. 우주조약 제1조는 "달과 기타 천체를 포함한 외기권의 탐사와 이용은 경제적 또는 과학적 발전 수준과 관계없이 모든 국가의 이익을 위해 수행되어야 하며, 이는 모든 인류의 활동 범위에 속한다"고 규정하고 있다. 달 조약 제11조 역시 "달과 그 천연자원은 인류의 공동 유산이며... 이로부터 얻은 이익은 모든 당사국이 공평하게 공유해야 한다"고 명시한다. 즉 우주자원의 이용은 인류 전체의 이익을 위해 공동의 노력으

---

56   우주 개발에 나서고 있는 북한 역시 달과 우주 자원의 독점에 대해 비판한 바 있다. 북한은 "우주 과학기술이 급속히 발전하고 달 탐사 및 개발이 현실화된 상황에 맞춰, '달 조약'을 수정 · 보완하여 우주에서 특정 국가들의 독점과 전횡을 막고, 인류의 공동 유산을 보호하며, 이를 평화롭고 평등하게 이용할 수 있도록 국제우주법 체계를 완비해야 한다"고 주장했다.("달과 기타 천체들에서의 국가들의 활동에 관한 협정의 제한성과 그 개선방도", 김일성종합대학 학보 법률학 제66권 제1호, 2020. http://www.nkeconomy.com/news/articleView.html?idxno=3463)

로 이루어져야 한다는 것이 국제우주법의 기본 정신이다.

그러나 우주자원의 상업적 개발과 추출은 본질적으로 자원의 소유권(재산권)을 전제로 하기 때문에, 이는 우주 및 외기권에 대한 전유와 소유를 금지한 우주조약과 달 조약을 위반하는 것이다.[57] 자원의 상업적·배타적 이용은 "인류 공동의 이익"이라는 원칙에도 반한다. 국제우주법이 지향하는 바는, 우주 개발은 특정 국가나 기업이 아닌 인류 전체의 공동 이익을 위해 이루어져야 한다는 데 있다.

만약 추출된 우주자원의 소유가 가능하다면, 이는 우주의 비전유·비소유 원칙이 천체의 표면에만 적용되고, 천체를 구성하는 자원에는 해당되지 않는다는 모순을 낳는다. 이를 인간의 신체에 비유하자면, 살과 피부는 소유할 수 없지만 피는 채취해 팔 수 있다는 주장과 같다. 이는 마치 『베니스의 상인』에서 고리대금업자 샤일록이 안토니오의 살이 아닌 피를 요구했어야 했다는 비유와도 통한다. 더구나 달의 구성 원소 중 절반은 산소다. 만약 달의 산소 추출이 상업적으로 허용된다면, 언젠가는 구멍이 숭숭 뚫린 '치즈 같은 달'을 마주하게 될지도 모른다.

57　　지구에서의 광산 개발과 마찬가지로, 광산을 직접 소유하지 않더라도 개발권을 보유한 채 광물을 추출하고 이를 거래할 수 있다는 주장이 제기된다. 그러나 이러한 경우에도 개발권은 광산의 소유자(국가 또는 개인)의 허가를 전제로 하며, 결국 개발권은 소유권에 기반해 부여된다는 점에서 소유권 없는 개발권은 성립할 수 없다.

우주의 상업적 개발과 이용을 옹호하는 목소리가 커지는 만큼, 이를 반대하는 움직임도 꾸준히 존재했다. 우주자원의 이용은 본래 '인류 공동의 이익'이라는 원칙 아래 평화적 목적에 한정되어야 하며, 이를 더욱 구체적으로 제한하고 제도화해야 한다는 요구가 제기되었다. 이러한 맥락에서 등장한 것이 바로 1979년의 달 조약이다. 이 조약은 우주 공간과 외기권, 달을 포함한 천체에 대해 '비전유·비재산·비소유' 원칙을 명문화하며, '인류 공동 유산' 개념을 공식적으로 도입했다. 그러나 이 조약은 주요 우주 강국들의 외면 속에 사실상 유명무실한 상태에 머물고 있다. 제정 당시에는 UN 총회에서 만장일치로 승인됐지만, 45년이 지난 현재까지도 단 17개국만이 비준했다.[58] 미국, 영국, 러시아, 중국, 일본 등 우주 강국은 물론, 한국 역시 아직 비준하지 않은 상태다. 달조약의 제정에 참여했던 일부 국가들조차 최종적으로 조약당사국이 되는 것을 꺼리고 있는 실정이다.[59]

국제법과 세계 거버넌스가 강대국의 힘의 논리에 따라 결정되는 현실에서 아르테미스 협정과 각국의 상업우주법이 국제법 위반이라는 논란은 사실상 무시되고 있다. 그러나 우주

---

58   원래 18개국이었으나, 사우디아라비아가 2023년에 탈퇴하면서 현재는 17개국이 되었다.

59   김한택, "국제법상 우주자원개발원칙", 항공우주정책법학회지 제33권 2호 (2018), pp. 35-59.

의 상업화와 자원 경쟁이 본격화되면, 이는 우주는 물론 지구 자체까지 공멸의 위기로 내몰 수 있다. 특히 상업화를 보호하기 위한 우주 무장과 안보 체계가 본격화되면서, 우주 공간을 둘러싼 군사적 대결의 가능성도 더욱 높아질 것이다.

우주의 상업적 이용과 군사적 충돌

우주조약 제4조는 지구궤도 및 외기권에서 핵무기와 대량 살상무기의 배치를 금지하며, 달과 기타 천체에서는 군사기지 건설, 무기 실험, 군사 훈련을 허용하지 않는다. 오직 과학적 연구와 평화적 목적의 이용만을 명시하고 있으며, 이는 1959년 남극조약에 이어 우주를 '비핵지대Nuclear-Free-Zone'로 규정한 것으로 해석된다.

첫 번째 쟁점은 우주의 '군사적 이용 범위'다. 우주조약은 외기권 공간과 그 안의 천체를 구분하고, 오직 천체에 대해서만 군사적 이용을 엄격히 금지하고 있다. 이 구분에 따르면, 달이나 기타 천체가 아닌 지구궤도 및 외기권 공간에서는 핵무기와 대량살상무기의 배치만 금지되며, 군사기지나 시설의 설치, 비침략적 군사 활동 등은 제한되지 않는다는 해석이 가능하다. 또한 조약 제4조가 재래식 무기에 대해 아무런 언급을 하지 않기 때문에, 재래식 무기의 배치와 사용도 허용된다는 주장이 제기된다. 심지어 우주를 경유해 지상의 특정 지점을 타격하는 핵무장 ICBM 실험조차 조약에 위배되지 않는다는 해석도 있다. 실제로 위성공격무기ASAT, 탄도미사일방어BMD와 같은 시스템은 조약상 명시적 금지 대상이 아니며, 미국과 소련은 이를 합법적 활동으로 간주해 왔다. 이 같은 흐름 속에서 미국과 러시아뿐 아니라, 중국, 유럽, 북한 등 주요 우주개발국들 역시 군사위성을 운용하고 있으며, 핵 탑재 가능 위성공격무기, ICBM, 극초음속 미사일 실험 등을 지속하고 있다.[60]

두 번째 쟁점은 달과 천체의 '평화적 목적' 이용에 대한 해석 차이다. 러시아는 이를 '비군사적' 이용으로 제한해야 한다고 보는 반면, 미국은 '비침략적' 목적이라면 군사적 이용도 허용된다고 해석한다. 미국의 입장에 따르면, 우주 공간의 군사적 이용은 UN 헌장 제2조 제4항에 명시된 '무력 사용 또는 위협' 기준에 따라 비침략적 성격을 지니는 한 가능하다는 것이다. 따라서 군 요원이 달이나 기타 천체에 접근하는 것 자체는 가능하며, 군사기지 설치, 무기 실험, 군사작전 수행 등 공격적 활동이 아니라면 허용된다는 논리다. 이 같은 해석을 바탕으로 미국은 아르테미스 협정에 '안전 구역' 조항을 포함시켰으며, 이는 우주조약 위반이 아니라고 주장한다. 그러나 안전 구역 침범은 곧 적대적 또는 침략적 행위로 간

---

60   김한택, 위의 글.

주될 수 있고, 이에 대한 대응 역시 군사적 수단이 될 수밖에 없다는 점에서, 안전 구역 설정 자체가 우주조약의 평화적 이용 원칙에 반한다는 비판이 더 설득력 있게 받아들여지고 있다.

한편, 우주조약은 우주 공간의 평화적 이용과 핵무기·대량살상무기 배치를 금지하고 있음에도 불구하고, 무기산업과 우주산업이 국가 계약 체계를 통해 협력하며 발전하는 현실을 막지는 못했다. 우주를 국제정치와 세계 거버넌스의 관점에서 바라보는 한, 인간은 우주를 전략적 영토로 간주하게 되며, 접근성이 높아질수록 이를 둘러싼 민족주의, 군국주의, 식민주의적 경향은 더욱 확대될 것이다.

우주 공간의 군사화는 빠르게 진행되고 있다. ICBM과 극초음속 미사일 등 전략 무기의 운용을 통해 우주는 군사적으로도 핵심 요충지로 재편되고 있다. 여기에 더해 지구궤도가 상업적으로 재구성되고, 달의 자원 수탈 가능성이 현실화되면서, 단순히 상업적 이용과 자원 채취의 정당성만이 아니라, 그러한 자산에 대한 재산권 보장이 안보의 핵심 요소로 부상하고 있다. 결국 미국은 자국의 전략적·상업적 이익을 보호하기 위해 우주 안보 체계 구축이 필수적이라는 입장을 취하게 되었다.

미 국방부 인도·태평양 사령부INDOPACOM가 운영하는 '인도·태평양 디펜스 포럼'은 "궤도를 이동하는 우주 관문, 달 채굴, 화성 식민지화가 실현될 미래에는 군의 역할도 변화할 수 있다"고 전망한다. 이들은 그 이유로 "인류의 우주 활용을 촉진하기 위한 기업가적 투자를 장려하려면, 어떤 형태로든 사적 소유의 필요성을 인정해야 한다는 요구가 커지고 있기 때문"이라고 밝히고 있다. 또한 기존 우주조약이 주권 국가만을 우주 활동의 주체로 전제했던 데 비해, 이제는 "민간 및 상업 조직도 논의에 포함되어야 한다"는 주장도 제기한다. 이처럼 미국은 우주군의 존재 이유를 자국의 우주 자산을 보호하고, 우주 상업화를 통해 미국 소유 자산을 확대·보장하는 데 있다고 공공연히 밝히고 있다.[61]

　　2019년 미국의 우주무기 배치 선언과 우주군 창설은 북한, 중국, 러시아에 대한 군사적 대응 외에도, 지구저궤도의 상업화 및 영토화 활동 보호, 그리고 달의 상업적 이용과 자원 확보라는 미국의 이익 수호를 위한 군사적 보호 수단으로도 기능하고 있다. 경제적 소유권과 이익은 법적 지위만으로는 보장되지 않으며, 군사력이라는 현실 권력이 이를 뒷받침해야 한다는 인식이 반영된 것이다. 이에 따라 미국은 우주조약 개정을 통해 소유권의 법적 지위와 정당성을 확보하고, 아르테미스 협정과 자국의 상업우주법을 통해 일정한 소유권과 영토화의 배타성을 제도화하려 한다. 이를 위해 우주 전

61　　　　https://ipdefenseforum.com/2023/03/sovereignty-in-space/

력 배치, 무장화, 안보 체제 구축 등의 군사력 강화를 병행하고 있다.

　이러한 현실은 우주와 그 자원이 상업적 활동에 개방될 경우, 우주조약의 원칙이 얼마나 쉽게 무력화될 수 있는지를 보여준다. 스페이스X, 블루 오리진, 노스럽그루먼Northrop Grumman과 같은 민간 우주기업이 우주 개발의 핵심 주체로 떠오르면서, 국가와 UN은 우주 활동의 법적 · 정치적 틀을 재정비해야 한다는 압력을 받고 있다. 아르테미스 협정과 같은 다자협정은 국내 상업우주법과 결합해, 국가와 민간 파트너들이 달과 그 외 우주 공간을 독점 구역으로 분할할 수 있는 길을 열어주고 있다. 결국 이는 우주를 새로운 지정학적 고위험 지역으로 전환시키며, 차세대 갈등과 경쟁의 무대로서 '우주 격투장'의 서막을 알리고 있다.

3장

우주는 돈이다:
우주의 상업화

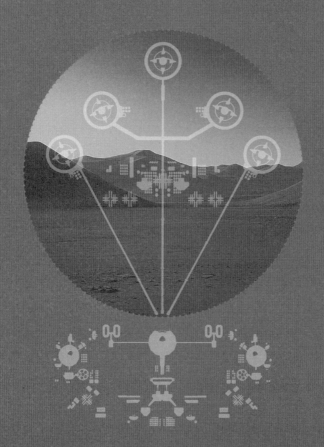

1.

밤하늘의 별을 사는 시대

돈이 되는 우주: 상업화로 향하는 궤도

 "밤하늘의 별을 따서 너에게 줄래~"라는 노래 가사가 이제
는 단순한 판타지가 아니다. 지구로 떨어지는 유성을 포획하
는 것을 넘어, 태양계 내 소행성을 지구궤도로 끌어와 자원
을 채굴하고 수탈하려는 계획이 현실로 등장하고 있다.

 1950년대 우주 개발이 시작된 이후 2000년까지는 소련과
미국의 국가 우주 기관들이 기술 개발을 주도했으며, 이는
철저한 국가 독점 사업이었다. 모든 로켓은 정부 목적에 따
라 제작되었고, 1975년 설립된 ESA도 이와 유사한 개발 모
델을 따랐다. CNSA와 인도우주연구기구ISRO 등 후발국의 우
주 기관들 또한 자국의 독자적 계획에 정부 자금을 투입해 왔
다.

 그러나 이제 우주 연구와 개발은 정부 주도가 아닌, 민간기

업의 투자와 참여로 활발히 이루어지고 있다. 과거에는 정부와 대기업이 주도하던 우주산업에 중소·벤처기업들이 진출하면서 '뉴 스페이스New Space'가 빠르게 성장하고 있다. 2000년대 전후 NASA의 막대한 예산 부담을 완화하기 위해 미국 정부는 민간기업의 참여를 적극 장려했고, 그 결과 민간 우주기업들이 효율적인 비용으로 로켓 발사에 성공했다. 이로 인해 우주 스타트업들에게도 새로운 기회가 열렸고, 다양한 분야에서 우주산업의 성장 가능성이 모색되고 있다. 기업 간 경쟁이 치열해지면서, 우주산업은 일상생활에도 점차 큰 영향을 미치고 있다.

일본도 우주산업 육성에 속도를 내고 있다. 2022년 말, 기시다 내각은 스타트업 투자를 5년 내 10배로 확대하고 유니콘 기업 100개를 육성하겠다는 '스타트업 육성 5개년 계획'을 발표했다. 또한 2017년 내각부가 수립한 '우주산업비전 2030'에서는 1조 2,000억 엔 규모의 국내 우주산업 시장을 2030년까지 두 배로 확대하겠다는 목표가 제시되었다. 일본은 JAXA와 연계해 다양한 스타트업 지원 사업을 추진하고 있으며, 최근에는 관련 법 개정을 통해 JAXA가 민간 사업자에 직접 투자할 수 있게 되었다.

한국 정부는 2022년 '우주 경제 비전 선포'를 통해 우주산업 경쟁력 강화를 위한 민간 기술 이전, 산업 기반 확충, 우주자원 채굴과 탐사, 우주 교통관제 지원 등을 공식화했다. 이어 발표된 '미래 우주 경제 로드맵'에서는 5년 이내 달로 향하는 독자 발사체 엔진 개발, 2032년 달 착륙 및 자원 채굴, 2045년 화성 착륙 등 구체적인 목표를 제시했다. 아울러 '제4차 우주개발진흥 기본계획'에서는 현재 세계 우주 시장에서 1% 미만인 한국의 점유율을 2040년까지 10%로 확대하겠다는 야심찬 비전을 담았다.

2020년 세계 우주 경제 규모는 전년 대비 4.4% 증가한 약 4,470억 달러로 사상 최고치를 기록했다. 경제협력개발기구 OECD는 우주산업이 코로나19의 영향을 거의 받지 않았으며, 오히려 지구 관측과 원격 교육용 통신위성 수요가 증가했다고 분석했다.[62] 2040년까지의 우주 경제 전망에 대해 모건 스탠리는 1조 1,000억 달러, 뱅크 오브 아메리카와 메릴린치는 2조 7,000억 달러에 이를 것으로 내다봤다.[63] 맥킨지는 2023년 우주 경제 규모를 약 6,300억 달러로 추정하며, 연평균 약 9%의 성장률로 세계 평균 GDP 성장률의 세 배 수준이라고 밝혔다. 또한 2035년까지 약 1조 8,000억 달러에 이를 것으로 전망했다.[64] 현재 상업 부문이 전체 우주 경제의 약 80%를 차

62   OECD, 「우주 경제 측정 핸드북Handbook on Measuring the Space Economy」(개정판), 2022.

63   https://www.chosun.com/economy/science/2023/01/12/D4XSIAS7BRAQRFIV2V5EMOQXLY

64   https://www.mckinsey.com/industries/aerospace-and-defense/our-insights/space-the-1-point-8-trillion-dollar-opportunity-for-global-economic-growth

지하며, 미국 정부의 우주 예산은 전 세계 국가 총 우주 예산의 66%를 점유한다. 2020년 기준 주요국의 우주 예산은 미국이 518억 달러로 가장 많았고, 이어 중국 134억 달러, 일본과 프랑스 각각 31억 달러, 러시아 25억 달러, 인도 13억 달러 순이었다.[65] 국제 시장조사기관 유로컨설트Euroconsult에 따르면, 2022년 각국 정부의 우주 프로그램 투자 규모는 1,030억 달러를 넘어서며 역대 최대치를 기록했으며, 같은 해 우주 경제 전체 규모는 약 4,640억 달러에 달한 것으로 평가되었다.

ESA 통계에 따르면, 2021년 11월 기준 총 6,120기의 우주 발사체와 12,170기의 인공위성이 성공적으로 발사되었으며, 이 중 약 4,700기가 현재 운용 중이다. 인공위성을 보유하거나 운용하는 국가는 80여 개국에 달한다. 2022년 OECD는 「우주 경제 측정 핸드북」 개정판에서 우주산업이 세계 경제의 핵심 축으로 부상하고 있으며, '우주 경제' 시대의 개막이 공식화되었다고 밝혔다. 특히 "대기업은 정부 발주 중심에서 벗어나 민간 시장을 겨냥한 위성 데이터 비즈니스로, 스타트업은 제조·발사·활용 서비스를 수직계열화하는 전략으로 사업을 확대하고 있다"고 평가했다. 이는 민간 우주기업들이 우주산업 전반으로 진출하며 본격적인 '민간 우주 시대'에 돌입했음을 보여준다.

---

65   OECD, 위의 자료.

NASA가 설계한 우주 시장

냉전 종식과 함께 우주 군비 경쟁이 중단되고 예산이 축소되자, 미국은 1980년대 레이건 정부 이후 민간 주도의 우주 개발과 기술 혁신을 적극 추진해 왔다. 1984년 '상업적 우주 발사법'을 시작으로, '원격탐사 상업화법'(1984), '우주 상업화 촉진법'(1996), '상업적 우주법'(1998) 등을 제·개정하며 민간 부문의 우주산업 참여를 적극적으로 지원하고 장려해 왔다. 특히 '상업적 우주발사법' 개정을 통해 정부와 민간이 우주 활동에 내재한 위험을 3단계로 분담하는 체계를 마련하고, 제3자 손해배상책임 제도를 도입했다. 또한 우주산업 안전 규제의 유예기간을 연장함으로써 산업 성장을 저해하는 과도한 규제를 완화하고자 했다. 그 결과, 2015년 상업우주발사 경쟁력법이 제정되며 우주자원에 대한 권리 보장, 우주정거장 운영 기간 연장, 연방 부처 간 규제 권한 조정 등이 법제화되었다. 특히 세계 최초로, 우주에서 추출한 자원에 대한 재산권을 민간기업에 명시적으로 부여하면서 우주 상업화의 법적 기반을 확립했다.[66]

아이러니하게도 우주 상업화를 주도하는 주체는 다름 아닌 NASA다. NASA는 전략적 목표 중 하나로 "상업 시장을 통해

---

66   윤인숙, 위의 글.

인간 우주비행 경제를 발전시키는 것"[67]을 내세우며, "강력한 지구저궤도 경제 개발"을 추진하고 있다. 이를 위해 "유료 서비스 제공을 위한 미래의 지구저궤도 목적지"(공급)와 "정부 수요 또는 상업적 가치가 있는 제품 생산을 위한 지구궤도 서비스"(수요)를 제시하며, 공급과 수요 양측을 활성화하는 구상을 추진 중이다.

 NASA의 많은 우주 프로젝트는 초기 단계부터 부품 설계를 담당하는 민간기업과의 협업을 통해 진행되었다. 그 결과, 국가 차원의 우주 기술이 발전하고 축적되었지만, 국방·안보 목적 외에 보안이 필요 없는 기술 상당수는 민간에 이전되었다. 다만 이전된 기술 대부분은 통신위성 제작 등 우주 자산의 초기 기술들이었고, 발사체나 우주선처럼 전략 자산에 해당하는 기술은 포함되지 않았다. 특히 발사 서비스는 군사 프로그램용 발사체와 이에 따른 고비용 구조로 인해 오랫동안 독점적으로 공급되었다. 수십 년간 미국 정부 정책에 따라 NASA만이 이러한 위성 발사를 수행할 수 있었지만, 1984년 규제 완화의 일환으로 미국 의회는 '상업적 우주발사법'을 제정해 민간기업의 자율 발사를 허용했다. 이어 1990년부터 NASA는 가능할 경우 민간기업에 비용을 지불하고 탑재체 발

---

67   https://www.nasa.gov/humans-in-space/commercial-space/low-earth-orbit-economy

사를 위탁하도록 지시했다. 그 결과, 다수 기업이 참여하는 수십억 달러 규모의 산업이 형성되었고, 그 중심에는 ULA가 있었다.

　항상 높은 개발 비용에 시달리던 NASA는 비용 절감을 위해 우주 전략 사업을 본격적으로 민간에 위탁함으로써 우주 상업화 경쟁의 포문을 열었다. 1981년 컬럼비아호의 첫 비행으로 시작된 우주왕복선 프로그램은 2011년 애틀랜티스호의 135번째 임무를 끝으로 공식 퇴역했다. 이를 계기로 미국 정부는 NASA가 주도하던 대체 발사체 개발을 중단하고, 민간에 개발을 맡기기로 결정했다. NASA는 민간기업과의 협력, 합작투자, 기술 이전 등을 통해 축적된 핵심 우주 기술을 민간 부문으로 이전하며 우주 시장 형성에도 적극 기여했다.

　2004년 2월 NASA는 전직 NASA 엔지니어들이 설립한 키슬러 에어로스페이스Kistler Aerospace에 우주왕복선을 대체할 발사체 개발 사업을 맡겼다. 그러나 독점 계약이라는 비판이 제기되면서 해당 계약은 철회되었고,[68] 대신 경쟁 입찰 방

68　키슬러 에어로스페이스는 1994년부터 K-1 로켓을 개발해 왔으며, 2001년부터는 NASA와의 계약을 통해 일부 자금을 지원받고 있었다. 그러나 2003년, 우주발사체 개발 업체로 선정되기 직전에 법원에 파산 보호를 신청한 상태였다. 이런 상황에서 NASA의 지원금은 사실상 생명줄과도 같았다. 하지만 당시 신생 기업에 불과하던 스페이스X가 비경쟁 계약과 독점 공급에 문제를 제기했다. 일론 머스크는 2004년 4월 1일 투자자 서한에서 "작년에 파산한 데다 11년 동안 완전한 프로토타입도 만들지 못한 회사에, 경쟁 없이 막대한 예산을 주는 것은 시장에 매우 부정적인 신호를 준다"고 비판했다. 결국 NASA는 같은 해 7월, 키슬러와의 계약을 철회했다.

식의 국제우주정거장 운송 발사체 개발 프로젝트인 '상업궤도 운송 서비스이하 COTS'가 도입되었다. NASA는 2006년부터 COTS를 추진하며, 스페이스X의 팰컨 9와 오비탈 사이언스Orbital Sciences의 안타레스 로켓 개발을 지원했다. 이후 2008년(1차)과 2019년(2차)에 걸쳐 국제우주정거장 화물 운송 사업인 상업용 재보급 서비스Commercial Resupply Service, 이하 CRS를 시행했다. 이를 통해 자체 우주발사체를 개발한 스페이스X와 오비탈 사이언스, 그리고 2차 사업부터 합류한 시에라 네바다Sierra Nevada가 우주 화물 운송 사업을 담당하게 되었다. 2011년 우주왕복선이 완전히 퇴역한 이후에는 유인 수송을 위한 CCP가 시작되었고, 2020년 스페이스X는 최초로 우주인을 수송한 민간기업이 되었다.

이처럼 NASA는 우주발사체 개발과 우주 운송 사업을 민영화하거나 민간에 위탁하면서 우주 시장을 형성했다. 2005년 당시 NASA 책임자였던 마이클 그리핀Michael Griffin은 저렴한 상업 COTS 프로그램 없이는 NASA의 우주탐사 비전 목표를 달성할 수 없다고 밝혔다. 그는 국제우주정거장의 등장으로 지구저궤도를 오가는 '일상적인' 운송 서비스 시장이 새롭게 형성되었으며, 이는 상업적 우주기업들에게 엄청난 기회가 될 것이라고 전망했다.[69]

69   Michael Griffin and Valin Thorn, "Commercial Crew & Cargo Program

NASA는 본격적으로 우주 공간의 상업화에 나서며, 2021년 상업용 저궤도 개발Commercial LEO Development, 이하 CLD 프로젝트를 시행했다. CLD의 목표는 지구저궤도에 미국 민간 우주정거장을 건설해 우주 상업화 경쟁력을 선점하는 것이었다. 이 일환으로 NASA는 블루 오리진, 나노랙스Nanoracks, 노스럽 그루먼과 협력해 상업용 민간 우주정거장 건설을 추진했다. 또한 국제우주정거장의 일부 모듈을 민간 호텔용 모듈로 전환하는 민영화 방안도 병행하고 있다. 특히 액시엄 스페이스는 국제우주정거장을 우주호텔로 전환하는 프로젝트를 추진 중이다.

한편, NASA는 국제우주정거장의 국립연구소를 개방해 민간이 상업용 제품과 서비스를 제조 · 마케팅 · 홍보할 수 있는 기회를 넓히고 있다. 우주 생산 애플리케이션InSPA 프로그램을 통해 미국 산업이 지구저궤도에서 지속 가능하고 수익성 있는 수요를 개발할 수 있도록 지원하고 있으며,[70] 아르테미스 계획에도 민간기업의 참여를 적극 확대했다.[71]

Overview," 45th AIAA Aerospace Sciences Meeting, Reno, Nevada, NASA, January 11, 2007, p. 2 (PDF).

70   https://www.nasa.gov/international-space-station/space-station-research-and-technology/in-space-production-applications/

71   우주발사체는 ULA가 담당하고, 오리온 우주선 개발에는 노스럽그루먼과 에어버스가 참여했다. 달까지의 수송 임무는 스페이스X의 스타십이 맡게 되었으며, CLPS 프로그램을 통해 달 착륙선을 보낼 민간기업으로는 아스트로보틱 테크놀로지와 인튜이티브 머신스가 주요 업체로 선정되었다.

NASA는 기술 이전, 전문성 평가, 교육 훈련 등을 통해 민간 우주기업과 협력 체계를 운영하며, 기업의 역량 강화와 기술 발전을 돕고 있다. 특히 '상업 우주 역량 협업Collaborations for Commercial Space Capabilities, 이하 CCSC' 이니셔티브를 통해 정부와 기업 간 협력을 확대하고, 미국 우주산업의 성장 기반을 다지고 있다. 1차 CCSC 사업은 2014년 3월 발표되었고, 같은 해 12월 4개 기업과 2022년 말까지 유효한 협정이 체결되었다. 이 사업은 발사체(스페이스X의 스타십, ULA의 벌컨 센타우어), 우주선(노스럽그루먼의 MEV), 우주복(파이널 프런티어 디자인Final Frontier Design의 민간 우주복) 등 4개 분야로 구성되었다. NASA는 이어 2023년 6월 15일, 블루 오리진, 스페이스X, 노스럽그루먼 등 7개 기업을 2차 CCSC 협력 대상으로 선정했다.[72]

NASA는 대형 우주기업의 기술 개발 과정에서 중복되거나 비효율적인 연구를 조정하고, 자체 보유한 핵심 기술을 협력 구조를 통해 이전함으로써 실현 가능성과 성공률을 높이고자 한다. 스타십을 비롯한 주요 기술은 기업의 독자적 역량뿐

---

[72] 블루 오리진은 뉴 글렌New Glenn 발사체와 기타 지원 요소를 활용해, 상호 연관된 지구저궤도 수송 기능 개발에 협력하기로 했다. 스페이스X와는 스타십을 상업용 우주정거장으로 활용하는 방안을 검토 중이며, 세 번째 협력사인 시에라 스페이스Sierra Space와는 패스파인더Pathfinder 스테이션 형태의 유인 우주선 개발을 함께 추진하고 있다. 노스럽그루먼과는 유인 우주정거장인 퍼시스턴트 플랫폼Persistent Platform 개발에 협력하며, 싱크오비탈ThinkOrbital과는 우주 용접 기술 개발, 배스트Vast와는 인공 중력 기술, 스페셜 에어로스페이스 서비스Special Aerospace Services와는 자율 기동 장치 기술 개발에 협력하고 있다.

아니라, NASA와 미국 정부 기술이 결합된 결과물이다. 특히 NASA는 미국 우주법 협정SAA에 따른 비상환형 계약 방식을 활용해 이 기술들을 사실상 무상으로 이전했다.

우주는 이제 이윤이 발생하는 시장으로 변모했다. 지난 10년간 우주 경제는 두배 가까이 성장해 2023년 말 기준 6,300억 달러 규모에 이르렀다. NASA는 아르테미스 계획을 통해 심우주 탐사에 정부 자원을 집중하는 한편, 우주 상업화의 선도 기관으로서 민간 협력을 더욱 강화하고 있다.

소유권을 넘긴 정부, 시장을 키운 NASA

미국에서 NASA와 같은 공공기관이 일반 조달을 수행할 때는 연방규정집 제48장에 명시된 연방조달규정이하 FAR을 준수해야 한다. 이 규정은 허용되는 계약 유형과 조달 계약에 포함되어야 할 주요 조항들을 명시하고 있다. 특히 발사체와 같은 복잡한 시스템의 경우, FAR은 기관이 상세한 요구 사항을 설정하는 전통적인 조달 방식을 따른다. 이 방식은 계약 업체가 독자적으로 사용할 수 없는 맞춤형 제품을 주문하는 구조로, 개발과 추가 비용을 모두 기관이 부담하고 결과물에 대한 소유권도 기관이 갖는다.

NASA의 COTS 프로그램은 법적으로 정부 조달 계약이 아니었기 때문에 추진이 가능했다. NASA는 1958년 우주 기관

으로 재창립된 이후, FAR이 적용되는 조달 계약이나 연방 보
조금 및 협력협정법이 적용되는 협력 계약 외에도, 파트너십
에 참여할 수 있는 '기타 거래other transactions' 권한을 보유해 왔
다. NASA는 우주조약을 활용하여 이러한 '기타 거래'를 제도
화했다. 국방부 등 일부 다른 기관도 기관별로 차이는 있지
만, 제한된 범위 내에서 유사한 권한을 가지고 있다. 다만 어
떤 기관이든 단순 조달 목적의 계약에는 이 권한을 사용할 수
없다.[73]

 NASA는 기타 거래 방식과 함께 개발비 분담, 마일스톤
milestone 기반 고정 가격 지급, 목표 중심 평가 방식을 도입해
개발 비용을 절감하고 다양한 선택지를 확보했다. 이 방식이
전통적인 정부 조달과 가장 다른 점은, 개발 결과물이 국가
가 아닌 민간업체의 소유라는 점이다. 즉 정부와 NASA는 발
주처이면서도 단순 구매자의 위치로 전환된 셈이다.

 이러한 방식은 두 가지 중요한 의미를 갖는다. 첫째, 민간
기업은 적은 자금으로 로켓 등 전략 자산을 개발하면서 정
부 수요를 기반으로 안정적인 시장을 확보할 수 있다. 둘째,
NASA 프로젝트 수주 여부가 기업의 성장과 생존을 좌우하
는 구조가 형성되었다. 스페이스X처럼 수주에 성공한 기업

---

73   https://www.thecgo.org/benchmark/a-2006-nasa-program-shows-
            how-government-can-move-at-the-speed-of-startups/

은 성장했지만, 그렇지 못한 기업들은 대부분 파산하거나 대형 기업에 흡수되었다.

결론적으로, 이 개발 방식은 NASA가 수요처, 민간기업이 공급처가 되어 새로운 시장을 형성했다는 점에서 '시장 개척 프로그램'이라 할 수 있다. 최근에는 NASA뿐 아니라 미 국방부도 주요 수요처로 부상하고 있다. 국방부는 국가안보우주발사^{이하} NSSL 프로그램을 통해 민간 상업용 발사 시장의 성장을 촉진하고 있다. NSSL은 미 국방부 및 기타 정부기관이 우주에 안정적으로 접근할 수 있도록 보장하는 미국 우주군^{USSF}의 프로그램으로, 발사체의 재사용 가능성을 포함해 보다 저렴하고 안정적인 우주 발사 환경 조성을 목표로 한다.[74] 그러나 정부 자금으로 개발된 기술의 소유권이 민간기업에 귀속되면서, 새로운 시장 형성이라는 명분 아래 사실상 공공 자원이 민간 자본으로 이전된 셈이 되었다.

---

[74]　ULA와 스페이스X는 2020년 NSSL 2단계 프로그램 계약을 체결하여 미 우주 군의 주요 임무를 수행하고 있으며, 2024년 시행된 NSSL 3단계 레인 1 프로 그램에는 블루 오리진도 새롭게 참여하게 되었다.

2.

지구저궤도 상업화, 어디까지 왔나

민간 위성 시대의 명과 암

1957년 소련이 세계 최초의 인공위성 스푸트니크 1호 발사에 성공한 이후, 미국과 소련은 인공위성을 지구궤도로 올려놓는 발사체 개발 경쟁에 박차를 가했다. 위성 기술의 발전은 정찰기 없이도 감시가 가능하게 했고, 유인 우주비행뿐 아니라 인공위성과 발사체의 성공 자체가 냉전 시대 과학기술력과 군사 잠재력을 과시하는 선전 도구로 활용될 수 있었다. 또한 위성 발사 기술은 ICBM과 같은 군사용 로켓 기술과도 본질적으로 연결되어 있어, 위성 개발의 성공이 곧 군사적 위협으로도 간주되었다.

민간기업이 주도해 제작한 최초의 우주 물체는 1962년 NASA 로켓에 실려 궤도에 진입한 통신위성 텔스타 1호Telstar 1였다. 이 위성은 AT&T와 벨Bell의 자금 지원으로 제작되었으며, 대서양을 가로질러 텔레비전 신호를 중계할 수 있었고, 라이브 텔레비전, 전화, 팩스, 기타 데이터 전송을 모두 수행한 최초의 위성이었다. 이후 통신을 비롯한 다양한 분야에서 수백 개의 민간 위성이 발사되었고, 1970~80년대를 거치며 비군사적 상업 위성 발사가 본격화되었다.

상업 위성 시장은 민간 우주발사체 개발의 확산과 함께 급격히 성장했다. 특히 스페이스X는 2015년 말 팰컨 9 로켓의 1단 회수, 2017년 초에는 재발사까지 성공하며 발사 비용을 획기적으로 낮췄다. 이미 통신위성 개발이 민간에까지 확산된 상황에서 발사 비용마저 낮아지자, 상업 위성의 발사 수요가 폭발적으로 증가했다.

현재 인공위성은 국방 등 특수 목적을 제외하면 거의 완전히 상업화된 상태다. 2025년 2월 기준으로 누적 발사된 인공위성은 1만 기를 넘어섰으며, 이 가운데 약 8,000기가 민간 상업 위성이다. 특히 그중 7,000기 이상은 스페이스X의 통신위성 '스타링크'로, 이 회사는 2027년까지 총 42,000기를 발사할 계획이다. 이외에도 아마존, 원웹·에어버스, 텔레셋Telesat 등 주요 민간기업들도 각각 수백 기 규모의 위성을 이미 발사했거나 발사할 예정이며, 대부분 인터넷망 구축 등 상업적 목적을 위해 추진되고 있다.

이 같은 상업 위성 경쟁에 중국도 본격적으로 뛰어들었다. 중국 상하이 위안신 위성기술공사SSST는 저궤도 위성통신망 구축 프로젝트인 '천범성좌'를 추진하고 있으며, 2024년까지 108기, 2025년 말까지 648기, 2030년까지 총 1만 5천 기의 위성을 궤도로 올리는 것을 목표로 하고 있다.[75]

우주발사체 경쟁과 민영화

우주발사체는 지구저궤도까지 올릴 수 있는 탑재량에 따라 소형, 중형, 대형, 초대형으로 구분된다. 소형 발사체는 NASA 기준 2,000kg 이하, 러시아 로스코스모스 기준으로는 5,000kg 이하의 탑재량을 지구저궤도까지 운반할 수 있는 로켓을 말한다.

탑재량에 따른 로켓 발사체 구분

	미국 기준	러시아 기준	개발된 발사체	개발 예정 발사체
소형 발사체	2,000kg 이하	5,000kg 이하	SS-520, 시모그르, 누리호, 천리마 1호, 일렉트론, 창정 6 · 11호	벡터 R, 아리온 1, 트로나더 Ⅱ
중형 발사체	2,000~20,000kg	5,000~20,000kg	창정 7호, 안가라 1 · 2호, GSLV Ⅲ, 안타레스, 소유즈 2호, 아틀라스 V	ULV, 하스

75   https://www.chosun.com/economy/science/2024/08/22/2RLXZPSCOJD73E4XVUU7SN2V5E/

대형 발사체	20,000~ 50,000kg	20,000~ 100,000kg	펠컨 9, 창정 5호, 아리안 6, 벌컨 센 타우어, 앙가라 A5, 프로톤 M	NGLV, 그래비티 2, 테란 R
초대형 발사체	50,000kg 이상	100,000kg 이상	새턴 V, 에네르 기아, 팰컨 헤비, SLS	스타십, 창정 9호, 예니세이

최초의 소형 발사체는 소련이 R-7 세묘르카R-7 Semyorka ICBM을 기반으로 개발한 스푸트니크 로켓이었다. 1957년 10월 4일 이 로켓은 세계 최초로 인공위성 스푸트니크 1호를 지구저궤도에 성공적으로 전개하며 우주 시대의 문을 열었다. 이에 대응해 NASA는 뱅가드Vanguard 로켓 발사를 시도했으나, 1957년 12월 6일 뱅가드 TV3의 발사는 실패로 끝났다. 하지만 1958년 1월 31일 주노 IJuno I 로켓을 통해 익스플로러 1호Explorer 1 발사에 성공하면서, 미국도 첫 번째 궤도 진입에 성공했다. 이후 뱅가드 1호 임무가 NASA의 두 번째 궤도 발사 성공 사례가 되었다. 이로써 본격적인 미·소 우주 경쟁이 시작되었다.

1950년대 후반부터 소형 발사체는 계속해서 우주로 탑재체를 실어 올렸다. 이후 중형, 대형, 초대형 발사체가 차례로 개발되었지만, 소형 발사체는 완전히 대체되지 않았다. 이는 소형 발사체가 특정 임무 요구를 충족할 수 있으며, 대형 발사체에 비해 가격이 저렴하다는 장점이 있기 때문이다.

중형 발사체는 NASA 기준으로 2,000~20,000kg, 러시아

로스코스모스 기준으로는 5,000~20,000kg의 탑재량을 지구저궤도까지 운반할 수 있다. 대형 발사체는 NASA 기준 20,000~50,000kg, 러시아 기준 20,000~100,000kg의 탑재량을 지구저궤도에 올릴 수 있는 로켓이다. 대표적인 대형 발사체로는 창정 5호, 프로톤-M^{Proton-M}, 델타 IV 헤비^{DeltaIV} ^{Heavy}(2024년 4월 퇴역), 뉴 글렌[76]이 있으며, 안가라 A5^{Angara A5}, 팰컨 9 풀 스러스트^{Falcon 9 Full Thrust}도 일부 구성에서 대형 발사체로 운용된다.

2010년 이후 중·대형 발사체 시장은 글로벌 상업 발사 서비스 기업 간의 경쟁 구도로 전환되었다. 특히 2018년 미국 정부가 군용 발사체 계약의 독점 체제를 해제하면서, 군용 발사 시장에서도 본격적인 민간 경쟁이 시작되었다. ULA는 보잉과 록히드 마틴이 합작해 2006년 12월 설립한 기업으로, NASA는 물론 미 국방부, FBI, CIA 등 미국 정부기관에 발사체를 독점 공급해 왔다. 스페이스X가 GPS 및 인공위성 발사 계약을 체결하기 전까지 미국 정부는 대부분의 우주발사체를

---

76   블루 오리진이 개발 중인 대형 궤도 발사체로, 지구궤도를 비행한 최초의 미국 우주비행사인 NASA 소속 존 글렌의 이름을 따 명명되었다. 직경 7m의 2단 로켓으로 구성되어 있으며, 1단은 ULA에서도 사용되는 7기의 BE-4 엔진으로 구동된다. 또한 우주관광용 준궤도 발사체 뉴 셰퍼드^{New Shepard}처럼, 뉴 글렌의 1단 역시 재사용이 가능하도록 처음부터 설계되었으며, 2021년부터는 2단 로켓의 재사용 개발도 시작되었다. 뉴 글렌은 NASA의 에스카파데^{EscaPADE} 미션에서 두 기의 소형 위성을 화성으로 보내는 임무를 맡게 되었으나, 당초 2024년 9월로 예정되었던 발사는 개발 지연으로 무기한 연기되었다.

ULA에 의존했다.[77] 그러나 2018년 NSSL 프로그램의 독점권이 해제되면서, 미 국방부 ULA, 노스럽그루먼, 블루 오리진, 스페이스X 등 4개 민간 기업과 NSSL 1단계 계약을 체결했다. 이후 2020년 8월, ULA와 스페이스X가 NSSL 2단계 주요 공급업체로 선정되며 미국 군용 발사 시장에서도 양강 구도를 형성하게 되었다.[78]

초대형 발사체는 미국 기준 50,000kg 이상, 러시아 기준 100,000kg 이상의 탑재량을 지구저궤도까지 올릴 수 있는 로켓으로, 주로 유인 달 탐사나 행성 간 임무에 사용된다.

---

77   ULA는 델타II, 델타IV, 델타IV 헤비, 아틀라스 V 등의 발사체를 운용해 왔으며, 2024년 2월에는 신형 발사체 벌컨 센타우어의 첫 우주비행에 성공했다. 벌컨 센타우어는 2014년부터 개발된 2단 궤도의 대형 화물 발사체로, 미 국방부의 NSSL 프로그램, NASA의 달 착륙선 운송 임무, 상업 발사 등 다양한 목적을 위해 설계되었다. 2014년과 2022년 러시아의 우크라이나 침공 이후 미·러 관계가 악화되자, ULA는 블루 오리진과 함께 BE-4 엔진을 공동 개발해 벌컨에 적용했다. 이를 통해 기존 아틀라스 V의 핵심 부품이었던 러시아산 RD-180 엔진 의존에서 탈피하고자 한 것이다. 여러 차례의 발사 연기 끝에, 2024년 1월 벌컨의 첫 발사에는 아스트로보틱의 민간 달 착륙선 페레그린을 실을 수 있는 임무가 포함되었다. 페레그린은 NASA의 CLPS 계약을 통해 개발된 탐사선으로, 과학 실험 장비와 연구 탑재체를 달에 운반하는 임무를 맡았으나, 착륙에는 실패했다.

78   총 5년에 걸쳐 진행된 NSSL 2단계 프로그램에서, 미 우주군은 ULA에 31억 달러 규모의 26개 임무를, 스페이스X에는 25억 달러 규모의 22개 임무를 각각 배정했다. 이후 미 국방부는 2024년 6월, 총 56억 달러 규모의 NSSL 3단계 레인1Lane1 프로그램에서 기존 계약 업체인 스페이스X와 ULA는 물론 블루 오리진과도 새롭게 계약을 체결했다. 미 우주군은 3단계 프로그램에서 민간기업들로부터 발사체를 구매하기 위한 '뮤추얼 펀드Mutual Fund' 전략을 도입했으며, 총 90회의 발사 임무가 있을 것으로 전망했다. 한편, 노스럽그루먼은 2단계 사업에서 탈락하며 정부 지원을 받지 못하게 되자, 오메가OmegA 발사체 개발을 공식적으로 중단했다. https://n.news.naver.com/article/018/0005763836?sid=101

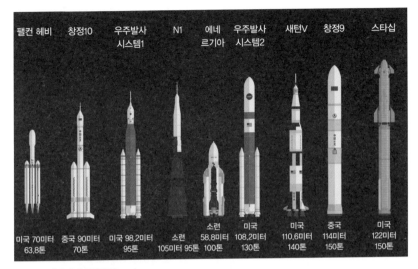

팰컨 헤비	창정10	우주발사 시스템1	N1	에네 르기아	우주발사 시스템2	새턴V	창정9	스타십
미국 70미터 63.8톤	중국 90미터 70톤	미국 98.2미터 95톤	소련 105미터 95톤	소련 58.8미터 100톤	미국 108.2미터 130톤	미국 110.6미터 140톤	중국 114미터 150톤	미국 122미터 150톤

각국의 우주발사체.
출처: https://commons.wikimedia.org/wiki/File:SuperHeavyLaunchers.png#file

1967년 미국은 새턴 V^Saturn V 로켓을 개발해 1973년까지 총 12회의 궤도 발사를 성공적으로 수행했으며, 대부분 아폴로 계획에 활용되었다. 소련은 이후 에네르기아^Energia 로켓을 개 발해 지구저궤도에 최대 105톤의 탑재량을 운반할 수 있도록 설계했다. 1987년 첫 발사는 실패했지만, 1988년에는 에네 르기아를 이용해 부란^Buran 궤도선을 저궤도에 성공적으로 안 착시켰다.

2022년 이전까지 초대형 발사체의 성공 사례는 총 13회에 불과하며, 이 중 12회는 모두 1972년 이전 아폴로 계획의 일 환이었고, 나머지 1회는 소련의 에네르기아였다. 이후 각국의 정치적 상황과 우주 개발 우선순위 변화로 초대형 발사체 개발은 중단되었지만, 21세기 들어 달과 화성 탐사 계획이 부활하면서 다시 주목받기 시작했다. 2010년대 들어 NASA 는 SLS[79]를 자체 개발했고, 스페이스X는 팰컨 헤비와 스타십 을 개발하며 경쟁에 나섰다. 중국도 창정 9호 개발에 착수했으며, 러시아 역시 예니세이Yenisei 로켓 개발을 추진하면서 초대형 발사체 개발 경쟁이 다시 본격화되고 있다.

우주발사체 사업의 민영화와 상업화는 위성통신 발사, 유인 및 화물 운송, 상업 관광 등 다양한 분야에서 새로운 우주 시장을 열었다. 특히 발사체 개발의 민간 위탁은 우주 운송의 상업화로 직결된다. 자체 발사체를 개발한 민간기업들이 운송 사업을 사실상 독점하게 되었기 때문이다. 현재 인공위성 발사와 각국 부호들의 우주 수송, 상업용 우주여행에 사용되는 대부분의 캡슐과 발사체는 발사 비용을 획기적으로 낮춘 스페이스X의 팰컨 로켓이 담당하고 있다. 2024년 한 해 동안 전 세계에서 총 261회의 우주 발사가 이루어졌으며, 이 중 미국이 156회로 가장 많았고, 스페이스X는 136회를 기록하며 처음으로 글로벌 발사 점유율 50%를 돌파했다. 또한 미

79　SLS는 NASA가 개발한 미국 정부의 초대형 발사체로, 2022년 11월 16일 첫 발사에 성공했다. 이 발사체는 NASA의 심우주 탐사 계획의 핵심 수단으로, 아르테미스 계획을 통해 유인 달 탐사를 수행하고, 2030년대에는 화성 유인 탐사까지 지원할 예정이다.

국 민간기업 로켓랩은 2018년 일렉트론Electron 로켓 발사에 성공하며, 소형 인공위성 발사 대행 시장에 본격 진입했다. 이후 소형 발사체 개발은 중국, 일본, 인도 등의 국가 우주기구와 민간기업을 중심으로 활발히 진행되었다. 한국도 2022년 누리호 발사 성공으로 개발 대열에 합류했으며, 북한은 2012년 은하 3호 발사에 이어 2023년 천리마 1호 발사에도 성공했다.

우주발사체 경쟁과 상업화의 시대

유인 우주선 경쟁은 1957년 소련의 인공위성 스푸트니크 1호 발사와 함께 시작되었다. 이에 대응해 미국은 NASA를 창설하고, 1958년 익스플로러 1호 위성 발사에 성공했다. 이후 유인 우주비행은 미·소 간 우주 경쟁의 핵심 목표로 부상했다. 소련은 1961년 4월 12일, 세계 최초의 인간 우주비행사 유리 가가린을 보스토크Vostok 우주선에 태워 지구궤도 진입에 성공했다. 이에 맞서 미국은 같은 해 5월 5일, 머큐리-레드스톤 3호Mercury-Redstone 3를 발사했고, 머큐리 우주선에 탑승한 앨런 셰퍼드가 준궤도 비행에 성공했다.

이처럼 미국과 소련의 경쟁으로 촉발된 유인 우주선 개발은 1961년부터 2003년 중국의 첫 유인 우주선 선저우神舟 1호가 등장하기까지 오랫동안 두 국가의 독점 구도였다. 소련은 보스토크의 성공 이후 1964년까지 두 차례 더 같은 계열의 우주선을 발사했으며, 1971년부터는 소유즈Soyuz 로켓과 우주선을 개발해 10여 차례 이상 개량을 거듭하며 현재까지 러시아에서 운용하고 있다.

최초의 인간 우주비행 기록을 소련에 빼앗긴 이후, 미국은 아폴로 계획이 아직 개발 중이던 1965년부터 제미니Gemini 프로젝트를 운영했다. 이 프로젝트는 머큐리 프로젝트에 이어 미국에서 두 번째로 진행된 유인 우주비행 프로그램으로, 아폴로 계획이 본격화되기 전인 1961년에 구상되어 1966년에 완료되었다.

우주 운송은 통신위성을 비롯한 인공위성 발사와 궤도 안착을 넘어, 국제우주정거장 건설과 보급, 인원 교체 등 정거장 운송 서비스로까지 확장되었다. 이에 따라 NASA는 2006년 1월 18일, 국제우주정거장 운송을 위한 발사체 개발 프로젝트인 COTS를 발표했고, 같은 해 8월 스페이스X와 (키슬러 에어로스페이스를 인수한) 로켓플레인 키슬러Rocketplane Kistler를 민간 사업자로 선정했다. NASA는 스페이스X에 2억 7,800만 달러, 키슬러에 2억 700만 달러를 지원하기로 했으나, 키슬러는 계약 조건을 이행하지 못해 3,210만 달러만 지급받은 뒤 2007년 10월 계약이 종료되었다. 이후 NASA는 안타레스Antares 로켓을 개발 중이던 오비탈 사이언스를 두 번째 사업 주체로 선정하고, 1억 7,000만 달러를 지원하기로 결정했

다.[80]

　NASA의 COTS 프로그램은 민간 우주 개발의 본격적인 출발점이 된 사업으로, 오늘날 스페이스X를 있게 한 팰컨 9과 민간 우주선 크루 드래곤Crew Dragon을 탄생시킨 기반이 되었다. 이 프로그램의 지원을 통해 스페이스X는 2006년 3월 24일 팰컨 1을 처음 발사했으며, 2010년 6월 4일에는 9기의 엔진을 묶은 팰컨 9의 첫 발사를 성공시켰다. 오비탈 사이언스도 개발이 다소 지연되었지만, 우크라이나 유즈노예Yuzhnoye 설계국과 공동 개발한 안타레스 로켓을 2013년 4월 21일 시험 발사해 성공했다.

　발사체 개발에 이어 NASA는 2008년 국제우주정거장 화물 수송을 위한 1단계 사업인 CRS-1을 시행했다. 이 사업은 COTS의 두 주역인 스페이스X와 오비탈 사이언스가 수행했다. 스페이스X는 팰컨 9를 이용해 2012년 첫 임무에 성공했으며, 2020년까지 총 20회 중 19회를 성공적으로 수행했다. 오비탈 사이언스도 2014년 첫 미션 이후 총 11회 발사 중 10회를 성공시켰다.[81] 2차 화물 수송 사업인 CRS-2는 2019년

80　https://www.thecgo.org/benchmark/a-2006-nasa-program-shows-how-government-can-move-at-the-speed-of-startups/

81　2014년 10월 28일, 국제우주정거장 화물 보급을 위한 3차 비행에서 안타레스 로켓이 발사 후 6초 만에 폭발하는 사고가 발생했다. 이 사고 이후 한동안 아틀라스 V 로켓으로 임무를 수행하다가, 개량형 안타레스 로켓을 재도입해 남은 미션을 완료했다. 오비탈 사이언스는 오비탈 ATK로 통합되면서 사명을 변경했고, 2018년에는 노스럽그루먼에 인수되었다. 2022년 러시아-우크라

부터 시작되었으며, 기존 사업자인 스페이스X와 오비탈 사이언스를 인수한 노스럽그루먼에 더해 시에라 네바다가 새롭게 참여했다. 이들 3개 업체는 2026년까지 국제우주정거장의 화물 운송과 보급 임무를 담당하게 된다.

또한 국제우주정거장까지 화물이 아닌 승무원, 즉 우주인을 수송하는 CCP도 2011년부터 시작되었다. 이 프로그램에서 스페이스X가 최종 사업자로 선정되었으며, 보잉도 새롭게 합류해 본격적인 우주선 개발에 착수했다. 2020년 스페이스X는 크루 드래곤 우주선으로 유인 미션에 성공하며, 국제우주정거장까지 우주인을 수송한 최초의 민간기업이 되었다. 한편, 스페이스X의 성공을 지켜봐야만 했던 보잉도 자체 개발한 스타라이너Starliner 무인 우주선을 통해 2022년 5월 국제우주정거장 도킹에 성공했다. 이후 2024년 6월 6일, 보잉은 두 명의 우주비행사를 태운 유인 우주선 시험비행에서 국제우주정거장 도킹에 성공하며 본격적인 유인 우주비행 시대에 합류했다.[82]

이나 전쟁 발발 이후, 노스럽그루먼은 안타레스 로켓의 생산을 러시아 및 우크라이나에서 미국으로 완전히 이전하기로 결정했으며, 업그레이드 버전은 파이어플라이 에어로스페이스와 공동 생산할 계획을 밝혔다.

82 그러나 국제우주정거장에서 스타라이너의 여러 기체 결함이 발견되면서, 예정대로 이 우주선을 이용해 귀환하지 못했다. NASA는 스타라이너를 무인으로 지구에 복귀시키고, 국제우주정거장 우주비행사 정기 수송 임무를 수행하는 스페이스X 우주선을 통해 귀환시키기로 결정했다. 그 결과, 두 명의 우주비행사는 지구를 떠난 지 약 286일 만인 2025년 3월 18일에야 지구로 돌아올 수 있었다.

한편, NASA는 아르테미스 계획에도 민간 업체들을 주요 참여 주체로 확대했다. 정부 주도의 과학 탐구를 목표로 했던 아폴로 계획과 달리, 아르테미스는 달 개척을 지향하며 정부뿐 아니라 다양한 민간기업이 참여할 예정이다. 우선, 우주발사체는 ULA가 맡았고, 오리온 우주선 개발에는 노스럽그루먼과 에어버스가 참여했다. 루나 게이트웨이에서 달까지 수송 및 유인 우주선의 착륙을 담당할 HLS에는 스페이스 X의 스타십이 선정되었다.

CLPS는 민간기업 주도의 우주 개발을 촉진하기 위해 달 착륙선을 운용할 기업을 선정하는 프로젝트다. NASA는 CLPS를 통해 여러 미국 기업과 협력해 달 표면으로 화물을 운송할 계획이며, 해당 계약은 무기한 납품, 무기한 수량 방식으로 진행된다. 이 계약의 최대 누적 금액은 2028년까지 26억 달러에 달한다. NASA는 2018년 11월 CLPS 프로젝트에 처음으로 9개 미국 기업을 선정했으며, 이듬해 5개 기업을 추가 선정해 총 14개 기업을 적격 공급업체로 지정했다.

우주관광과 상업 우주비행

최초의 상업 우주비행은 2004년 6월 21일, 폴 알렌Paul Allen 과 스케일드 컴포지트Scaled Composites의 합작 투자 회사인 모하비 에어로스페이스 벤처가 자체 개발한 우주선 스페이스십 원을 이용해 이루어졌다. 이날 우주비행사 마이크 멜빌Mike Melvill은 스페이스십 원을 타고 상공 100㎞를 돌파하며 우주비행에 성공했다. 이어 같은 해 10월 4일, 스페이스십 원은 3명이 탑승한 상태에서 2주 동안 고도 100㎞에 두 차례 도달했으며, 이 업적으로 상금 1,000만 달러가 걸린 안사리 XAnsari X Prize를 수상했다.

이후 상업 우주관광 경쟁은 더욱 치열해졌으며, 2021년 7월 버진 갤럭틱은 리처드 브랜슨 회장을 포함한 6명을 태우고 상공 88.5㎞에 도달하며 본격적인 상업 우주관광의 포문을 열었다. 그로부터 열흘 뒤, 블루 오리진은 자체 개발한 뉴세퍼드 로켓을 이용해 제프 베이조스를 포함한 4명의 승객과 함께 지구 준궤도인 상공 106㎞에 진입했다. 또한 같은 해 9월에는 스페이스X가 크루 드래곤(드래곤2 레질리언스 캡슐)을 이용한 '인스피레이션4' 미션을 성공적으로 수행하며 우주선을 지구궤도에 진입시켰다. 이로써 명실상부한 지구궤도 여행 시대가 열렸으며, 스페이스X는 달 궤도까지 갔다가 돌아오는 우주여행 상품도 출시했다.

우주관광 프로그램은 우주발사체 경쟁에서 밀려난 업체들이 발사체나 우주선 개발을 지속하기 위해 투자 재원을 확보하려는 전략 사업의 일환으로 볼 수 있다. 버진 갤럭틱은 애초부터 우주관광을 목표로 사업을 시작했지만, 지속적인 투자 부족으로 수많은 사고와 난관을 겪었다. 결국 자회사였던 소형 인공위성 발사 업체 버진 오빗은 2023년 4월 파산했다. 이 과정에서 버진 갤럭틱은 사실상 '우주'라고 부르기 어려운 고도 100㎞ 미만의 상공에 도달하는 데 만족해야 했지만, 그나마 이 성공으로 회사의 명맥을 유지할 발판을 마련했다. 블루 오리진 역시 우주기업으로서 스페이스X에 뒤지지 않는 포부를 갖고 있었으나, 2008년 CCP 사업자 선정에서 탈락한 이후 궤도 우주선 개발로 방향을 전환했다. 이후 궤도 우주선 분야에서 나름의 성과를 거두며 우주 사업을 이어갈 수 있었다.

우주정거장의 민영화, 누가 궤도를 차지할 것인가

국제우주정거장도 이제 민영화가 진행되고 있으며, 2028년 이후에는 민간 우주정거장이 등장할 예정이다. 현재 지구 궤도에서 운영 중인 국제우주정거장은 2030년경 퇴역하며, 미국은 이를 민영화 및 상업화할 계획을 공식화했다. 퇴역 과정에서 대부분의 모듈은 폐기되어 공해상에 낙하하지만, 일부 핵심 모듈과 상업 모듈은 분리해 액시엄 스테이션Axiom Station으로 대체할 예정이다. 액시엄 스페이스는 국제우주정거장에 상업용 주거 모듈을 추가 장착한 뒤, 이후 이를 분리해 독립적으로 소유·운영하는 민간 우주정거장을 구축하는 사업 주체로 선정되었다. 이 민영화된 우주정거장이 바로 액시엄 스테이션이다.

이와 별도로, 2027년 전후로 과학, 관광, 산업용으로 활용될 민간 우주정거장이 지구저궤도에 최소 두 곳 이상 건설될 예정이다. 2021년 3월 NASA는 민간 주도의 지구저궤도 우주정거장 건설을 지원하기 위해 CLD 프로젝트 1단계의 일환으로 3개 기업과 협정을 체결했다. 나노랙스는 연구 및 실험에 특화된 스타랩, 노스럽그루먼은 화물 우주선 개발 경험을 바탕으로 한 우주정거장, 블루 오리진은 연구 · 산업 · 관광 등 다목적 시설로 활용될 오비탈 리프Orbital Reef를 각각 제안했다.[83]

보이저 스페이스Voyager Space의 자회사인 나노랙스, 에어버스, 록히드 마틴은 제약 산업을 위한 무중력 연구소로 활용될 스타랩Starlab 우주정거장 건설 계획을 발표했다. 이후 2023년 10월 노스럽그루먼은 자체 우주정거장 계획을 중단하고 스타랩 프로젝트에 합류했다. 이에 따라 민간 우주정거장 건설 계획은 기존 세 곳에서 두 곳으로 압축되었으며, 스타랩에는 노스럽그루먼의 시그너스Cygnus 화물 우주선이 완전 자동으로 도킹할 수 있는 메커니즘이 개발될 예정이다.[84] 스타랩은 현재 두

---

83   블루 오리진, 나노랙스, 노스럽그루먼 등 3개 업체와 체결한 1단계 개발 계약 규모는 총 4억 1,560만 달러에 이른다.

84   https://spacenews.com/northrop-grumman-to-join-voyager-space-commercial-space-station-project/

개의 모듈로 구상되고 있다. 첫 번째는 대형 태양 전지판을 통해 추진력과 전력을 공급하는 무인 서비스 모듈이며, 두 번째는 우주인이 거주하고 작업할 임시 거주 모듈이다. 이들은 2028년까지 궤도에 진입하는 것을 목표로 하고 있다.[85]

한편, 블루 오리진은 시에라 스페이스, 보잉, 레드와이어 스페이스Redwire Space, 제네시스 엔지니어링Genesis Engineering, 아마존 등과 손잡고 최대 10명까지 수용 가능한 우주정거장 '오비탈 리프' 건설 계획을 발표했다. 이들은 NASA와 계약을 체결하고 1억 3,000만 달러의 지원을 받았다. 오비탈 리프는 블루 오리진의 뉴 글렌 대형 발사체에 실릴 수 있는 다양한 모듈로 구성되며, 우주 관광객뿐 아니라 연구자들을 위한 작업 공간도 포함된다. 특히 일부 모듈은 팽창식으로 설계되어 발사 질량을 줄이고 건설을 단순화하며, 대용량 모듈 제작이 가능하도록 한다. 블루 오리진은 원래 보잉의 스타라이너 우주선을 이용해 승무원과 화물을 운송할 계획이었으나, 2024년 9월 스타라이너의 기체 결함으로 국제우주정거장에 보낸 우주비행사들이 귀환하지 못하는 사건이 발생하면서 이 계획을 재검토해야 할 수도 있다. 현재는 시에라 스페이스의 드

---

85   2023년 11월, ESA도 스타랩 활용을 결정하고 이를 위한 타당성 연구 협약을 보이저 스페이스, 에어버스와 체결했다. 세 기관은 국제우주정거장 퇴역 이후 유럽이 스타랩을 통해 유·무인 임무를 수행하는 방안을 공동으로 검토할 계획이다. https://www.spaceradar.co.kr/news/articleView.html?idxno=2600

림 체이서Dream Chaser 우주선을 이용해 오비탈 리프까지 승무원과 화물을 운송하는 방안을 추진 중이다. 이들은 2027년까지 오비탈 리프의 기본 구성을 갖추고, 향후 10년간 운영할 계획이다.[86] 이처럼 미국과 NASA는 CLD 프로젝트를 통해 우주 연구 · 개발의 황금 지대인 지구저궤도에 민간 우주정거장을 선제적으로 건설하고, 이를 통해 우주 상업화 흐름에서 경쟁 우위를 확보하려 하고 있다.

한편, 미국의 우주 스타트업 배스트 스페이스Vast Space는 자사의 상업용 우주정거장을 구성하는 첫 모듈 헤이븐-1Haven-1을 2026년 5월 발사할 계획이라고 밝혔다.[87] 이후 스페이스X의 크루 드래곤 우주선을 이용해 4명의 우주인을 정거장에 보내 30일간 체류 임무를 수행할 예정이다. 다만 정거장 자체는 장기 자급자족이 불가능해 생명 유지 시스템을 크루 드래곤에 의존해야 한다. 이 경우, 헤이븐-1은 하루 7시간 통신 지원, 최대 1,000와트 전력 공급, 150kg의 화물 적재가 가능하며, 승무원 4명이 30일간 과학 연구 및 우주 제조 임

86   블루 오리진이 단독으로 사업을 추진할 수도 있으나, 아직은 불확실한 상
       황이다. 프로젝트가 무산될 경우, NASA의 민간 우주정거장 운영 계획
       에도 차질이 생길 수 있다. https://www.reuters.com/technology/
       space/bezos-blue-origin-sees-split-space-station-partnership-
       sources-2023-10-02/

87   https://www.space.com/vast-space-private-station-spacex-
       launch-2025

무를 수행할 수 있다.[88] 배스트 스페이스는 2030년대까지 길이 100m, 직경 7m 규모의 대형 우주정거장을 지구저궤도에 건설하는 것을 목표로 하고 있으며, 해당 정거장은 최대 40명을 수용하도록 설계되고 스타십을 이용해 발사될 예정이다.[89]

국제우주정거장에 '키보きぼう(희망)' 실험 모듈을 운영 중인 일본도 상업용 우주정거장 건설에 뛰어들었다. 2022년 12월 일본 우주기업 디지털블래스트DigitalBlast는 지구저궤도 400~500㎞ 상공에 우주비행사 거주 공간과 과학실험 시설을 갖춘 우주정거장을 건설하겠다고 발표했다. 국제우주정거장이 퇴역하는 2030년에 첫 모듈 발사가 목표다. 이 우주정거장은 승무원 거주 시설과 통신 장치를 포함한 '거주·핵심 모듈', 우주 실험 및 자원 채취용 '사이언스 모듈', 지상 사용자에게 VR 서비스를 제공하는 '엔터테인먼트 모듈' 등 3개의 모듈로 구성될 예정이다. 구축 비용은 약 3,000억~5,000억 엔으로 추산되며, 디지털블래스트는 우주에서 3D 프린팅 기술을 활용한 '우주 제조In-Space Manufacturing, ISM' 기술도 구현할 계획이다.

---

88   https://en.wikipedia.org/wiki/Haven-1

89   배스트 스페이스의 우주정거장은 NASA의 재정 지원 없이 완전한 민간 형태로 개발되고 있으며, 이로 인해 고위험 투자로 분류되어 자금 유치에 어려움을 겪고 있다.

국제우주정거장이 민영화되면서 국가 간 우주정거장 경쟁도 치열해지고 있다. 당초 국제우주정거장의 운영시한을 연장하려는 시도가 있었으나, 러시아-우크라이나 전쟁과 미국의 중국 배제 전략 등으로 국제 공조는 사실상 무산되었다.[90] 이에 따라 미국과 아르테미스 진영은 지구저궤도 우주정거장을 민간에 맡기고, 달 궤도에 새로운 국제우주정거장인 루나 게이트웨이를 건설해 달 식민화와 화성 탐사에서 주도권을 확보하겠다는 전략을 추진 중이다.

중국은 2011년 첫 우주정거장 톈궁 1호天宫一号, Tiangong-1를 발사했으며, 2016년에는 톈궁 2호를 발사해 우주인 체류 및 과학실험 등을 진행했다. 톈궁 1호는 2018년 4월, 톈궁 2호는 2019년 7월 수명이 다해 대기권에서 소멸했다. 이후 중국은 독자 우주정거장인 톈궁 우주정거장天宫号空间站, CSS 건설을 본격화했다. 2021년 4월 핵심 모듈 톈허天和가 발사되었고, 2022년 7월과 10월 실험 모듈 원톈问天, 멍톈梦天이 차례로 도킹하며 기본 구조가 완성되었다. 2022년 11월 선저우 15호가 도킹에 성공하며 톈궁 우주정거장이 완공되었다. T자형 구조의 톈궁은 국제우주정거장의 약 3분의 1 크기, 4분의 1

---

90   국제우주정거장의 공식 운영 시한은 2030년까지다. 미국과 러시아 주도로 1998년부터 건설이 시작된 이 정거장은 총 16개 모듈(미국 9개, 러시아 4개, 일본 2개, 유럽 1개)로 구성되어 있다. 현재 일본, 유럽 등 14개국이 운영에 참여하고 있으며, 연간 운영비는 약 40억 달러에 달한다.

무게다. 또한 중국은 2026년 말, 창정 5B호 로켓으로 지름 2m 규모의 쉰텐 우주망원경巡天空间望远镜, CSST을 발사해 톈궁 우주정거장과 공동 궤도를 돌게 할 예정이다. 중국은 러시아, 벨기에, 케냐, 일본, 사우디아라비아 등 17개국과 협력해 톈궁에서 과학실험을 진행할 예정이다.

러시아는 국제우주정거장에서 철수한 이후, 2021년 4월 독자 우주정거장 ROSSRussian Orbital Service Station 건설 계획을 발표했다. 새 정거장은 최대 4명이 거주할 수 있는 모듈을 포함해 총 5개 모듈로 구성되며, 전망창과 와이파이 등 민간 방문객을 위한 기능도 갖출 예정이다. 러시아는 2027년 첫 모듈을 발사하고, 2030년대 초까지 나머지 모듈을 단계적으로 궤도에 올려 2035년까지 완공할 계획이다.[91]

이러한 계획들이 현실화되면, 2030년대 중반에는 중국, 러시아, 인도, 일본이 각기 독자적인 우주정거장을 지구저궤도에서 운용하게 된다. 국제우주정거장의 핵심 모듈은 액시엄 스페이스가 운영하는 민간 우주정거장으로 전환될 예정이며, 이와 별도로 최소 2개, 많게는 4개까지의 민간 상업용 우주정거장이 건설되어 관광, 제약, 우주 제조 등 다양한 용도로 지구궤도를 돌게 될 전망이다.

---

91   https://www.reuters.com/technology/space/russia-plans-create-core-new-space-station-by-2030-2024-07-02

우주호텔

우주정거장의 민영화와 시장화는 우주에 상업적 공간이 형성되는 것과 같다. 이러한 공간은 일종의 지대를 형성하는 동시에, 노동·여가·주거 등 다양한 인간 활동을 수용하는 공간으로 기능할 수 있다. 먼저, 국제우주정거장에서 우주인의 장기 체류와 자원 재활용 실험은 상업적 우주호텔 사업의 가능성을 열었고, 이에 따라 민간 우주정거장에 우주호텔이 들어설 전망이다. NASA 출신 인력들이 주축이 된 민간 우주기업 액시엄 스페이스는 국제우주정거장을 대체할 최초의 민간 상업용 우주정거장을 개발 중이다. 액시엄 스페이스는 상업용 우주 활동을 위해 설계한 국제우주정거장 모듈을 NASA로부터 승인받았으며, 이 모듈이 정거장 퇴역 후 분리되어 모듈식 우주정거장인 '액시엄 스테이션'으로 전환되는 계획에 따라 2020년 2월 NASA와 계약을 체결했다.

액시엄 스페이스는 4명이 머물 수 있는 첫 번째 모듈 'Hab-1'을 2026년 국제우주정거장에 도킹할 예정이며, 이후 추가 탑승 모듈과 연구·제조용 모듈을 순차적으로 올릴 계획이다. 2028년에는 대형 전력·냉각 모듈을 도킹한 뒤 1년간 작동 여부를 시험하고, 2029년부터 정거장에서 분리해 본격적인 상업용 우주호텔로 단독 운영할 예정이다.

액시엄 스페이스는 2022년 4월, 민간인만으로 구성된 유인 우주비행 사업 'Ax-1' 프로젝트를 통해 국제우주정거장 상업 운송 임무를 처음 실현했다. 참가자는 1인당 5,500만 달러를 지불했다.[92] 이어 2023년 5월에는 2차 임무인 'Ax-2' 프로젝트

---

92 Ax-1 미션 참가자는 1인당 5,500만 달러를 지불했으며, 이 중 가장 큰 항목은 로켓 발사 비용이었다. 국제우주정거장에서의 하루 체류비는 35,000달러

도 진행했다. 참가비는 공개되지 않았지만, Ax-1의 시간당 비용이 17,500달러였던 반면 Ax-2에서는 13만 달러로 상승했기 때문에, 최소 7배 이상의 비용이 들었을 것으로 추정된다. 1시간 남짓한 짧은 우주 체험도 수억 원에 달하는 만큼, 비용이 낮아진다고 해도 우주호텔은 당분간 최고급 호텔의 스위트룸처럼 극소수 초부유층만 이용할 수 있는 공간으로 남을 가능성이 크다.

한편, 지상에서도 부유층의 고급 주택이 호텔처럼 운영되듯, 발사 비용이 감소하고 지구저궤도에서 우주관광과 우주호텔이 안정화된다면, 우주호텔은 부자들의 우주 별장 또는 세컨하우스 형태로 발전할 수 있다.

로, 화장실 이용료 11,250달러, 식사·산소·의료비 22,500달러, 통신·전기료 등이 포함되며, 건조 우주식 비용만 하루 2,000달러에 달했다.

우주 제조의 전환: 실험실에서 공장으로

국제우주정거장에서 수행되는 과학실험은 크게 두 가지로 나뉜다. 첫째는 우주방사선과 무중력의 영향을 연구하는 우주탐사 및 심우주 개척 관련 실험, 둘째는 무중력·진공 환경을 활용한 제조 및 제약 실험이다. 후자는 우주 공간에서의 생산 가능성을 모색하는 단계로, 상업적 제조 능력을 시험하는 과정이기도 하다.

중국은 톈궁 우주정거장에 20개 이상의 소형 실험실을 설치하고 지난 10년간 1,000건 이상의 과학실험을 수행해 왔다. 이를 위해 원심분리기, 영하 80도의 저온 체임버, 고온 가열기, 다중 레이저 시스템, 광학 원자시계 등 첨단 장비를 운용하고 있다. 특히 중국은 자국 내 R&D 한계를 보완하기 위해 첨단 반도체 개발에 우주정거장을 적극 활용할 계획이다.

NASA는 국제우주정거장 국립연구소를 통해 지구저궤도 우주 제조 분야의 주도권 확보를 목표로 '우주 생산 애플리케이션In Space Production Applications, 이하 InSPA' 프로그램을 운영 중이다. 2023년 기준, NASA는 미국 기업들의 첨단 소재 및 제품 생산을 지원하기 위해 20개 이상의 InSPA 프로젝트에 총 6,000만 달러 이상을 투자했다. 지난 40년간의 미세중력 연구를 통해 InSPA는 인공 망막, 약물 전달 장치, 줄기세포 및 바이오잉크 생산 등 생명과학 분야에서의 응용 가능성을 확인했다. 그중 가장 유망한 분야는 치료용 소분자 결정 단백질 생산이다. 또한 InSPA는 백악관의 '암 정복 달 탐사 계획 Cancer Moonshot'을 지원하며, 종양학 치료제 제조와 관련된 응용 연구도 진행 중이다. 의약품 외에도 균일한 결정, 반도체, 특수 유리, 광섬유 같은 첨단 소재는 미세중력 환경에서 생산할 때 품질과 성능이 뛰어나 우주 제조의 경쟁력을 높이는 요인이 된다.[93]

특히 장기적으로 우주에서 필요한 자원을 자급자족하기 위해, 2024년부터 10년간 금속 3D 프린팅부터 원자 수준의 자기 조립까지 전 과정을 연구 중이다. NASA와 ESA는 에어버스가 개발한 금속 3D 프린터 실험을 국제우주정거장에서 수행하며, 1,200°C에서 금속 원료를 프린트해 방사선 차폐막, 툴링, 장비 등을 궤도에서 직접 제조하고 있다. 향후 업그레이드된 3D 프린터는 레골리스나 폐기 위성 부품을 활용해 재료를 재활용할 수 있으며, 이 방식은 달 탐사선이나 거주지 구조물 제작에도 적용될 수 있다.[94]

국제우주정거장에서 생산된 제품은 이미 상업적으로 거래

---

93 https://www.nasa.gov/missions/station/what-is-in-space-production-applications/

94 https://www.airbus.com/en/newsroom/news/2022-05-in-space-manufacturing-and-assembly

되고 있다. 2022년 7월, 미국 우주기업 레드와이어 스페이스는 국제우주정거장에서 제조한 광학 크리스틸 2g을 오하이오 주립대학교에 판매했다. 이 크리스틸은 통신용 광섬유, 고출력 레이저, 자동차 센서, 의료 장비, 영상 보안 등 CMOS 이미지 센서에 활용된다. 우주산 광학 결정은 1kg당 약 200만 달러의 가치로 평가되며, 이 거래는 우주 제조 제품이 지상에서 판매된 첫 사례로 기록되었다. 또한 미국 람다비전LambdaVision은 국제우주정거장에서 생산된 단백질 기반 필름을 활용해 인공 망막을 개발 중이며, 향후 상업용 우주정거장에서 대량 생산할 수 있을 것으로 전망된다.

현재의 우주 제조는 자동 설비를 갖춘 소형 우주선을 지구 저궤도에 발사해 무중력 환경에서 생산과 연구를 수행한 뒤 지구로 귀환하는 '우주선+공장'형 모델을 기반으로 운영되고 있다. 이러한 방식은 국제우주정거장은 물론, 상업용 인공위성이나 무인 우주선에서도 활용되고 있다. 미래에는 우주 식민지 건설, 자원 가공, 지구 환경 문제 등을 고려해, 우주정거장이 단순한 실험실을 넘어 본격적인 제조 기반 시설로 진화할 전망이다. 우주의 미세중력과 진공 환경은 지구에서 제조할 수 없는 고성능 제품의 생산을 가능하게 하며, 달이나 소행성에서 원료를 채굴해 현지에서 가공하는 방식은 지구에서 자원을 수송하는 것보다 비용 효율이 높다. 또한 소행성에서 금, 은, 백금, 희토류 등 고가 원재료를 채굴해 지구저궤도에서 가공하는 방식은 향후 우주 제조의 중요한 축이 될 수 있다.

우주의학과 우주병원

우주의학은 우주비행선과 우주정거장에 탑승한 승무원의 건강과 신체 기능을 유지하기 위한 의학 분야다. 우주 환경이 인체에 미치는 영향을 연구하고, 유해 요소로부터 승무원을 보호할 수 있는 방법을 개발하는 것이 목표다. 주요 내용은 우주인의 선발과 훈련, 비행 중 건강 관리, 비상 구조 체계, 우주 질병의 예방 및 치료 등으로, 우주 생리학, 정신심리학, 우주 위생학, 우주방사선 생물학, 임상의학, 우주 약리학 등을 포괄한다. 이 중 우주 약리학은 우주 환경에서 약물의 작용과 대사 과정을 연구하는 생의학 분야로, 미세중력·방사선·심리적 스트레스 등 극한 환경에서 발생하는 장애를 치료하기 위한 약물 전달 기술에 집중한다. 이러한 조건에서도 효과적으로 작용할 수 있는 약물의 개발과 검증이 지속적으로 요구되고 있다.

우주 공간이 상업화되고 민간 우주여행이 활성화되면서, 우주의학의 범위도 질환을 가진 일반인까지 확대될 가능성이 커지고 있다. 기존에는 우주인의 생존과 임무 수행이 중심이었지만, 이제는 질병을 가진 사람도 안전하게 우주를 여행할 수 있도록 지원하는 방향으로 패러다임이 전환되고 있다. 우주 환경은 미세중력, 급격한 온도 변화, 저산소 환경, 방사선 노출, 면역력 저하 등으로 인해 건강한 사람도 병든 사람과 유사한 생리 변화를 겪게 된다. 그러나 이러한 특수 환경은 지상에서는 불가능한 새로운 치료법을 시험하거나 약물 효과를 검증할 수 있는 기회를 제공하기도 한다.

지상에서도 우주 실험을 기반으로 한 의료 장비와 의약품 개발이 진행 중이며, 무중력 환경에서의 치료 효과가 입증된 일부 기술은 실제로 활용되고 있다. 무중력 상태에서의 수술과 약리 연구가 확장·검증된다면, 향후 우주 공간에서의 치료 영역이 크게 넓어질 수 있다. 예를 들어 무중력 환경은 수술 시 출혈 분포, 혈류 순환, 생명 유지 방식 등에서 지상과 다르며, 정밀 수술의 경우 오히려 지상보다 높은 정확도와 효율성을 제공할 수 있다.

또한 우주정거장이나 우주 거주구에서는 무중력, 저중력, 중력, 고중력 등 다양한 인공 중력 환경을 조성할 수 있어, 환자의 치료와 요양에 맞춤형 중력 조건을 제공할 수 있다. 이동성과 비용이 개선된다면, 수술·치료·요양을 위한 우주 병원의 등장도 머지않은 미래일 수 있다.

우주제약

우주제약 연구는 국제우주정거장은 물론, 상업용 위성이나 무인 우주왕복선 등 지구궤도를 장기간 선회하는 다양한 우주 물체에서 활발히 진행되고 있으며, 공개된 실험 사례도 상당하다. 이미 우주는 첨단 제품 R&D의 전진기지로 자리 잡았고, 특히 제약 분야에서 괄목할 만한 성과를 내고 있다.

2021년 스페이스X의 24번째 CRS 임무에서는 파킨슨병 등 신경 퇴행성 질환에 대한 줄기세포 연구, 혈액-뇌 장벽을 연구하는 조직 칩 실험, 우주 스트레스로부터 DNA를 보호하는 박테리아 실험 등 다양한 생명과학 페이로드가 국제우주정거장에 실려 갔다. 2023년 3월 27번째 CRS 임무에는 스위스와 이스라엘이 공동 설립한 우주 스타트업 '스페이스파마SpacePharma'의 미니 실험 장치가 탑재됐다. 이 장치는 약 60cm 크기로, 사람 피부 샘플을 포함하고 있으며, 이를 활용한 항노화 의약품과 뇌 질환 연구가 진행됐다. 독일 머크는 면역항암제 '키트루다'와 알츠하이머, 근이영양증 치료제를, 영국 아스트라제네카는 새로운 약물 전달 기법을, 미국 일라이릴리는 당뇨병 치료제를 우주에서 개발 중이다.[95]

2022년 11월, 미국 바이오 기업 마이크로퀸은 국제우주정거장에서 난소암과 유방암 치료용 신약 후보 물질을 발굴했다고 발표했다. 이 약물을 암세포에 적용한 결과 96시간 만에 100% 사멸했고, 쥐 실험에서도 종양이 4일 만에 91% 감소했다. 특히 이 실험은 고도 350㎞에 위치한 우주정거장에서 진행됐으며, 결과 도출 시간을 지상보다 8년 앞당길 수 있었다. 지상에서는 중력의 영향으로 약물 결정이 불

95   https://m.dongascience.com/news.php?idx=59264

균일해지는 반면, 미세중력 상태에서는 훨씬 균일한 결정이 생성되기 때문이다. 이러한 환경은 신약 개발뿐 아니라 줄기세포 배양 등 재생의학에도 유리하다.

동식물 및 생명과학 분야 연구도 활발하다. 우주정거장에서는 쥐, 어류, 양서류 등을 이용한 혈액, 뼈, 단백질 변화 및 행동 연구가 이루어지고 있으며, 중력 감지 메커니즘을 지닌 식물을 미세중력에서 재배해 생산성 향상과 바이오 연료화 가능성을 탐색 중이다. NASA는 2019년 '바이오패브리케이션 퍼실리티BioFabrication Facility'를 우주정거장에 보내 무릎 연골 등 생체조직의 바이오프린팅 실험을 진행했고, 러시아도 2020년 연골 조직 제작 실험을 실시했다. 민간기업들도 와인 양조, 배양육 생산, 커피 제조 등의 실험을 우주에서 시도하고 있다.

우주에서의 의약품 개발과 실험은 일부 윤리적 논란을 불러일으킬 수 있으나, 그 자체가 문제인 것은 아니다. 보다 큰 쟁점은 연구가 민간 자본에 의해 주도되고, 그 결과물의 소유권 또한 민간기업에 귀속된다는 점이다.

우주 엔터테인먼트: 부자들의 놀이터

우주정거장의 상업화로 상업적 우주 공간이 탄생하면서, 우주는 단순한 연구와 탐사의 영역을 넘어 엔터테인먼트를 위한 새로운 공간으로 떠오르고 있다.

2019년 6월 NASA는 국제우주정거장에서 상업 및 마케팅 활동을 허용하는 임시 지침을 발표했고, 이에 따라 NASA의 연간 승무원 및 화물 용량 할당 중 5%를 R&D 목적이 아닌 상업적 용도로 사용할 수 있도록 했다. 이러한 상업화 정책에 따라, 2020년 10월 미국 화장품 회사 에스티 로더는 자사의 '나이트 리페어 스킨 세럼'을 국제우주정거장의 큐폴라cupola[96]를 배경으로 촬영해 광고 사진을 제작했다.[97] CNN은 이를 "극미중력 환경에서 촬영된 최초의 상업 광고"라고 소개했다.

러시아는 2023년 4월, 국제우주정거장에서 촬영한 세계 최초의 상업 우주 영화 〈도전The Challenge〉을 공식 발표하고 극

---

96   건축물 꼭대기에 위치한 돔 형식의 작고 높게 솟은 구조물.

97   에스티 로더는 당시 NASA가 책정한 기준에 따라 총 128,000달러를 지불하고, 50ml 용량의 화장품 10개를 국제우주정거장으로 보냈다. NASA의 가격 기준에 따르면, 국제우주정거장까지의 화물 운송 비용은 1kg당 3,000달러, 지구로의 회수 비용은 1kg당 6,000달러였으며, 우주인의 노동 비용은 시간당 시간당 17,500달러였다. 에스티 로더는 우주에서 촬영된 제품 중 하나를 자선 경매에 출품할 계획이었다. https://www.etoday.co.kr/news/view/1945288

장 개봉에 돌입했다. 이 영화는 심장병으로 의식을 잃은 우주비행사를 수술하기 위해 여성 외과의사가 우주로 파견되는 이야기를 다루며, 실제 배우 율리야 페레실드와 감독 클림 시펜코가 2021년 10월 소유즈 우주선을 타고 국제우주정거장에 올라 약 12일간 촬영을 진행했다. NASA도 2020년 5월 톰 크루즈와 함께 국제우주정거장에서 영화 제작을 논의하고 있다고 밝혔지만, 세계 최초 타이틀은 결국 러시아가 차지했다.[98]

톰 크루즈가 공동 제작하는 우주 영화의 제작사인 스페이스 엔터테인먼트 엔터프라이즈Space Entertainment Enterprise, 이하 SEE 는 상업용 우주정거장 액시엄 스테이션에 연결될 영화 스튜디오 모듈 SEE-1을 2028년 9월까지 구축할 계획이라고 밝혔다. 이 모듈은 액시엄 스페이스가 제작하며, 완성 후에는 국제우주정거장에 도킹한 뒤 액시엄 스테이션의 일부로 전환되어 독립적으로 운용될 예정이다. SEE-1에서는 영화뿐 아니라 TV 프로그램, 음악 공연, 스포츠 이벤트 등 다양한 콘텐츠 제작이 가능할 것으로 보인다. 음악과 스포츠 행사의 경우 관객 수용 규모는 미정이지만, 지구 상공 약 400㎞에서 제작, 녹음, 방송, 생중계가 이뤄질 예정이다. SEE는 "SEE-1

---

98   https://edition.cnn.com/2023/03/08/europe/the-challenge-movie-russia-space-scn-intl-scli/index.html?utm_source

은 인류가 우주에서 흥미진진한 이벤트를 열 수 있는 새로운 장이 될 것이며, 2조 달러 규모의 글로벌 엔터테인먼트 산업을 지구저궤도로 확장할 공간이 될 것"이라고 밝혔다.[99]

우주 채굴이 드러내는 개발의 본질

애초에 '우주 채굴space mining'은 우주 제조, 거주, 농업 및 식민지 건설 등에 필요한 재료를 소행성이나 행성 등에서 채굴하는 것을 의미했다. 특히 소행성을 포획해 자원을 추출하는 것을 '소행성 채굴asteroid mining'이라 부른다. 즉 우주에서 현지 자원을 활용하기 위해 필요한 재료를 채굴하는 모든 과정을 포괄한다. 예를 들어, 수소나 메탄 같은 휘발성 물질은 천체 간 이동을 위한 로켓 연료 생산에, 툴륨·스칸듐·홀뮴 같은 희토류는 태양전지 제조에 활용될 수 있다.[100] 그러나 지구에서 부족한 희소광물이나 금, 백금, 다이아몬드 등이 외계 천체에 존재할 가능성이 제기되면서, 우주 채굴은 현지 활용을 넘어 지구 수요를 겨냥한 희귀 자원 수탈로 개념이 확장되었다. 소행성·혜성·근지구 천체 등에서 자원을 확보하는 기업들은 이를 '우주자원의 상업적 회수'라고 포장하지만,

---

99   https://www.seespacearena.com/?utm_source

100   https://www.360marketupdates.com/global-space-mining-
            market-16439050

실상은 소유권이 없는 천체를 포획해 자원을 추출하는 소행성 채굴 사업에 가깝다.

지구에서는 희소광물과 희토류가 점차 고갈되고 있으며, 태양전지·이차전지 등 주요 산업의 수요 증가로 그 속도는 더욱 빨라지고 있다. 여기에 공급망 재편과 자본 축적 논리가 결합되며, 귀금속·희소자원에 대한 우주 채굴의 수요가 폭증하고 있다.

시장조사업체 '360 마켓 업데이트360 Market Updates'(2020)는 우주 자원 개발 시장이 2021년 1억 5,000만 달러에서 2026년 5억 9,000만 달러 규모로 연평균 22.4% 성장할 것으로 예측했다. '모도르 인텔리전스Mordor Intelligence'(2021)는 2035년 시장 규모를 73억 달러로, '브레이니 인사이트Brainy Insights'(2022)는 2030년까지 4억 2,000만 달러 규모로 각각 전망했다.

일본의 하야부사Hayabusa 1·2호와 미국의 오시리스-렉스OSIRIS-REx 탐사선은 소행성 표면 샘플을 채취해 지구로 귀환시키는 데 성공했다. 하야부사 1호는 2005년 소행성 이토카와Itokawa에 착륙해 착륙 충격으로 날아오른 소량의 먼지를 수집했고, 2010년 귀환에 성공하며 인류 최초로 소행성 샘플을 지구로 가져온 탐사선으로 기록되었다. 하야부사 2호는 2018년 9월 소행성 류구Ryugu에 착륙해 샘플을 채취했으며, 2020년 12월 6일 샘플 캡슐을 지구로 귀환시켰다.

오시리스-렉스는 2018년 12월 소행성 베누101955 Bennu에 도착해 샘플을 채취하고, 2023년 미국 유타주 사막에 성공적으로 낙하시켰다. 이 탐사선은 지구로 귀환하지 않고 소행성 아포피스 탐사를 위해 다시 우주로 향했다. 이에 따라 탐사선의 명칭도 아포피스Apophis와 탐사선Explorer의 앞 글자를 따 '오시리스−에이펙스OSIRIS-APEX'로 변경되었다.

이러한 소행성 탐사와 우주 채굴은 자본주의적 관점에서 볼 때, 우주 진출과 개발의 본질을 보여주는 영역이라 할 수 있다. 그 목적은 단순한 과학적 호기심의 충족이 아니라, 자원 채취와 수탈을 통해 수익을 창출하는 시장을 형성하는 데 있다. 결국 과학 탐사조차도 본질적으로는 자원 수탈을 위한 사전 조사에 불과하다고 볼 수 있다.

2023년 10월 13일, 미국의 소행성 탐사선 프시케psyche가 스페이스X의 팰컨 헤비 로켓에 실려 발사되었다. 이 탐사선은 2026년 화성 스윙바이Swing-by[101]를 통해 가속을 얻은 뒤, 2029년 8월경 소행성 프시케16 Psyche에 도착할 예정이다. 이 소행성은 화성과 목성 사이 소행성대에 위치한 지름 226㎞ 크기의 금속 소행성으로, 태양계 형성 초기 행성의 핵과 유사한 성분을 지닌 천체로 알려져 있다. NASA는 "소행성 프시케가 특별한 이유는 니켈과 철 등 금속이 표면에 노출되어

---

[101]　행성의 중력을 이용해 연료 없이 속도를 높이고 경로를 조정함으로써, 우주선의 비행 효율을 극대화하는 항법 기법.

있기 때문"이라며, "사상 처음으로 토양이나 얼음이 아닌 금속으로 이루어진 천체를 직접 탐사하게 된다"고 설명했다.

소행성 프시케는 단순히 금속으로 이루어진 천체가 아니라, 금과 백금을 비롯해 미화 10경 달러 이상의 가치를 지닌 광물이 매장되어 있을 것으로 추정된다. 같은 소행성대에 위치한 소행성 다비다511 Davida 역시 약 27조 달러 상당의 광물과 자원을 보유한 것으로 평가된다. 프시케 탐사선의 임무는 표면적으로는 과학 탐사로 포장되어 있지만, 실질적으로는 소행성 자원 수탈과 화성 식민지화 전략과도 깊은 연관이 있다. 실제로 화성의 두 위성인 포보스Phobos와 데이모스Deimos 가 소행성대에서 화성에 의해 포획된 천체일 가능성이 있다는 가설이 제기될 정도로, 소행성대와 화성은 가까운 위치에 있다. 특히 화성은 지구보다 소행성대에 훨씬 가깝기 때문에, 프시케 탐사의 진짜 목적이 화성을 거점으로 소행성 포획 기술을 연구하는 데 있다는 추측도 가능하다. 포보스에서 우주선을 발사하면 연료와 에너지 소비를 크게 줄일 수 있어, 소행성대 임무 수행에 유리한 조건을 제공한다. 따라서 화성과 그 위성에서 소행성대를 채굴하는 것은 궁극적으로 화성 식민지화를 위한 중요한 발판이 될 수 있다.

소행성 채굴의 경제성 논란

실제 소행성 채굴 성과는 현재 기술로 우주에서 광물을 채취하고 회수하는 일이 얼마나 어려운지를 단적으로 보여준다. 미국이 아폴로 11호부터 아폴로 17호까지 확보한 달 샘플은 총 382kg에 달하며, 중국은 달 앞면과 뒷면에서 각각 1.3kg과 1.9kg, 총 3.2kg을 수집했다. 반면 2024년 1월 기준, 우주에서 지구로 귀환한 소행성 물질은 7g에도 못 미친다.

수많은 소행성 중에서 실제 개발이 가능한 후보지를 특정하는 것조차 쉽지 않다. 우주자원 개발이 실현되려면, 적절한 크기의 소행성이 지구 접근이 가능해야 하며, 채굴한 자원을 지구나 지구궤도까지 운반할 수 있을 만큼 안정적인 궤도를 따라야 한다. 동시에, 그 소행성이 보유한 물, 귀금속, 희소광물의 위치와 성분, 함유율을 정확히 파악해야 한다. 다양한 탐색 기술이 개발 중이지만, 아직까지 자원의 위치와 특성을 정밀하게 확인할 수 있는 기술은 부족하다. 결국 무인 우주선을 소행성까지 보내 실측하는 방식이 유일한 대안이다.

설령 채굴 대상이 될 소행성을 찾았더라도, 실제로 자원을 추출해 이를 우주선에 실어 지구나 지구궤도까지 운반하는 기술은 아직 확보되지 않았다. 소행성은 중력이 거의 없거나 국지적으로만 존재하기 때문에, 지구처럼 중력을 활용한 채굴은 불가능하다. 전혀 새로운 채굴 방식이 필요하지만, 아직까지 실용화된 기술은 없다.

스페이스X의 팰컨 9나 팰컨 헤비처럼 재사용 발사체는 지구에서 저궤도까지 화물을 운반하는 데는 적합하지만, 장거리 우주 운송에는 한계가 있다. 스타십 역시 화학연료 기반 로켓이기 때문에 비슷한 제약이 따른다. 이온 추진 로켓이나 NTR 등 차세대 추진체가 개발 중이지만, 아직 실용화에는 이르지 못했다.

또한 모든 소행성 자원이 경제성이 있는 것은 아니다. 예를 들어, 백금은 지구에 드물게 존재하기 때문에 일정량만 가져와도 높은 가치를 지닐 수 있다. 반면 니켈은 지구에서도 흔히 채굴되므로, 막대한 비용을 들여 소행성에서 가져올 이유가 없다. 설령 시장 가격이 높다 해도, 공급이 급증하면 가격이 하락해 수익성이 사라질 수 있다. 예를 들어, 플래니터리 리소스는 길이 30m의 소행성에서 250억~500억 달러 규모의 백금을 확보할 수 있다고 주장했지만, 경제학자 팀 워스톨Tim Worstall은 이런 공급이 현실화되면 백금 가격이 폭락해 관련 기업이 도산할 수도 있다고 경고했다.

3.
우주 상업화의 그늘

지구궤도를 뒤덮는 우주 쓰레기

우주 공간, 특히 지구저궤도에서 국가 간 경쟁이 격화하고 상업 위성이 급증하면서, 지구궤도가 각종 우주폐기물로 뒤덮이고 있다. 우주폐기물이란 기능이 정지된 인공물, 그 파편과 부품 등이 지구궤도를 떠돌거나 대기권에 재진입하는 상태를 말한다. 우주비행사가 고의로 버리거나 실수로 떨어뜨린 물건, 위성에서 분리된 덮개, 발사 중 낙하한 부품, 충돌·파괴로 생긴 잔해, 기능이 정지된 위성, 고체연료의 그을음, 페인트 조각 등 다양한 원인으로 발생한다. 이러한 폐기물은 대기권으로 떨어지기 전까지 지구를 돌며, 우주 환경을 오염시키고 각종 우주 활동에 위협을 가한다.

ESA에 따르면, 2025년 3월 31일 기준 10㎝ 이상 크기의 우주 파편은 40,500개, 1~10㎝는 110만 개, 1㎝ 이하는 1억

3,000만 개에 달한다. 1957년 이후 6,890회의 로켓 발사(실패 제외)로 로켓 동체, 고장 난 위성 등 다양한 폐기물이 누적되었으며, 약 25%는 ASAT 실험에서 발생했다. [102]

미 우주군의 'Space-Track.org'의 데이터에 따르면, 2023년 12월 기준으로 지구저궤도에는 약 19,100개의 우주 잔해가 떠돌고 있다. 이는 추적이 불가능한 미세 조각을 제외한 수치다. 국가별로는 러시아 4,521개, 미국 4,317개, 중국 4,137개로 세 나라가 대부분의 우주 쓰레기를 생성했다. 대표 사례로, 2007년 중국이 기상위성을 파괴한 ASAT 실험에서 3,500개 이상의 우주 잔해가 발생했으며, 2009년에는 러시아의 코스모스-2251Kosmos-2251과 미국의 이리듐33Iridium 33이 충돌해 2,000개 이상의 파편이 생겼다.

과거에는 위성 충돌 실험이나 요격 시험 등으로 쓰레기가 발생했다면, 최근에는 대량의 상업용 인공위성을 군집 형태로 쏘아 올리는 방식이 주요 원인이 되고 있다. 위성 추적 웹사이트 '오비팅 나우Orbiting Now'에 따르면, 2025년 3월 기준 지구궤도에서 임무 수행 중인 인공위성은 11,833개이며, 이 중 절반 가까이는 수명을 다했거나 부서져 우주 쓰레기로 분류된다. 2030년까지 약 58,000개의 위성이 추가 발사될 예정

---

102   https://www.esa.int/Space_Safety/Space_Debris/Space_debris_by_the_numbers

으로, 최대 7만 개의 위성과 수십만 개의 파편이 지구저궤도를 뒤덮을 것으로 보인다.

또 다른 문제는 '우주선 묘지Spacecraft cemetery'로 불리는 남태평양의 포인트 네모Point Nemo에 대한 폐기물 투기다. 수명을 다한 우주비행체 중 절반가량은 통제된 방식으로 지구에 폐기되며, 대부분 포인트 네모로 낙하시킨다. 1971년부터 2016년까지 이곳에 폐기된 우주비행체는 263개 이상이며, 국제우주정거장도 퇴역 후 이곳에 떨어질 예정이다.[103] 포인트 네모는 국가의 법적 관할권에서 벗어나 있어 상대적으로 규제가 덜한 지역이다. 현재 적용 가능한 국제법은 '우주조약'과 'UN 해양법협약' 정도에 그친다. 우주 경쟁이 치열했던 1960년대, 미국과 소련은 국제법적 규제를 덜 받는 포인트 네모를 우주폐기물 투기 장소로 정했고, 이후 여러 나라가 이를 따랐다.

우주 잔해물 중 소형 파편은 대부분 대기권 진입 과정에서 연소되지만, 중형 이상 잔해는 완전히 연소되지 않고 일부가 지표면까지 도달한다. 통제 여부와 무관하게 효과적으로 제거할 기술은 거의 없어, 대형 우주폐기물은 대부분 우주선 묘지에 버려진다. 이러한 해양 투기는 자체로도 문제지만, 더 큰 문제는 오염 수준을 정확히 파악할 수 없다는 데 있다.

---

103   https://en.wikipedia.org/wiki/Spacecraft_cemetery

대기권 진입 후 잔류 물질의 양이나 구성에 대한 정보가 부족해, 환경 피해를 사전에 평가하기 어렵다. 특히 대형 우주선이 사용하는 하이드라진hydrazine 같은 고독성 화합물이 남아 해양에 유출될 경우, 치명적 피해를 유발할 수 있다.

이처럼 넘쳐나는 우주 쓰레기는 우주정거장과 인공위성, 각종 우주선에 위협이 될 뿐 아니라, 일부 잔해가 지상에 떨어지면서 예상치 못한 피해를 유발한다. 또한 위성 수 증가로 지구궤도가 혼잡해지며 상호 충돌 위험이 높아지고, 지상의 천문 관측도 방해받고 있다.

우주 개발이 불러온 대기오염과 기후위기

글로벌 우주기업과 각국의 우주 개발 경쟁이 심화되면서, 저궤도 위성 발사를 위한 로켓이 오존층을 파괴하고 지구 환경에 악영향을 미칠 수 있다는 우려가 커지고 있다. 〈뉴욕타임스〉는 저궤도 위성 배치를 위한 로켓 발사에서 발생한 배기가스가 성층권에 축적되어 오존층을 파괴할 수 있다고 보도했다. 로켓은 발사 후 약 90초 만에 대류권을 지나 성층권에 도달한다. 성층권은 일반적으로 인간 활동의 영향을 거의 받지 않는 구간이지만, 로켓은 이 구간을 뚫고 올라가면서 전체 배기가스의 약 3분의 2를 중·상층 대기에서 배출한

다.[104]

성층권 25~30㎞ 고도에는 오존 밀도가 높은 오존층이 분포한다. 이 층은 태양 자외선을 흡수해 지구 생물이 직접 노출되지 않도록 막아 준다. 과학계는 로켓 배기가스 속 염소·탄소 화합물 등이 이 오존층을 파괴할 수 있다고 경고해 왔다. 1990년대 NASA가 로켓을 집중적으로 발사하던 시기, 한 연구는 "케이프 커내버럴 상공의 오존층이 100% 손실될 수 있다"며 "오존층 파괴로 피부암, 백내장, 면역력 저하 등의 위험이 커질 것"이라 전망했다.[105]

로켓은 거대한 추진력을 요구하는 만큼, 발사 시 다량의 온실가스와 오염 물질을 배출한다. 2021년 영국 유니버시티 칼리지 런던 연구팀은 우주비행사 4명을 태운 로켓 한 기에서 200~300톤의 이산화탄소가 배출된다고 밝혔다. 이는 항공기 탑승객 1인당 1~3톤 배출량과 비교해도 압도적으로 많다.

2022년 5월 키프로스 니코시아대학교 연구팀은 스페이스X의 팰컨 9가 한 번 발사될 때 약 336톤의 이산화탄소를 배출한다고 「유체물리학Physics of Fluids」에 발표했다. 이는 자동차로

---

104   https://www.nytimes.com/2024/01/09/science/rocket-pollution-spacex-satellites.html

105   https://www.ekathimerini.com/nytimes/1228810/new-space-race-creates-emissions-and-waste/

지구를 70바퀴 도는 동안 배출되는 양에 맞먹는다. 팰컨 헤비는 발사 시 400톤의 등유를 연소하며, 이는 일반 자동차가 200년 넘게 주행하며 배출하는 양과 같다.

앞으로 로켓 발사 횟수가 급증하면서, 대기와 기후에 미치는 영향은 더욱 심각해질 전망이다. 1990년대에는 연간 발사 횟수가 약 25회에 불과했지만, 2024년 한 해 동안 스페이스X는 스타링크 궤도 배치 등을 위해 136회에 달하는 발사를 수행했다. 전문가들은 오존층 파괴 위험도 1990년대보다 커졌다고 경고한다.

로켓 엔진에서 발생하는 그을음의 총량은 아직 정확히 파악되지 않고 있다. 현재 대부분의 로켓은 이산화탄소, 수증기, 그을음을 배출하는 등유(케로신) 등 오염 유발 연료를 사용한다. 모든 탄화수소 연료는 일정량의 그을음을 내뿜으며, '친환경'으로 간주되는 액체수소 로켓조차 고공에서 수증기를 방출한다.

2022년 6월 미국 NOAA 연구팀은 로켓 발사 횟수가 10배 증가할 경우 성층권 온도가 2도 상승하고, 북미와 유럽, 아시아 일부 지역의 오존층이 파괴될 수 있다고 「JGR 대기*JGR Atmospheres*」에 발표했다. 또한 배기가스 외에 우주선에서 이탈한 금속 조각이 성층권에 흩어져 있다는 연구 결과도 나왔다. 2023년 9월 미국 퍼듀대학교 연구팀은 알래스카 상공을 포함한 성층권에서 로켓 부스터에 사용된 니오븀[Nb], 하프늄[Hf]

성분이 전체 입자의 약 10%에서 검출됐다고 「미국국립과학원저널PNAS」에 발표했다.[106]

우주 쓰레기 제거 기업 클리어스페이스ClearSpace의 최고전략책임자 팀 매클레이Tim Maclay는 〈뉴욕타임스〉와의 인터뷰에서 "각국과 기업들이 우주의 장래성만 보고 달려들 뿐, 환경 문제는 고려하지 않는다"고 비판했다. NOAA의 카렌 로젠로프Karen Rosenlof는 "우주산업의 환경 영향을 고려한 규정 마련이 시급하다"고 강조했다.[107]

공공의 우주, 사적 이익으로 전락하다

기업들의 이윤 추구로 우주 공간이 상업화되고 있으며, 그 대표 사례로 앞서 소개한 에스티 로더의 국제우주정거장 광고 촬영은 미국 의회에서도 논란이 되었다. 당시 의원들은 "화장품 광고 촬영이 NASA의 임무에 어떤 도움이 되느냐"며, NASA 국장 짐 브라이든스타인Jim Bridenstine을 질책했다. 이 사건은 이후 NASA의 국제우주정거장 이용료 인상에도 영향을 미쳤다.

---

106   https://www.space.com/air-pollution-reentering-space-junk-detected

107   https://www.dongascience.com/news.php?idx=63288&utm_source=dable

NASA와 일부 기업은 상업적 접근이 비용 절감과 기술 혁신을 촉진할 수 있다고 주장하지만, 이에 대한 회의적 시각도 여전하다. 2023년 10월 미국항공우주학회AIAA 심포지엄에서 전 NASA 행정관 마이크 그리핀Mike Griffin은 "우주 개발은 전통적으로 정부의 몫이었으며, 상업성이 없다면 민간이 뛰어들 이유도 없다"며, 상업 중심의 전환을 비판했다. 그는 이러한 흐름이 정부 기관의 기술 자립성과 핵심 인력의 경험 축적을 저해하고 있다고 지적했다.[108]

현재 진행 중인 상업 우주 개발은 공공의 이익이나 지속 가능성보다 단기적 수익에 집중되고 있다. 우주 환경 보호나 공공 연구에 대한 국제적 규범이 미비한 상황에서, 기업들은 우주를 자원 착취와 선점의 대상으로 간주하고 있다. 이는 지구에서 벌어지는 환경 파괴가 우주로 확장될 가능성을 내포하며, 우주 쓰레기 같은 새로운 형태의 환경 위기를 초래하고 있다.

또한 민간기업이 주도권을 쥐면서, 공공 연구와 정부 주도의 우주 개발이 위축되고 있다. 국가 기관이 축적해야 할 기술 역량과 연구 기회가 사라질 수 있으며, 우주 개발이 공공의 영역에서 사적 이익 중심으로 이동하는 흐름은 우주 공간

---

108   https://spacenews.com/nasa-delays-artemis-lunar-rover-award-by-four-months/

의 장기적 이용 가능성에도 부정적 영향을 미칠 수 있다.

우주 상업화, 식민주의의 새로운 얼굴

빠르게 진행되는 우주 개발의 상업화는 사회 전체의 발전보다는 극소수 부유층에게만 이익을 주는 방향으로 전개되고 있다. 현재 민간 우주기업들은 우주관광과 궤도 거주지를 포함한 '스페이스 콜로니' 건설을 추진 중이다. 이는 부유층만을 위한 '우주 유토피아'로 귀결될 수 있다.

우주호텔과 장기 체류형 우주정거장 개발이 본격화되면서, 이들 시설은 막대한 비용으로 인해 극소수만이 이용할 수 있는 특권적 공간이 될 것이다. 이는 자본이 집중된 국가와 기업이 우주를 독점하고, 지구의 사회적 불평등이 우주로 그대로 이식될 수 있음을 보여준다. 이처럼 자본의 식민지로 변질된 우주 개발은 과거 제국주의 시대의 식민지 개척과 유사한 경제적 동기를 가진다. 유럽 열강이 아메리카와 아프리카의 자원을 착취했던 것처럼, 달·화성·소행성이 수익성 있는 채굴 대상으로 부상하고 있다.

미국은 2015년 상업우주발사경쟁력법을 통해 민간기업의 우주자원 독점을 가능하게 했고, 2020년 트럼프 행정부는 달과 화성의 자원을 자유롭게 채굴할 수 있도록 하는 행정명령을 발표했다. 이처럼 우주를 국제 공동 자산이 아닌 특정 국가와 기업의 이익 공간으로 바꾸는 정책은 '우주 식민주의'로 이어질 가능성이 높다.

우주의 상업화가 단순한 경제 확장에 그치지 않고, 새로운 형태의 식민주의로 전환될 수 있다는 점에서 이는 윤리적으로도 심각한 문제다. 경제적 동기를 앞세운 기업들의 우주 개발은 군사적·경제적 패권 경쟁을 불러일으키고, 우주가 국가 간 갈등의 전장으로 변할 가능성도 배제할 수 없다. 특히 우주자원에 대한 독점적 접근은 향후 국제 분쟁의 주요 원인이 될 수 있다.

결국 우주는 단순한 경제 논리가 아닌, 인류 공동의 자산 또는 그 너머의 어떤 방식으로 접근할 것인지에 대한 근본적 논의가 필요하다. 현재 진행 중인 상업적 우주 개발이 경제 이윤만을 우선할 경우, 우주는 또 다른 불평등과 착취의 공간으로 전락할 것이다.

4장

우주의 군사화와
우주 무장

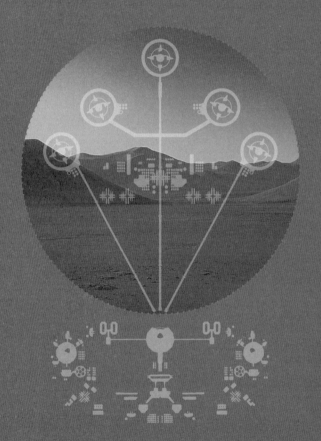

1.
우주 경쟁과 우주 무장

냉전의 전장, 우주를 향하다

제2차 세계대전 말기, 미국이 히로시마와 나가사키에 원자폭탄을 투하하면서 인류는 전례 없는 파괴력을 경험했다. 핵무기의 위력은 전 세계에 충격을 안겼고, 미국 내에서도 핵 독점 실패에 따른 안보 불안이 커지기 시작했다. 1949년 소련이 독자적으로 핵무기 개발에 성공하면서, 세계는 사상 처음으로 '핵 긴장' 시대에 진입했다.[109]

미국과 소련은 군비를 급속히 확장하며 대립했고, 1950년대에는 한반도에서 대리전을 벌이며 핵전쟁에 대한 공포가 현실로 다가왔다. 이 시기 미국에서는 조지프 매카시 상원의

---

109   미국 국립문서기록관리청NARA, Cold War Nuclear History 자료.

원의 매카시즘McCarthyism이 반공주의 열풍을 이끌었고,[110] 이념 대결은 곧 소련을 군사 기술로 앞서야 한다는 압박으로 이어졌다. 이러한 분위기 속에서 핵무기와 미사일 개발 경쟁은 우주로 확장되기 시작했다.

전쟁 직후, 미국은 페이퍼클립 작전Operation Paperclip을 통해 나치 독일의 과학자와 기술자를 대거 영입했다.[111] 대표적인 인물은 V-2 로켓 개발에 참여했던 베르너 폰 브라운Wernher von Braun으로, 미국은 독일 과학자 100여 명과 V-2 로켓 100기 이상을 비밀리에 확보했다. 이들 기술은 미국 우주 개발의 기반이 되었고, 곧 냉전 시대의 군사 경쟁과 맞물리며 미사일 기술 개발을 가속화했다.

소련도 전후 독일 인력을 일부 확보하고 독자적인 로켓 기술 개발에 착수했다. 그 결과, 1957년 세계 최초의 ICBM인 R-7 로켓을 개발했고, 같은 해 10월 4일 이를 이용해 인공위성 스푸트니크 1호를 발사하는 데 성공했다. 이 사건은 '스푸트니크 쇼크Sputnik Shock'로 불릴 만큼 서방 세계에 큰 충격을 주었고, 소련이 미국 본토를 타격할 운반 수단을 확보했다는

---

110   Joseph McCarthy, 1950년 웨스트버지니아 연설 기록, 미국 의회도서관LoC.

111   Dunar, A. J. & Waring, S. P., *Power to Explore: A History of Marshall Space Flight Center, 1960 - 1990*, NASA SP-4313, Washington, D.C.: NASA History Office, 1999.

인식을 낳았다.[112] 한 달 뒤에는 개 '라이카Laika'를 태운 스푸트니크 2호까지 발사하며, 소련은 우주 기술 선도국으로 부상했다.

당황한 미국은 해군이 개발 중이던 뱅가드 로켓을 서둘러 발사했으나, 1957년 12월 발사 직후 폭발하는 장면이 전 세계에 생중계되며 국제적 망신을 당했다. 이 위기감 속에서 미국은 기존의 국가항공자문위원회NACA 등을 통합해 1958년 7월 NASA를 설립하고, 곧바로 최초 유인 우주비행 계획인 머큐리 계획Project Mercury을 발표했다.

미국이 유인 우주비행을 준비하는 동안, 소련은 또 한 번 세계를 놀라게 했다. 1961년 4월 12일 유리 가가린이 탑승한 보스토크 1호가 인류 최초로 지구궤도 비행에 성공한 것이다.[113] 이에 자극받은 케네디 행정부는 머큐리 계획만으로는 부족하다고 판단하고, 더 과감한 목표인 아폴로 계획을 본격화했다. 목표는 달 착륙이었다. 이는 인간이 직접 달에 갔다가 무사히 귀환해야 한다는 점에서 그야말로 '미지의 영역'에 대한 도전이었다.

아폴로 계획 추진 과정에서 핵심은 두 가지였다. 하나는 지

112   McDougall, W. A., ⋯the Heavens and the Earth: A Political History of the Space Age, Baltimore: Johns Hopkins University Press, 1985.

113   Chertok, B., Rockets and People: Creating a Rocket Industry, NASA SP−2005−4110, Washington, D.C.: NASA History Division, 2005.

구 중력을 벗어나 달까지 도달할 수 있는 강력한 발사체 개발, 다른 하나는 우주 공간에서의 랑데부Rendezvous와 도킹 기술 확보였다. 미국은 폰 브라운이 이끄는 팀을 중심으로 새턴 로켓 개발에 착수하고, 이와 병행하여 제미니 계획을 통해 도킹 기술을 연습했다. 이 팀이 개발한 F-1 엔진은 당시 세계 최대 규모의 액체연료 로켓 엔진이었고, 이를 묶은 새턴 V는 실제로 인간을 달에 보내기에 충분한 성능을 갖췄다.[114] 폰 브라운은 궁극적으로 화성 탐사까지를 염두에 두고 있었다.

1968년 겨울, 아폴로 8호가 달 궤도를 도는 데 성공하며 인류는 처음으로 지구궤도를 벗어났다. 이어 1969년, 아폴로 11호가 달에 착륙하며 닐 암스트롱은 "한 인간에게는 작은 발걸음이지만, 인류에게는 위대한 도약"이라는 말을 남겼다. 이 성공은 스푸트니크와 가가린으로 앞서갔던 소련을 상대로 미국의 체면을 회복하는 계기가 되었다.[115]

달 착륙 직후 폰 브라운은 유인 화성 탐사 계획서를 발표하며 1982년 착륙을 목표로 설정했다.[116] 하지만 베트남 전쟁으로 인한 예산 압박과 정치적 우선순위 변화로 계획은 무산

---

114   NASA History Program Office, Gemini Project Chronology.

115   NASA, Apollo 11 Mission Report, 1969.

116   von Braun, Wernher, *Mars Project Proposal*, NASA Historical Reference Collection, Washington, D.C.: NASA, 1969.

되었다. 막대한 군비 지출로 미국 경제는 침체했고, 소련과의 경쟁에서 앞서게 되자 우주에 대한 대중과 정치권의 관심도 식었다. 이에 따라 우주 개발 예산 역시 크게 축소되었다.

우주 냉전의 시작

우주 경쟁이 군사·안보 분야로 확대되면서 등장한 '우주 냉전Space Cold War'은 냉전기의 지상 군비 경쟁이 우주로 옮겨졌다는 점에서 역사적 의미가 크다. 이는 단순한 인공위성이나 우주선 개발 경쟁이 아니라, 상대국의 전략무기를 무력화할 첨단 무기를 우주에 배치하려는 시도로 이어졌다. 대표적 사례가 바로 1983년 레이건 행정부가 발표한 전략방위구상Strategic Defense Initiative, 이하 SDI, 일명 '스타워즈 계획Star Wars Program'이다.[117]

당시 미국은 소련의 핵미사일 공격 가능성과, 이를 요격할 수단이 없다는 불안에 사로잡혀 있었다. 이를 극복하기 위해 제안된 SDI는 세 갈래로 구성되었다. 첫째, 지상 요격 미사일 체계의 고도화, 둘째, 궤도상 요격 위성을 통한 중간 단계 요격, 셋째, 조기경보 위성으로 소련의 미사일 발사를 신속히 포착하는 체계가 포함되었다. 지상 레이저 기지에서 위성

---

117   Reagan Presidential Library, SDI Archives.

으로 광선을 발사하거나, 위성이 자체적으로 레이저 또는 입자 빔 무기를 사용하는 방식도 구상되었다. 이 계획은 제2차 세계대전 이후 미국과 소련 간 두 번째 대규모 군사 긴장을 초래했고, 미국의 국방비를 사상 최고 수준으로 끌어올렸다.

그러나 약 700억 달러를 투입하고도 소련의 핵미사일을 우주에서 완벽히 요격하는 목표는 실현되지 못했다. 성과가 부진하자 SDI는 정치적 비판에 직면했고,[118] 그럼에도 이 시기 개발된 레이저 무기, 레일건Railgun, 코일건Coilgun 등 운동에너지 무기는 향후 미국 미사일 방어체계Missile Defense, MD의 기술적 토대를 구축하는 계기가 되었다.[119] SDI는 이후 부시 행정부에서 신전략방위계획Global Protection against Limited Strikes, GPALS로 축소되었다가 클린턴 행정부 시절 일시 폐기되었으며, 이후 탄도미사일 방어구상Ballistic Missile Defense Initiative, BMDI으로 부활했고, 21세기 들어 미사일 방어체계로 정착되었다.

소련도 이에 맞서 폴류스 계획Polyus Project이라는 대응책을 마련했다. 이는 우주에서 레이저 무기나 요격 무기를 활용해 미국 위성과 미사일을 격추하려는 구상이었다. 그러나 막대한 예산 부담, 기술적 한계, 체르노빌 원전 사고, 내부 경제

---

118   Fukuyama, Francis, *America at the Crossroads: Democracy, Power, and the Neoconservative Legacy*, New Haven: Yale University Press, 2006.

119   U.S. Department of Defense, *A History of the Missile Defense Agency*, Washington, D.C.: U.S. Department of Defense, 2009.

위기 등으로 제대로 추진되지 못했고,[120] 1989년 전후 소련의 해체와 함께 계획은 역사 속으로 사라졌다. 이처럼 우주 냉전은 직접적인 열전Hot War으로 번지지 않았다는 점에서 '냉전cold war'이라 불리지만, 실상은 기술과 자본을 앞세운 현실적 경쟁이었다. '기술 발전'이나 '우주 개척'이라는 수사 아래, 상호 억제와 체제 우위를 노리는 전략이 그 핵심이었다.

우주 냉전은 달이나 행성을 향한 유토피아적 탐사와는 거리가 멀며, 이념 대결과 안보 딜레마가 결합된 산물이었다. 20세기 후반의 SDI와 폴류스 계획은 사라졌지만, 그 불씨는 오늘날까지 새로운 형태로 이어지고 있다. 우주는 더 이상 꿈과 이상만의 공간이 아니며, 무기 개발 경쟁이 벌어지는 현실의 전장이 되었다. 이러한 점에서 우주 냉전은 기존 군비 경쟁과는 또 다른 역사적 교훈을 남기고 있다.

다극화된 우주 패권 경쟁의 시대

미국과 소련 중심의 양강 체제가 막을 내린 뒤, 우주 기술은 일시적으로 협력 구도로 전환되는 듯했다. 러시아는 자국 우주정거장 '미르Mir'를 미국과 공동 운영했고, 미국은 우주왕복선에 러시아 우주인과 보급품을 함께 실어 보냈다. '셔

---

120   *Soviet Military Review*, Moscow: Military Publishing House, 1989.

틀—미르 프로그램Shuttle-Mir Program'으로 불리는 미 · 러 협력은 1994년부터 1998년까지 5년간 지속되었고, 2001년 미르의 임무 종료를 앞두고 국제 우주 협력은 더욱 확대되었다. 미국은 독자 우주정거장 계획을 철회하고 러시아와 함께 국제우주정거장 건설을 주도했으며, 이 프로그램에는 ESA 소속 국가들과 캐나다, 일본 등 총 15개국이 참여했다.

그러나 2010년대 이후 러시아와 서방 간 군사적 긴장이 다시 고조되었고, 특히 미국과 중국이 우주 기술 분야의 주도권을 두고 경쟁하면서, 신냉전Neo-Cold War의 기류가 우주까지 번졌다. 중국은 2007년 달 탐사선 창어 1호 발사를 시작으로, 달 착륙(창어 3 · 4 · 5호), 화성 착륙(톈원 1호), 독자 우주정거장 톈궁 건설까지 빠르게 성과를 내고 있다. 2023년 12월에는 우주망원경 쉰톈Xuntian을 톈궁과 동일 궤도에 배치해 도킹이 가능하도록 설계했으며, 달 뒷면 시료 채취, 소행성 탐사, 러시아 등과의 ILRS 구축 등 다양한 프로젝트를 추진 중이다.[121]

우주 개발 무대는 이제 강대국뿐 아니라 후발 국가들과 민간기업들까지 뛰어들며 복잡한 다자 경쟁 구도로 전환되고 있다. 2012년 33개국이던 우주 개발 참여국은 2022년 86개

---

121   https://www.chinadaily.com.cn/a/202404/25/WS662a1949a31082fc043c4023.html?utm_source

국으로 증가했고, 2024년 한 해에만 261건의 우주 로켓이 발사되었다. 지구에서 평균 1.4일마다 로켓이 발사되는 셈이다. 여전히 미국, 중국, 러시아가 주도하고 있지만, ESA, 인도, 일본, 한국 등도 존재감을 확대하고 있다. ESA는 스웨덴 키루나에 로켓 발사 기지를 설치하고, 목성 위성 탐사선 주스JUICE, 우주망원경 유클리드Euclid 등을 발사하며 심우주 탐사에 박차를 가하고 있다.

인도는 2014년 세계 네 번째로 화성 궤도 진입에 성공했고, 2023년에는 무인 달 탐사선 찬드라얀 3호Chandrayaan-3로 달 남극 착륙에 성공했다. 일본은 화성의 위성(포보스·데이모스) 샘플 채취 임무를 추진 중이며, 2023년 9월에는 달 착륙선 슬림Slim과 천문위성 크리즘Xrism을 탑재한 H2A 로켓을 발사해 기술력을 입증했다. 한국은 2022년 달 궤도선 다누리호 발사에 이어, 2023년 5월 자체 개발한 누리호Korea Space Launch Vehicle-II, KSLV-II로 다수의 위성을 궤도에 안착시키며 달·화성 탐사의 기반을 다지고 있다. UAE, 사우디아라비아, 이란, 북한 등도 각기 다른 목표 아래 우주 개발에 나서면서, 경쟁 구도는 더욱 다층화되고 있다.

우주 개발 예산을 보면, 미국·중국·일본·프랑스·러시아 등 상위 5개국이 전 세계 예산의 약 83%를 차지하고 있다. 국방 예산 비중은 미국 55%, 러시아 46%, 중국 33%, 일본 30%, 프랑스 26%로, 우주가 여전히 군사·안보 전략의 핵심 영역임을 보여준다.[122] 이와 동시에, 우주발사체 시장, 우주관광, 자원 탐사 등에서 민간기업의 위상도 급격히 확대되고 있다. 스페이스X와 블루 오리진 등은 발사체 개발은 물론, 우주관광과 민간 달 착륙선 사업까지 추진하며 국가 간 경쟁에 새로운 변수로 부상하고 있다. 이로써 '민영화된 우주 레이스'가 본격화될 가능성이 높아졌으며, 민간과 국가의 경쟁이 뒤섞인 복합적인 다자 경쟁 체제가 등장하고 있다.

이처럼 제2차 세계대전 이후 핵무기를 둘러싼 군비 경쟁이 우주로 확산되며 시작된 우주 경쟁은, 냉전기에는 이념과 체제 우위를 겨루는 무대로, 소련 해체 이후에는 잠시 협력의 공간으로 전환되었다. 하지만 21세기에 들어 다시 기술·경제·정치가 결합된 신냉전적 구도가 형성되었고, 여기에 후발 국가와 민간기업까지 가세하면서 우주는 다극적 패권 경쟁의 핵심 무대로 떠오르고 있다. 특히 최근 달과 소행성 자원을 둘러싼 개발 움직임이 본격화되며, 미국이 주도하는 아르테미스 계획과 아르테미스 협정에 여러 국가가 동참하고 있다.

분명한 것은, 우주가 기술과 군사력의 상징을 넘어, 실질적인 경제·안보 이해관계가 충돌하는 새로운 패권 공간으로 전환되고 있다는 점이다. 이러한 현실에서 우주 경쟁은 국가

122 　　　　항공우주연구원 정책팀KARI, "우주개발 동향과 전망", 2022.11.

와 기업, 과학과 군사, 협력과 경쟁이 얽힌 '우주 정치'의 시
대로 접어들고 있다.

2.
지구궤도의 무장과 군사화

    ICBM과 극초음속 미사일은 지구궤도까지 도달한 뒤 낙하하기 때문에, 사실상 우주 핵무기와 다를 바 없다. 미국과 중국 등 주요 국가는 유사시 적국敵國 위성을 ASAT나 레이저로 파괴하는 것은 물론, 사이버 및 전자 장비를 탑재한 위성을 통해 적국 위성과 지상국 간 통신을 교란하거나 정보를 탈취하고, 심지어 위성을 하이재킹hijacking해 자국의 공격 수단으로 활용하기도 한다. 또한 미국, 유럽, 일본의 민간기업들이 개발 중인 '서비스 위성Service Satellite'도 문제로 지적된다. 이들 위성은 우주 쓰레기 제거나 기존 위성의 수명 연장을 목적으로 도킹 기능을 탑재하고 있지만, 그 작동 방식은 '킬러 위성Killer Satellite'과 사실상 동일하다.

궤도 핵무장과 핵 경쟁의 부활

우주조약은 우주에서의 핵무기 사용을 엄격히 금지하고 있지만, 원자력 동력원Nuclear Power Source, NPS의 사용에는 별다른 제한이 없다. 이로 인해 핵을 기반으로 한 다양한 우주 기술과 장비가 개발되면서, 우주는 사실상 핵무기 배치와 다를 바 없는 상황으로 향하고 있다.

과학용 · 군사용 · 상업용 인공위성에는 오래전부터 원자력 배터리 기술이 적용되어 왔으며, 최근에는 우주 발사체와 로켓 엔진에도 원자로 기술이 도입되고 있다. 출력 규모도 점차 커지고 있어, 사고 발생 시 지구 환경에 심각한 피해를 줄 수 있으며, 군사적 전용 가능성도 크다.

과거에는 원자력 배터리의 출력이 낮아 공격용으로는 적합하지 않았지만, 현재는 핵무기급 위력을 지닌 로켓 엔진 개발이 본격화되고 있다. 만약 이러한 NTR이 우주정거장에 탑재되어 지구궤도를 운행한다면, 이는 핵무기 배치와 동일한 군사 효과를 가진다.

실제 피해 사례도 있다. 1977년 소련이 발사한 정찰 위성 코스모스-954Cosmos-954는 우라늄 연료 50kg이 탑재된 핵원자로를 장착하고 있었으나, 궤도 진입 실패로 1978년 1월 지구 대기권에 재진입해 캐나다 영공에서 공중 분해되었다. 잔해는 그레이트 슬레이브 호수 인근과 베이커호 북동쪽에 낙하했고,

오스트리아 크기에 해당하는 넓은 지역에서 방사능 오염이 확인되었다. 805㎞에 걸친 수색에서 60여 곳의 오염 지점이 발견되었으며, 2개의 방사성 파편이 수거되었다. 다행히 인명 피해는 발생하지 않았다.

미국은 원자로 탑재 위성 1기와 방사성 동위원소 열전기 발전기이하 RTG 탑재 위성 46기를 발사했고, 소련과 러시아는 원자로 탑재 위성 27기와 RTG 탑재 위성 6기를 발사했다. 이 가운데 6기(미국 1기 포함)가 추락했고, 코스모스-954 사고가 대표적이다.[123] 그럼에도 우주 강국들의 핵에너지 개발은 계속됐다. 중국은 2019년 1메가와트급 우주 원자로 개발에 착수했으며, 미국은 같은 해 원자력 기술의 우주 활용에 관한 대통령 각서를 통해 RTG, 방사성 난방기RHUs, 핵분열 원자로 등 다양한 시스템의 개발을 공식화했다.[124]

2023년 1월 NASA와 국방고등연구계획국DARPA은 장거리 우주 이동이 가능한 NTR을 개발해 2027년 지구궤도에서 시험 발사할 계획이라고 발표했다.[125] NTR은 폭발 시 환경 피해가 극심하고, 군사 전용 가능성도 높다. 핵탄두 없이 우주

---

123 김한택, "국제우주법상 분쟁해결에 관한 연구", 안암법학 통권 제41호, 2013, pp 221-222.

124 https://www.khan.co.kr/world/world-general/article/201908211502001

125 https://www.nasa.gov/news-release/nasa-darpa-will-test-nuclear-engine-for-future-mars-missions/

에 배치되었다가 지상에 재진입하거나 우주 물체와 충돌할 경우, ICBM에 준하는 군사 효과를 낼 수 있다.

아르테미스 계획이 본격화되면서 달에서도 핵무기 배치 가능성이 제기되고 있다. 2022년 NASA는 달 표면에 초소형 원자로를 설치해 자체 에너지를 충당하는 방안을 발표했고, 2024년 5월에는 러시아 로스코스모스가 중국과 함께 달 원자력발전소 개발에 착수했다고 밝혔다.

우주에서의 핵폭발은 단순한 무력 시위가 아니라, 전자기 펄스^{이하 EMP}를 통해 수많은 인공위성을 무력화할 수 있는 '게임체인저'다. 실제로, 누군가 우주에서 핵을 터뜨리면 전자장비를 무력화하는 EMP 공격이 가해지는 셈이라 수많은 인공위성이 한순간에 마비된다. 냉전 시기 미국은 11차례, 소련은 7차례에 걸쳐 고도 22~540㎞에서 EMP 실험을 진행했으며, 1962년 미국의 '스타피시 프라임^{Starfish Prime}' 실험은 지상 400㎞ 상공에서 1.4메가톤급 핵폭발을 일으켜 6개의 위성을 고장 내고, 1,400㎞ 떨어진 하와이까지 영향을 미쳤다.

우주에서 핵이 터지면 통신, 항법, 전력, 교통 등 지상의 핵심 인프라까지 마비될 수 있다.[126] 이처럼 군사적 효과가 막강하기에, 우주 강국들은 평화적 목적을 내세우면서도 핵기술의 우주 배치를 서두르고 있다.

---

126 https://n.news.naver.com/article/023/0003880052?cds=news_edit

극초음속 무기, 전장을 다시 쓰다

극초음속 무기는 일반적으로 마하 5 이상의 속도를 내는 차세대 정밀 타격 미사일을 의미하며, 극초음속 활공체Hypersonic Glide Vehicle, 이하 HGV와 극초음속 순항미사일Hypersonic Cruise Missile, 이하 HCM로 나뉜다.

HGV는 탄도미사일용 로켓이나 고고도 항공기를 이용해 상승한 뒤 대기권 밖에서 활공하며 목표에 접근하는 방식이다. 러시아의 아방가르드, 미국의 AGM-183A, 중국의 DF-ZF가 대표 사례다. 아방가르드는 사거리 약 6,000km, 속도 마하 20~27로 알려져 있으며, 2018년 시험 비행에 성공하고 2019년 실전 배치를 발표했다. AGM-183A는 초기 시험에는 성공했으나 이후 실패가 이어지며 개발이 중단되었고, 미 공군은 HCM 개발에 집중하고 있다. 미 육군과 해군이 공용으로 개발한 중거리 극초음속 활공체C-HGB는 2024년 시험 비행에 성공했으며, 2025년부터 실전 배치될 예정이다. 중국은 2019년 열병식에서 DF-ZF를 공개하고, DF-17과 DF-27에 탑재해 운용 중이라고 밝혔다. 북한도 2021년 화성-8 시험 발사에 성공했다고 발표했다.

HCM은 부스터와 스크램제트scramjet 엔진을 활용해 극초음속으로 비행하는 순항미사일로, 러시아의 킨잘Kinzhal과 지르콘Zircon이 대표적이다. 킨잘은 항공기에서 발사되어 사거리

2,000~3,000㎞, 속도 마하 10~12에 달하며, 지르콘은 함정에서 발사되어 사거리 250~1,000㎞, 속도는 마하 8~9로 알려져 있다. 현재 인도, 프랑스, 호주, 일본, 북한 등 10여 개국이 극초음속 무기를 개발 중이며, 머지않아 이들이 기존 미사일을 대체하고 전장을 지배할 무기로 부상할 것이라는 전망도 나온다.

극초음속 무기는 러시아가 우크라이나 전쟁에서 킨잘을 실전 투입하면서 본격적인 주목을 받았다. 2022년 3월 이후 러시아는 킨잘을 여러 차례 사용했으나 전황을 결정짓는 데에는 이르지 못했다. 2023년 5월 우크라이나가 서방으로부터 지원받은 패트리엇Patriot 미사일로 킨잘을 요격했다고 주장하면서, 극초음속 무기의 실제 효과에 대한 논란이 불거졌다. 러시아는 이를 부인했으며, 양측의 주장이 엇갈렸다. 그럼에도 우크라이나 전쟁은 극초음속 무기의 실전 운용 가능성과 방어 체계 검증이라는 점에서 중요한 시험대가 되었다.[127]

마하 5 이상의 속도와 고속 기동성을 갖춘 극초음속 무기는 현존 방어 체계로는 탐지·추적·요격이 어렵다. 특히 HGV는 대기권을 벗어난 뒤 궤적을 불규칙하게 변경할 수 있어 요격이 극히 어렵다. 이러한 특성은 전장의 판도를 바꾸

---

[127] KIDA, "극초음속 무기 우크라이나 전쟁 사례", 「2024 국방정책 환경전망과 과제」.

는 핵심 요인으로 작용한다. 러시아는 킨잘 외에도 아방가르드를 ICBM에 장착해 배치했고, 2023년에는 지르콘 모의 발사와 함께 핵탄두 탑재가 가능한 HGV ICBM을 사일로에 배치했다고 발표했다. 중국도 DF-17과 DF-27을 통해 인도·태평양 미군 기지 타격 능력을 확보했다고 주장하고 있다.

미국도 극초음속 무기 개발과 배치를 가속화하고 있다. 육군·해군 공용의 중거리 극초음속 활공체, 장거리 극초음속 무기LRHW, 재래식 신속 타격CPS 사업이 추진 중이며, 공군은 '공중 발사 신속 대응 무기ARRW' 시험 실패 이후 극초음속 공격순항미사일HACM 개발에 집중하고 있다. 방어 체계 측면에서는 통합 대공미사일 방어IAMD 개념을 공식화하고, 2023년 4월에는 우주개발청SDA을 통해 극초음속 추적 위성 10기를 발사했다.

중국, 러시아, 북한, 이란 간의 군사 협력이 강화되면서 극초음속 기술의 확산 가능성도 제기되고 있다. 이에 대응해 미국은 오커스AUKUS를 중심으로 동맹국과의 기술 협력을 강화하고 있으며, 이는 향후 더 광범위한 군비 경쟁으로 이어질 수 있다.

극초음속 무기의 등장은 단순한 기술 진보를 넘어, 군사 교리와 안보 정책, 미사일 방어 전략 전반의 재편을 촉발하고 있다. 우크라이나 전쟁에서 즉각적인 전략적 우위를 입증하지는 못했지만, 그 잠재력만으로도 미·중·러 간의 군사 균형에 중대한 영향을 미치고 있다. 이에 따라 각국은 우주 기반 조기 경보 체계, 사이버 역량, 동맹 간 정보 공유 시스템을 결합해 다층 방어망 구축에 나서고 있다. 결국 극초음속 기술과 재진입형 미사일은 '전략 경쟁기'의 군사 혁신을 이끄는 핵심 무기로, 향후 각국의 개발 경쟁은 더욱 치열해질 전망이다.

은밀한 궤도 전쟁: X-37B와 셴룽

미국 보잉사가 개발하고 미 우주군이 운용하는 X-37B는 태양광을 동력으로 하는 원격 조정 무인 우주비행체다. 전장 9m에 4.5m 날개를 갖춘 이 기체는 유인 우주왕복선을 닮았지만 크기는 약 4분의 1 수준이다. 미국과 중국은 2011년 유인 우주왕복선 프로그램이 중단된 이후, 더 작고 효율적인 무인 재사용 우주선 개발 경쟁을 벌이고 있다.

X-37B는 2010년 4월 첫 임무를 시작했으며, 2020년 5월에는 스페이스X의 팰컨 9 로켓에 실려 여섯 번째로 발사되어, 2022년 11월 12일까지 908일간의 궤도 비행을 마친 뒤 지구로 귀환했다. 임무 내용은 극비이나, 일각에서는 적국 위성을 제거하거나 포획하는 용도일 가능성도 제기된다. 미 국방부는 X-37B가 미래 우주비행체 기술 시험과 과학 실험을 위한 것이라고만 설명하고 있다. 2023년 12월 28

일 X-37B는 일곱 번째 임무에서 스페이스X의 팰컨 헤비에 실려 발사되었으며, 처음으로 고도 2,000㎞를 넘는 고궤도에 진입해, 최대 약 35,000㎞에 이르는 지구정지궤도 근처까지 도달한 것으로 알려졌다. 2025년 3월 7일 미 우주군은 X-37B가 434일간의 임무를 마치고 캘리포니아 반덴버그 우주군 기지에 착륙했다고 발표했다.

중국 역시 무인 재사용 우주비행체 개발에 나서고 있다. 2023년 5월 8일 중국 당국은 '셴룽Shenlong'이라는 명칭의 우주선이 276일간의 지구궤도 비행을 마치고 주취안酒泉 위성발사센터에 착륙했다고 밝혔다. 하지만 사진이나 기술 자료는 공개되지 않았으며, 2023년 12월 14일 세 번째 발사 때도 마찬가지였다. 신화통신은 "우주의 평화적 이용을 위한 재사용 기술 검증과 과학실험 수행"이라는 원론적 설명만 내놓았다. 미국의 민간 우주 감시 기업 레오랩스LeoLabs는 셴룽이 적국 위성을 감시·교란·공격할 수 있는 능력을 갖춘 것으로 보인다고 분석했다. 위성 접근, 정보 차단 및 탈취, 전자 교란, 로봇팔 또는 투사체를 통한 물리적 무력화 기능을 보유했을 가능성이 있다는 것이다. 셴룽은 미국의 X-37B와 유사한 형태로, 중국의 전략 무기로 간주되고 있다.[128] 2024년 9월 5일 셴룽은 268일간의 세 번째 임무를 마치고 고비 사막에 착륙했다.

---

128   https://www.yna.co.kr/view/AKR20230508146000074

위성 요격전의 개막

　우주 강국들은 현재 다양한 형태의 우주 전투 능력을 보유하고 있다. 시큐어 월드 파운데이션SWF의 2024년 '우주 전투 능력 평가'에 따르면, 미국, 러시아, 중국, 인도 등은 지상에서 인공위성을 파괴할 수 있는 공격 무기를 이미 보유하고 있다. 동일 궤도의 위성을 직접 공격하거나, 은밀히 접근해 충돌하거나 자폭하는 방식, 또는 로봇팔로 위성에 손상을 입히는 방식의 위성 간 공격도 가능하다. 이들 국가는 지상이나 우주에서 전자기파와 레이저로 위성을 무력화하는 '직접 에너지 무기', GPS 등 특정 기능을 방해하는 '전자전', 해킹을 통해 위성의 통제권을 탈취하려는 '사이버 공격' 기술도 연구·실험 중이다.

　위성 요격 미사일은 이미 개발이 완료되어 대부분 실전 배치 단계에 접어들었다. 1985년 9월 미국은 F-15 전투기에서 발사한 ASM-135 미사일로 자국 감마선 분광위성 솔윈드 Solwind P78-1을 파괴했다. 2007년 1월 중국은 탄도미사일을 이용해 '운동 에너지 무기Kinetic Kill Vehicle, 이하 KKV' 방식으로 자국 기상위성 펑윈風雲-1C를 요격했다. 이어 2008년 1월 미국은 해군 함정에서 개조된 SM-3 미사일을 발사해, 오작동 중이던 정찰위성 USA-193을 파괴했다.

　2021년 11월 15일 러시아는 지상에서 발사한 미사일로 자국 정찰위성 코스모스-1408을 파괴했다. 이로 인해 발생한 수천 개의 파편으로 국제우주정거장에 탑승 중이던 우주인 7명이 도킹된 소유즈 캡슐로 긴급 대피하는 일이 벌어졌다. 인도 역시 2019년 3월 위성 요격 미사일 실험에 성공했으며, 중국은 신장 쿠얼러시 인근 기지에 위성을 겨냥한 레이저 무기를 배치한 것으로 알려져 있다.

정찰위성이 공격용 무기로 활용되는 사례도 등장하고 있다. 2022년 2월 5일 러시아가 발사한 코스모스-2553은 고도 약 2,000㎞의 외딴 궤도에 진입해 다른 위성을 내려다보는 위치를 점했다. 이에 대해 미국은 해당 위성이 "다른 인공위성을 공격하기 위한 목적"이라고 주장했다.[129]

인공위성 간의 대치와 대응도 실제로 벌어지고 있다. 2022년 6월 정지궤도에서 미국의 스파이 위성 USA-270이 중국의 스옌實驗 12-01과 스옌 12-02에 접근하자, 중국 위성들이 자리를 옮기고 스옌 12-02는 태양을 등지는 방향으로 이동해 되려 미국 위성을 감시했다. 또 2022년 8월 1일, 러시아는 코스모스-2558을 미국의 스파이 위성 USA-326과 같은 궤도에 올린 뒤, 수일 후 근접 감시를 시도했다.[130]

---

129   https://n.news.naver.com/article/023/0003880052?cds=news_edit

130   https://www.chosun.com/international/2023/05/31/5HPQRQ3CIFBE7J2AXAWAHM5J7M/

상업 기술의 군사 전용과 우주 무기 시장

미국, 러시아, 유럽, 중국 등 주요 우주 강국들은 우주의 군사화를 둘러싸고 서로에게 책임을 전가해 왔으며, 핵무기를 제외한 우주 무장 확대는 사실상 방치되어 왔다. 우주 공간에 공격용 군사 무기를 배치하는 것은 금지되어 있으나, 비침략적인 기술, 방어 기술, 무기 사용은 허용되었다. 이에 따라 같은 우주발사체에서 발사되더라도, 정찰위성 등은 합법적 활동으로 인정받지만, 핵탄두를 탑재할 수 있는 탄도미사일은 군사적 행위로 간주된다. 그러나 방어용 무기 역시 손쉽게 공격 무기로 전환될 수 있어, '방어'라는 명목 아래 이루어지는 우주 무기 배치도 군사적 긴장과 갈등을 불러왔다.

과학이나 연구 목적의 평화적 우주 기술이 군사 무기로 전용되는 경우도 적지 않다. 처음에는 민간 또는 비군사적 목적으로 개발된 기술이나 우주 물체라 하더라도, 상황에 따라 공격적 무기로 활용될 수 있다. 예컨대 자국 위성을 무기화해 상대 위성에 충돌시키거나, 증폭된 마이크로파로 상대 위성을 교란하고 기능을 정지시키는 방식 등이 있다.

특히 우주의 상업화로 개발된 민간 기술은 군사 기술로 쉽게 전용될 수 있다. 소행성 채굴에 사용되는 '발파' 기술, 고열을 발생시키는 마이크로파 복사, 고출력 전자기파 장치 등은 모두 무기화 가능성을 내포한다. 우주 태양광 발전소에서 지구로 에너지를 전송하는 고출력 극초단파나 레이저 기술 역시 송신 방향만 바꾸면 대량살상무기로 전환될 수 있다. 이러한 기술 개발은 핵에너지의 평화적 이용조차 핵 위험을 가중시키는 결과를 낳고 있다. 인공위성의 원자로 배터리와 우주발사체의 NTR 기술 개발이 병행되면서, 대형 원자로는 그 자체로 핵무기 수준의 파괴력을 가질 수 있다.

  상업 기술의 군사적 전용은 우주군과 민간 우주기업 간 결합을 더욱 강화하고 있다. 실제로 스타링크는 우크라이나 전쟁에서 전략적·군사적 자산으로 활용되며, 민간 기술의 전장 활용 가능성을 보여주었다.[131] 미 우주군은 신생 우주기업은 물론, 기존의 대형 방위산업체들과 협력해 새로운 기술역량을 흡수하고, 이를 작전 환경에 배치하고 있다. 2022년 4월 콜로라도주에서 열린 연례 우주 심포지엄에서 미국 우주사령부 사령관 제임스 디킨슨James Dickinson은 우주의 상업화가 중요한 전략임을 강조하며, "상업 기업과의 파트너십을 통해 더 빠르게 적응하고, 더 쉽게 혁신하며, 첨단 기술을 통합할 수 있다"고 밝혔다. 그는 이를 통해 우주 인프라의 복원력 향상, 정보 우위 확보, 신속한 의사 결정, 경제적 효율성 확보 등이 가능하다고 설명했다.[132]

---

131   https://spacenews.com/five-years-of-the-space-forces-strategic-progress/

132   https://www.spacecom.mil/Newsroom/News/Article-Display/

이제 무기 시장의 공급 주체가 민간기업이듯, 우주 무기의 개발과 공급 역시 민간 주도로 전환되고 있다. 보잉, BAE 시스템스, 록히드 마틴 등은 미사일과 폭격기뿐 아니라 위성과 우주선까지 제작·판매하고 있으며, 2022년 미 우주군은 밀레니엄 스페이스 시스템스Millennium Space Systems 및 파이어플라이 에어로스페이스와 '신속 위성 발사rapid satellite launch' 계약을 체결했다. 2023년에는 미국 우주사령부가 상업 통합 사무소를 신설해 민간기업과의 무기 개발 협력을 제도화했다.[133]

우주조약은 핵무기 배치와 군사적 충돌을 금지하고 있으나, 현재 지구 궤도를 중심으로 우주 군사화와 핵 무장화는 이미 상당 수준 진행된 상태다.

① 우주 쓰레기 처리 기술의 무기화

우주 쓰레기 처리 및 수거를 위해 개발된 기술이 적국의 인공위성을 하이재킹하거나 무력화·파괴하는 데 활용될 수 있다. 서비스 위성은 고장 난 위성을 제거하거나 수명을 연장하고, 도킹을 통해 상태를 점검하거나 수리하는 데 사용된다. 그러나 이 기술은 민군 겸용으로, 군사적 목적으로도 전

Article/2994755/us-space-command-strengthens-partnerships-at-space-symposium-37/

133   https://www.c4isrnet.com/battlefield-tech/2023/04/19/us-space-command-commercial-integration-office-draws-company-interest/

용될 수 있다. 우주발사체 기술이 ICBM과 유사한 것처럼, 위성을 수거·수리·폐기하는 기술도 적국 위성에 그대로 적용될 수 있기 때문이다.

최근 위성 등 우주 물체가 급격히 증가하면서 우주 쓰레기 문제는 국제적 주요 과제로 부상했다. 이에 따라 2022년 9월 뉴욕에서 열린 UN 총회에서는 한국을 포함한 회원국들이 수직 발사식 ASAT 실험을 금지하는 결의안을 채택했으며, 2023년 6월 기준 전 세계 13개국이 이에 동참했다.

ASAT 실험 금지 조약은 우주 평화와 쓰레기 감축을 위한 조치처럼 보이지만, 실제로는 핵 확산 금지 조약과 유사한 성격을 띤다. 대개는 이미 ASAT 실험을 완료하고 관련 기술을 확보한 국가들이 기술 확산을 억제하려는 의도가 크다. 또한 쓰레기 저감 기술을 명분으로 ASAT보다 정밀하고 신속한 파괴·교란·소멸 기술이 도입될 가능성도 있다.

2010년 12월 프랑스를 비롯한 일부 국가는 인공위성의 안전한 폐기를 의무화하는 법률을 국내법으로 제정했다. 미국 연방통신위원회이하 FCC는 2002년 3월 18일 이후 발사된 모든 정지궤도 위성에 대해, 운용 종료 후 '위성 묘지 궤도'로 이동해 폐기할 것을 의무화했다.[134]

---

134   묘지 궤도는 일반적으로 적도 상공 약 36,000㎞에 위치한 정지궤도보다 약 250㎞ 높은 고도로, 궤도 안정성이 높아 위성 간 충돌 가능성이 거의 없는 것으로 알려져 있다. 2023년 10월 2일 FCC는 수명이 다한 위성을 해당 궤도

② 우주 태양광 발전, 무기가 되다

중국, 영국, 미국 등은 지구 궤도에 우주 태양광 발전소를 건설하는 계획을 추진 중이다. 2019년 중국은 2030년까지 1메가와트급 우주 발전소를 구축하겠다고 발표했으며, 2022년 영국은 에어버스 등 유럽 방위산업체들과 함께 2035년까지 시범 발전소 건설을 검토하고 있다고 밝혔다.

우주 태양광 발전의 실현에는 여러 기술적 난제가 따르지만, 가장 핵심적인 쟁점은 생산된 에너지를 지표로 어떻게 전송하느냐에 있다. 이 과정에서 고출력 극초단파나 레이저가 사용되는데, 이는 수신소 인근의 인체와 환경에 영향을 미칠 수 있을 뿐 아니라, 송신 방향만 바꾸면 곧바로 강력한 군사 무기로 전환될 수 있다는 점에서 우려를 낳고 있다. 즉 우주 태양광 기술은 대표적인 민군 겸용 기술이다. 실제로, 일부 국방 과학자들은 이를 도시 공격이나 날씨 조작 등 대량 살상무기로 활용하는 방안을 제안하기도 했다.

결국 이러한 기술이 적절히 통제·검증되지 않는다면, 우주에 대량살상무기를 배치하는 것과 다름없는 결과를 초래할 수 있다. 이 때문에 중국의 우주 태양광 개발 발표 이후 미국은 20년 넘게 중단했던 관련 계획을 재가동했고, 미 공군과

로 이동시키지 않은 책임을 물어, 위성 케이블 TV 기업 디시 네트워크Dish Network에 사상 처음으로 15만 달러의 벌금을 부과했다. https://www.hani. co.kr/arti/science/science_general/1110909.html

함께 타당성 조사에 착수했다. 이미 미군은 원거리 군사 기지에 전력을 공급하기 위한 목적으로, 극비 우주선 X−37B를 이용해 고출력 극초단파 또는 레이저 기반 에너지 전송 기술을 시험한 것으로 알려져 있다.[135]

135   https://www.yna.co.kr/view/AKR20220608081400074

3.
우주에 감도는 신냉전의 기류

우주군의 등장

미국은 2017년, 우주를 '성역'이 아닌 본격적인 '전쟁 수행 영역'으로 간주하겠다고 선언한 데 이어, 2018년 6월 세계 최초의 독립 우주군 창설을 공언하며 제도화에 착수했다.[136] 2019년 12월 공식 출범한 미 우주군은 "우주에서 미국의 국가 이익을 보호하고, 우주로부터의 위협을 억제하며, 자유로운 우주 이용을 보장한다"는 임무 아래 창설된 여섯 번째 군종으로, 공군부 산하에 편성되었다. 기존 공군이 맡았던 군사위성 운용, 위성 정찰, 무인 우주비행체 X-37 운용 등의 임무를 넘겨받았으며, 우주 기반 미사일 방어 및 극초음속

---

136   미 상원 군사위원회 증언자료, "Department of the Air Force Posture Statement,", 2017.5.17.

무기 대응 능력 확보에도 주력하고 있다.

우주군 창설의 주요 배경은 ICBM과 극초음속 무기 등 마하 20 이상의 속도로 대기권을 돌파하는 무기에 기존 지상 방어체계만으로 대응하기 어렵다는 위기감이었다. 이에 따라 미국은 우주에 요격 무기 배치 가능성을 시사했으며, 이는 우주조약이나 무기거래조약 등과 충돌 소지를 안고 있어 국제적 논란을 불러일으켰다. 중거리 핵전력 조약INF 파기 선언 역시 이러한 군비 경쟁을 가속화하는 계기로 작용했다.

미 우주군은 창설 직후 8,000명 규모로 확대되었고, 이후 통합전투사령부 산하에 우주군사령부들을 잇달아 편성해 왔다. 하와이 인도 · 태평양 우주군을 비롯해 중부사령부 CENTCOM, 주한미군과 주일미군 산하에도 우주군 조직을 설치했다. 특히 2022년 12월 창설된 주한 미 우주군SPACEFOR-KOR 은 주한 미군의 다섯 번째 군종으로, 중국 · 북한 · 러시아를 겨냥한 지역 억제력 및 작전 능력을 강화하고 있다.[137]

운용 측면에서 미 우주군은 2026년까지 '전투 준비 시스템'을 완비한다는 계획을 수립하고, 정찰 · 통신 · 항법 위성 전력화와 극초음속 위협 탐지 및 요격 역량 확보에 주력하고 있다. 우주개발청을 통해 극초음속 추적 위성군을 구축 중이며, 사이버 공격 대응 및 동맹국 간 실시간 정보 공유 체계

---

137   IP Defense Forum, "Space Threats," 2022.3.

마련에도 속도를 내고 있다.[138]

한국과 일본은 미 우주군과 긴밀히 협력하며 우주 방위 역량을 강화하고 있다. 한국은 2022년 합동참모본부 산하에 군사우주과를 신설하고, 2030년까지 우주작전사령부 창설을 목표로 관련 법제와 예산을 확충 중이다. 2023년 3월 발표된 '국방혁신 4.0' 기본계획은 우주를 핵심 전장으로 지정했고, 미래 합동작전을 위한 정책 기조를 반영했다. 국방부는 "우주 과학기술의 급속한 발전과 군사적 활용의 증가"에 대응해 "합동성 기반의 국방 우주력"을 구축하겠다고 밝혔다.[139] 주한 미 우주군의 창설로 한미 간 우주 정보 공유와 군사위성 운용 협력도 강화되며, 북한 미사일 위협에 대한 감시 및 조기경보 능력이 증대될 것으로 보인다.[140] 일본은 2024년 12월 요코타 기지에 주일 미 우주군SPACEFOR-JAPAN을 창설해 북한, 중국, 러시아의 위협에 공동 대응할 계획이다. 항공자위대가 이미 우주작전군을 운용 중이어서, 미·일 간의 작전 협력은 더욱 긴밀해질 전망이다.

러시아는 1992년 세계 최초로 독립된 우주군을 창설했으나, 현재는 항공우주군VKS 체제로 통합되었다. 소련 시절부

---

138   KIDA, 「2024 국방정책 환경전망과 과제」.

139   대한민국 국방부, 「국방혁신 4.0」, 2023.2.28.

140   위의 자료.

터 축적한 기술력을 바탕으로 위성 요격 시험을 꾸준히 수행해 왔으며, 2020년 7월 소형 위성 발사체 실험 이후 미국으로부터 ASAT 시험이라는 비판을 받았다. 러시아는 이를 자국 우주 자산의 점검 활동이라고 주장했다. 같은 해 승인된 국가 안보 전략 문서에는 우주 기반 무기를 핵무기와 동일하게 간주한다는 내용이 담겨 있었다. 러시아는 아방가르드와 킨잘을 실전 배치하고, 우크라이나 전쟁에서 일부 운용해 극초음속 무기 실전 능력을 과시했다.

중국은 2023년 11월, 육군·해군·공군·로켓군에 이은 제5군으로 근거리 우주사령부Near Space Command를 창설했다.[141] 고고도 감시, 통신 중계, 극초음속 무기 운용 등을 전담할 것으로 보이며, 중국은 이미 DF−17 등 극초음속 전력을 보유하고 있다고 밝히고 있다. 이들 무기는 인도·태평양 지역의 미군 기지를 타격할 수 있는 전략 자산으로 간주된다.

미국이 독립 우주군을 중심으로 동맹과 함께 우주 전력을 확장하자, 러시아와 중국도 항공우주군 역량을 강화하며 군비 경쟁에 나서고 있다. 세 국가는 모두 우주 기반 조기경보 및 추적 시스템을 구축하고 있으며, 극초음속 무기 운용 능력도 함께 고도화하고 있다. 이에 따라 우주 공간에서의 충

---

141   SCMP, "China sets up Near Space Command," 2023.11.20.

돌 위험도 커지고 있다는 우려가 제기되고 있다.

우주는 이제 지상·해상·공중에 이은 새로운 전략 전장으로 부상하고 있다. 우주군 창설과 무기화 논의는 국제 안보 질서를 재편하는 중요한 요인이며, 미 우주군은 이러한 재편의 중심에서 동맹 네트워크를 통해 '제공권space superiority' 확보를 추진하고 있다. 이는 UN 우주조약과 무기 통제 체계와의 충돌을 야기할 수 있는 민감한 사안이지만, 동시에 미국의 군사적·정치적 리더십을 유지하기 위한 전략적 수단으로 평가된다.

우주 군비 경쟁, 외교전으로 번지다

2007년 중국이 ASAT에 성공한 이후, 국제사회는 우주 군사화를 둘러싸고 격렬한 공방을 벌이기 시작했다. 미국과 서방 국가는 중국의 실험을 "위험한 무기화 신호"라고 비판했지만, 중국은 "미국도 1980년대에 유사한 실험을 했다"며 반박했다. 같은 맥락에서 중국과 러시아는 2008년 UN 군축회의에 '우주에서의 무기 배치 및 위협·사용 금지 조약안이하 PPWT'을 제출했다. 이 조약안은 지구 궤도와 천체에 무기를 배치하거나 우주 물체에 대해 무력을 사용하는 것을 금지하고, '투명성과 신뢰 구축 조치'를 통해 평화적 이용을 촉진하자는 내용을 담고 있었다.

그러나 미국은 이 조약안에 가장 강하게 반대했다. "금지 대상 무기가 불명확하고, 검증이나 통제 절차도 없어 실효성이 없다"는 것이 주요 논리였다. 미국은 이를 근거로 PPWT 체결을 거부하면서도, 2019년 미사일 방어 검토 보고서MDR에서는 오히려 극초음속 무기 등을 요격하기 위한 우주 무기 배치를 공식화했다. 이처럼 미국은 중국과 러시아의 실험은 비판하면서도 자국의 무기화 계획은 정당화했다.

2023년 12월 러시아, 벨라루스, 중국, 쿠바, 북한, 이집트 등은 UN 총회에 '우주에서의 무기 배치 금지' 결의안을 공동 발의했다. 결의안은 "우주 잠재력을 보유한 국가는 무기 비배치를 선언해야 하며, PPWT 논의를 재개하자"고 촉구했다.[142] 이 결의안은 127개국 찬성, 50개국 반대, 6개국 기권으로 통과됐으나, 법적 구속력은 없는 정치 선언에 그쳤다.

이듬해인 2024년 4월, 미국은 "러시아가 핵무기를 우주에 배치했다는 의혹"을 제기하며 UN 안전보장이사회(안보리)에 별도 결의안을 제출했다. 결의안은 핵무기 요격 시스템을 포함한 모든 우주 무기를 금지하자는 내용이었으나, 러시아의 거부권 행사로 부결되었다. 이어 중국과 러시아가 수정안을 제출했지만, 이번에는 미국과 서방 국가들이 반대해 채택되

---

142   United Nations Digital Library, *Prevention of an arms race in outer space: resolution adopted by the General Assembly on 7 December 2023*, A/RES/78/21, https://docs.un.org/en/A/RES/78/21

지 못했다.[143]

이처럼 각국은 겉으로는 무기 배치에 반대하는 입장을 취하면서도, 실질적으로는 자국의 우주 군사 역량을 확대하고 있다. 중국과 러시아는 '규범 제안'을 통해 미국의 무기 배치를 견제하고, 미국은 '검증 불가능성'을 이유로 조약 체결을 거부하며 자국의 군비 증강을 정당화한다. 하지만 어느 쪽도 신뢰 구축이나 상호 검증 체계 마련에는 적극적이지 않다.

결국 "상대국이 무장하니 우리도 어쩔 수 없다"는 논리로 군비 경쟁이 합리화되고 있다. 방어 무기와 공격 무기의 경계는 모호하며, 위성 방어 기술은 쉽게 지휘·통제 체계를 공격하는 수단으로 전환될 수 있다. 이 때문에 "오늘의 방어는 내일의 공격이 될 수 있다"는 의심은 상호 불신과 무장 확대를 부추긴다.

군사적 충돌에 대한 우려뿐 아니라, 달과 지구궤도의 자원을 둘러싼 상업적·영토적 경쟁도 날로 격화되고 있다. 미국이 우주 무기 배치를 공식화하자 중국, 러시아, 북한 등이 즉각 반발했지만, 레이건 행정부의 '스타워즈 계획'에서 보듯 미국이 압도적인 군비 투자를 감행할 경우, 경쟁국들은 따라가지 않을 수 없다. 문제는 이 과정에서 산업 기반이 취약하

---

143   United Nations, "Security Council Fails to Adopt Resolution on Preventing an Arms Race in Outer Space", SC/15678, 2024.4. https://press.un.org/en/2024/sc15678.doc.htm

거나 사회주의 체제를 유지하는 국가들은 심각한 경제적 부담을 떠안을 수 있다는 점이다. 실제로 소련은 전략 방위 구상에 맞서 무리한 군비 지출을 감행한 끝에 해체에 이르렀다. 반면, 미국 같은 자본주의 국가는 군비 지출을 군수산업 활성화로 전환해 경제적 충격을 완화할 수 있는 구조를 갖추고 있다.

이처럼 UN 총회와 안보리에서 우주 비무장화 결의안이 반복해 제출되고 있지만, 현실에서는 오히려 우주 무장이 가속화되고 있다. 각국이 서로에게 책임을 전가하는 가운데, 먼저 군비 경쟁에서 발을 빼는 국가는 좀처럼 나타나지 않는다. 우주의 비무장화를 실현하려면 선언을 넘어선 실질적 통제와 검증 메커니즘, 신뢰 구축 조치가 필요하다. 무엇보다 시민사회의 감시와 참여도 절실하다. 그것이야말로 우주를 무기가 아닌 협력의 공간으로 지켜내는 길이다.

신냉전의 최전선, 달과 우주정거장

우주가 경제 · 군사 · 외교 전반에서 전략적 공간으로 부상하면서, 20세기 냉전기의 미 · 소 간 우주 경쟁은 21세기 들어 미국 · 유럽과 중국 · 러시아 간의 신냉전 대립 구도로 재편되고 있다. 최근 미국 주도의 국제 달 탐사 프로젝트 '아르테미스'에는 한국, ESA, 캐나다, 일본 등 40개국이 참여하고 있으며, 달 탐사와 함께 달 궤도 국제우주정거장 '루나 게이트웨이' 개발도 추진 중이다. 미국은 아르테미스 협정을 통해 자국 중심의 법·제도적 틀을 마련하고, 민간기업과 협력해 우주산업을 적극 육성하고 있다. ESA 또한 우크라이나 전쟁을 계기로 러시아와의 협력을 중단하고 미국과의 공조를 강화했다. 이에 따라 ESA의 달·화성 탐사 역시 미국 및 유럽 기업·기관 중심의 협업 체계로 전환되고 있다.

반면, 중국은 러시아 등과 함께 독자적인 ILRS 프로젝트를 제안했다. 이른바 '아르테미스 진영'과 '중·러 진영'으로의 분화는 지상의 전략 경쟁과 맞물려 우주 신냉전 구도를 더욱 부각시키고 있다. 중국은 2013년 달 착륙, 2019년 달 뒷면 착륙에 성공한 데 이어, 러시아와 함께 2035년까지 ILRS를 건설하겠다는 계획을 내놓았다. 튀르키예, 베네수엘라, 파키스탄, 아제르바이잔, 벨라루스, 남아프리카공화국, 이집트 등 여러 국가가 ILRS 참여 의사를 밝히면서, '중·러 우주 블록' 형성 움직임도 본격화되고 있다.[144]

이 같은 진영화 흐름은 국제우주정거장의 분열에서도 뚜렷하게 나타난다. 미국 의회는 2011년부터 중국과의 우주 협력을 법으로 금지했고, 중국은 독자적으로 톈궁 시리즈를 개

---

144   https://www.reuters.com/business/energy/china-led-lunar-base-include-nuclear-power-plant-moons-surface-space-official-2025-04-23/

발했다. 러시아는 우크라이나 침공 이후 2024년 국제우주정 거장에서 탈퇴하겠다고 선언했으며, 미국도 2030년까지 이 를 폐기하고 루나 게이트웨이로 전환하겠다는 방침을 밝혔 다. 냉전 해체 이후 미·러 협력의 상징이던 국제우주정거장 이 신냉전 구도 속에서 해체되는 상징적 장면이 연출되고 있 는 것이다.[145]

이로써 달 궤도에는 미국·유럽·일본 등이 추진하는 루나 게이트웨이, 달 표면에는 중국과 러시아가 주도하는 ILRS가 구축될 가능성이 커졌다. 달 자원 개발 경쟁과 맞물려 이 두 체제가 무기화 또는 영토 확장 논란으로 이어질 수 있다는 우 려도 제기된다. 아르테미스 협정은 UN 우주조약과 달 조약 의 원칙을 미국 중심으로 해석·적용하려는 시도로 비판받고 있으며, ILRS 역시 자원 이용 기준이나 법적 절차가 명확하 지 않아 국제법적 검증 없이 자원 선점을 시도하는 것 아니냐 는 의혹에 직면해 있다. 지상의 패권 경쟁이 우주로 투영되 고 있는 셈이다.

양 진영의 대립은 군사적 측면에서도 두드러진다. 미국은 동맹 및 파트너 국가들과 함께 우주 무기 배치와 미사일 방어 체계 강화를 추진 중이며, 중국은 달·화성 탐사와 우주정거 장 운영을 통해 군사·민간 역량을 동시에 축적하고 있다.

---

145   NASA, "ISS Transition Report", 2022.

러시아는 서방과 결별하며 중국과의 협력을 강화하고, 자체 우주정거장 건설을 추진하고 있다. 이 가운데 UN 우주조약과 달 조약의 효력은 점차 약화되고 있으며, '우주를 평화와 협력의 공간으로 만들겠다'는 인류의 보편적 목표는 군비 경쟁 속에서 점점 더 후퇴하고 있다.

결국 달과 지구궤도에 구축될 대규모 우주정거장이 '신新 스타워즈'의 무대가 될 수 있다는 우려가 현실화되고 있다. 이는 단순한 '깃발 꽂기'나 자원 경쟁을 넘어, 위성 요격 무기, 우주군 창설, 극초음속 미사일 배치 등과 결합한 복합적인 전략 대결 구도를 의미한다. UN을 통한 비무장화 결의안은 정치적 선언에 그치고 있어 실질적인 무기 배치나 갈등을 억제하기에는 역부족이다. 각국이 실효성 있는 협력과 규제를 수용하지 않는 한, 우주 신냉전은 더욱 격화될 수밖에 없다.

이러한 상황에서 우주를 인류 공동의 자산으로 인식하고, 비무장화와 비군사화를 위한 실질적 검증 체계와 투명성 확보 조치를 마련하는 일이 무엇보다 중요하다. 우주의 비무장화는 이상적 구호에 그쳐서는 안 되며, 지구와 인류의 지속 가능한 평화를 위한 현실적 과제가 되어야 한다. 무장화를 둘러싼 위협이 커지는 만큼, 각국 정부와 공동체는 국제사회의 책임 있는 대응을 촉구하고, 시민사회와 함께 감시와 견제에 나설 필요가 있다. 무엇보다 우주 개발 경쟁이 군비 확장과 진영 대결로 비화되지 않도록 실질적인 국제 공조와 제도적 대응이 요구된다.

5장

화성 이주의
정치경제학

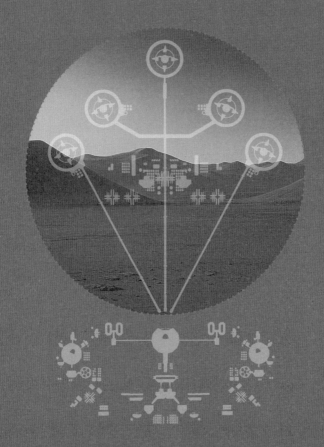

1.

화성 이주의 도전

화성은 오랫동안 인류의 상상력을 자극해 온 행성이다. 밤하늘의 붉은 점은 탐험가에게는 새로운 세계를, 과학자에게는 실현 가능한 미래를 의미했다. 그러나 그 낭만 뒤에는 냉엄한 현실이 존재한다. 화성 이주는 단순한 모험이 아니라 생존을 건 전 지구적 도전이다. 이 장에서는 기술적 장벽, 경제적 현실, 생존 전략의 한계, 그리고 사회적 요인을 종합적으로 분석하며 화성 이주의 실현 가능성을 검토한다.

화성 이주, 가능성과 한계 사이에서

화성은 종종 '고요한 죽음의 세계'로 불린다. 바람은 불지만 생명은 없고, 끝없이 펼쳐진 붉은 모래는 황량함만을 드러낸다. 낮은 기압과 극심한 추위, 치명적인 우주 방사선은 숨 쉬는 일조차 기적으로 만든다. 몇 달에 걸친 장거리 우주

여행은 정신과 육체 모두에 큰 부담을 주며, 도착 후에도 거주 가능 공간은 제한적이고 불완전하다. 자급 가능한 생태계를 구축하기에는 자원이 절대적으로 부족하고, 작은 실수조차 생명을 위협하는 치명적 결과로 이어질 수 있다. 그럼에도 21세기 들어 화성 정착 가능성에 대한 논의는 더욱 활발해지고 있다. 과연 화성은 인류가 미래에 거주할 수 있는 대안이 될 수 있을까?

현재 우주 로켓, 생명 유지 장치, 자원 재활용, 현지 자원 활용 기술의 발전 속도를 고려하면, 2030년대 중반 화성 유인 탐사가 가능할 것이라는 전망도 나온다. 화성 유인 탐사는 왕복에만 최소 2년 반이 소요되는 초장기 임무다. 이는 단순한 탐사를 넘어 화성과 우주 공간 모두에서 장기간 생존해야 하는 고난도의 임무이며, 사실상 이주와 맞먹는 수준의 기술력을 요구한다. 로켓 하나만으로 해결할 수 없으며, 생명 유지 시스템, 방사선 차폐, 산소와 식량의 자급 체계 등 복합 기술이 함께 발전해야 한다.

화성 이주의 대표적 명분은, 소행성 충돌이나 기후 재앙과 같은 멸종 위기에 대비한 실존적 대안 마련이다. 영화 〈유랑지구〉(2019)[146]처럼 지구 전체를 다른 항성계로 이동시킨다는

---

146   이 영화는 태양이 적색거성으로 팽창해 태양계가 위협받는 상황에서, 지구를 알파 센타우리계까지 이동시키는 '유랑지구 프로젝트'를 그린다. 약 4.37광년 떨어진 이 항성계로 지구를 옮기기 위해 광속의 0.5% 속도로 2,500년간 항

극단적 상상도 이러한 위기의식에서 비롯된 것이다. 그러나 현실의 위기는 훨씬 더 즉각적이며, 아무리 망가진 지구라 해도 대기조차 없는 화성보다는 여전히 살 만하다는 지적도 설득력을 얻는다. 공해를 피해 속옷 차림으로 아마존 정글에 들어가는 격이라는 비유도 지나치지 않다. 게다가 화성은 오히려 소행성 충돌 위험이 지구보다 더 높은 행성이다.

더 근본적인 질문은 윤리적 차원에서 제기된다. 눈앞의 기후위기를 외면한 채 막대한 비용을 들여 화성 피난처를 건설하는 것이 과연 정당한가? 누구에게 그 공간이 허용되며, 그 권리는 어떻게 정해지는가? 현실적으로는 지구의 권력 구조와 자본 불평등이 우주로 그대로 이식될 가능성이 높으며, 이는 화성 이주가 새로운 형태의 '우주 식민주의'로 이어질 수 있다는 우려로 연결된다. '인류 구원'이라는 거창한 명분은, 자원 독점과 경제적 이익을 추구하는 식민지 건설 논리로 치환될 수 있다.[147]

두 번째 동인은 자본주의적 동기, 즉 상업적 우주 개발이다. 우주를 '신대륙'으로 인식하는 시각에서, 화성은 달과 소행성과 함께 자원 채굴, 물류 거점, 관광 산업의 무대로 주목받고 있다. 특히 소행성 채굴 전진기지나 궤도 물류 기지로

해한다는 설정이다.

147   Lisa Messeri, *Placing Outer Space: An Earthly Ethnography of Other Worlds* (Durham: Duke University Press), 2016.

서의 활용 방안이 논의되고 있다. 그러나 이런 시나리오에서도 인간이 화성에 직접 거주할 필요성은 크지 않다. 무인 로봇과 AI가 대부분의 작업을 수행하는 편이 훨씬 경제적이고 효율적이다. 유인 우주선은 생명 유지, 산소·식량 공급, 방사선 차폐 등 막대한 비용과 위험을 동반하며, 기업 입장에서는 투자 대비 수익 창출이 어렵다. 이 때문에 상업적 화성 이주는 단기간 내 실현되기 어렵다는 전망이 우세하다. 물론 기술의 비약적 발전과 채굴·관광 산업의 수익성 확보 가능성이 확인된다면 상황은 달라질 수 있다.

그렇다면 화성 이주는 정말 불가능할까? 그렇게 단정하긴 이르다. 기술적·경제적 장벽이 해소된다면, 전혀 다른 동기에서 인간 집단이 화성을 향할 수도 있다. 아메리카와 호주의 식민 개척은 반드시 경제적 이유만으로 이루어진 것이 아니었다. 종교적·정치적 탄압을 피해 혹독한 환경을 감수하며 이주한 사례는 인류 역사 전반에서 반복되어 왔다. 마찬가지로, 화성의 극한 환경도 인류가 새로운 사회를 꿈꾸는 실험장이 될 수 있다. 과학의 진보로 산소 생성, 방사선 차폐, 작물 재배가 가능해진다면, 이후 화성 이주는 기술보다 사회적·정치적 동인이 주도하게 될 것이다.

기후위기, 전쟁, 독재 체제, 극심한 빈부 격차 등으로부터 탈출하려는 욕망은 과거와 마찬가지로 새로운 이주를 자극할 수 있다. 청교도가 종교적 박해를 피해 신대륙으로 떠났듯, 억압과 갈등 속에서 탈출구를 찾는 집단들이 언젠가 화성을 향할 가능성도 배제할 수 없다. 이를 위해 국제 협력이 이루어지거나, 특정 국가, 이념, 종교 공동체가 주도할 수도 있다. 물론 '누가, 어떻게, 어떤 윤리 기준으로' 정착할 것인지에 대한 논쟁은 피할 수 없을 것이다. 그러나 그러한 사회적·정치적 동인이야말로, 먼 훗날 화성 이주의 실제 동력이 될지도 모른다.

화성은 물론, 더 넓은 우주를 바라볼 때 인류에게 주어진 과제는 거대하고도 복합적이다. 화성 이주가 기술적으로 실현 가능한 시점이 도래하기 전까지, 우리는 소행성 자원 수탈, 우주 무장화, 군비 경쟁이라는 낡은 궤도를 반복할 수도 있다. 그러나 지금 필요한 것은, 인류가 '외계인'이 되었을 때 어떤 문명을 만들 것인지에 대한 근본적인 성찰이다. 화성은 그 고민을 시작할 첫 번째 무대가 될 수 있다.

화성의 물리적 장벽

화성은 결코 쉽게 드나들 수 있는 행성이 아니다. 우주 관광지나 스페이스 콜로니로 기능하기에는 시간과 거리의 제약이 너무 크다. 지구와 화성은 공전 주기가 다르기 때문에 최단거리 발사 주기인 근일점은 약 26개월마다 찾아오며, 화성까지 편도 비행에는 약 9개월이 소요된다. 이로 인해 지구—

화성 간 지속적인 왕복은 현실적으로 매우 제한적이다. 현재 기준에서 최단 왕복 일정은 약 35개월로, 근일점에 맞춰 출발해 9개월 동안 비행한 뒤, 화성에서 약 17개월을 머무르고 다시 근일점에 맞춰 출발해 지구로 복귀하는 구조다.

이온 추진 로켓이나 NTR 기술이 상용화되면, 화성까지의 편도 비행 시간을 40일 수준으로 단축할 수 있다는 전망도 있다. 그러나 지구-화성 간 공전 주기 차이로 인해 근일점 발사 주기는 여전히 26개월 간격이며, 더 빠른 속도로 출발하더라도 궤도 역학상 총 비행 시간은 크게 줄어들지 않는다. 또한 지구 중력을 활용해 가속도를 높이는 스윙바이 기법을 사용하더라도, 지구궤도를 최소 한 바퀴 이상 돌아야 하기 때문에 총 소요 시간은 크게 다르지 않다. 결국 이온 추진으로 비행 속도를 높이더라도 귀환 시간을 줄이는 데 그치며, 전체 체류 기간은 오히려 늘어날 수 있다. 이를 감안하더라도 화성 유인 탐사에는 최소 2년 4개월 이상의 장기 일정이 요구된다.[148]

통신 역시 중요한 제약 요소다. 빛의 속도로 전파가 이동하더라도, 지구-화성 간 거리 차이에 따라 통신 편도에 약

---

[148]　웜홀wormhole처럼 시공간을 뛰어넘는 이동 기술이 실현되지 않는 한, 화성이 지구 경제권에 편입될 가능성은 극히 낮다. 이른바 워프 드라이브Warp Drive 는 출발지와 목적지 사이의 시공간을 구부려 광속을 초월한 이동을 가능하게 하는 개념이지만, 아직은 이론 수준에 머물러 있다. 이온 로켓이나 NTR 기술의 단기 실용화 전망 역시 불투명하다.

7~12분이 소요된다. 즉 질문을 보내고 답을 받기까지 최대 24분이 걸릴 수 있다. 이러한 시간 지연timelag으로 인해 실시간 대화나 조종은 사실상 불가능하며, 화성 로버나 탐사선을 지구에서 원격 조작하기도 매우 어렵다. 실제로 무인 탐사선 착륙 실패 사례 중 상당수가 대기 상태나 풍속 등 변수에 실시간 대응하지 못해 착륙 과정에서 발생했다.

이와 같은 제약은 화성 내 공장이나 기지를 원격으로 운영하는 데도 장애가 된다. 지구에서 로봇이나 자동화 설비를 조종해 작업을 수행하기에는 통신 지연이 너무 크기 때문이다. 따라서 화성에서는 스스로 판단하고 조치를 취할 수 있는 고성능 AI가 필수적이며, 최소한의 인원이 현지에서 상주하며 관리하는 체제도 병행되어야 한다. 그러나 이는 남극 기지와 같은 '임시 거주' 형태에 가깝고, 상주 혹은 정착 개념과는 거리가 멀다. 따라서 화성을 독립적 경제권으로 편입시키는 구상은 현재로서는 현실적 한계가 뚜렷하다.

화성과 지구의 권력 지형

이제 화성 이주 이후의 세상을 상상해 보자. 화성 이주민들은 여전히 자국의 국민인가? 국적이 있는가, 혹은 있어야 하는가? 있다면 국적은 어디인가? 이 문제는 정치적 자치권 또는 독립과 같은 정치적 관계 설정으로 귀결된다. 과거 식민지는 국가의 일부로 간주되었고, 근대 국가 성립 이후에도 해당 국가의 주권이 미치는 영토로 남아 있었다. 식민지 이주민들은 비록 2등 시민으로 차별받았지만, 법적으로는 여전히 해당 국가의 국민으로 국적을 보유하고 있었다. 그들의 국적이 바뀐 것은 식민지가 독립해 새로운 국가로 수립된 이후였다.

지구와 화성 간의 관계는 화성 정착지의 정치·사회·경제 구조를 결정하는 핵심 기준이 된다. 화성 기지, 거주구, 생명 유지 시설 등은 초기 이주 시점에서 화성 이주를 주도한 국가 또는 민간 우주기업에 의해 만들어질 것이다. 그렇다면 이 공간은 이후 누구의 소유가 되는가? 화성 정착지는 어느 나라의 영토이며, 어떤 국가에 귀속되는가? 혹은 기존 국가와의 관계 속에서 이주민들의 자치권은 어디까지 보장되는가? 완전한 자치를 바탕으로 한 독립적인 정치 구조를 갖출 것인가, 아니면 어떤 형태로든 지구 국가의 통제를 받게 될 것인가? 이러한 질문은 불가피하다.

화성 이주민들은 어디에 정착지를 건설하고, 그 권리를 어디에서, 누구로부터 얻는가? 메이플라워 서약처럼 이주민들이 자치 규약을 제정하고, 자치체가 스스로 권한을 부여해야 하는가? 우주조약과 달 조약은 화성에서 일체의 영유권 주장을 금지한다. 그러나 미국, UAE, 룩셈부르크, 일본 등은 새로운 국내법을 통해 달의 상업적 이용을 허용하고 있다. 일부에서는 달 조약의 비전유 · 비사유 원칙을 국제법으로 확립하자는 주장과, 달 접근의 불평등 문제를 해결하는 방향으로 개정하자는 의견도 나오고 있다. 화성에 인공 정착지가 본격적으로 건설 · 확장되면, 달보다 훨씬 강력한 규제 체계가 요구될 것이다. 이에 따라 화성 진출국들이 중심이 되거나 UN 등의 국제기구를 통해 관련 규범이 마련될 가능성은 있지만, 아직은 가설에 가깝다.

정작 핵심 쟁점은 화성 이주민과 특정 지구 국가 사이에서 발생한다기보다, 자치권의 범위와 실질적 권한을 둘러싼 문제다. 특히 정착지가 민간 우주기업에 의해 건설된 경우, 해당 기업과의 관계가 핵심 갈등 요소로 떠오를 수 있다. 예를 들어, 일론 머스크와 스페이스X가 화성 이주 비용의 상당 부분을 부담하고, 그들이 소유한 로봇, 장비, 기술로 화성 거주지를 조성했다면, 스페이스X가 해당 정착지의 실질적 결정권을 갖게 될 것이다. 이 경우 이주민들은 사용료를 내고 거주하는 세입자에 불과할 수 있으며, 자치권은 기업의 조건에 따라 제한될 수 있다. 기업이 파견한 보안 인력이나 테크노크라트technocrat[149]가 정착지의 권한을 장악하게 되는 구조다.

아메리카 식민지 개척 당시 메이플라워호의 이주민 구성을

---

[149]　과학, 기술, 공학 등 전문 지식을 기반으로 정책을 수립하거나 사회를 운영하는 기술 관료 또는 전문가 집단.

결정했던 상인조합은 식민지 내 자치권에 영향을 미칠 수 있도록 인적 구성을 설계했다. 청교도 외에도 무장을 갖춘 인력을 포함시켜 식민지의 물리적 안전과 통제를 강화했다. 이들은 이후 대표자나 무장 조직의 주요 인물로 성장하며 자치권 형성에 중대한 영향을 미쳤다. 이와 유사하게, 스페이스X는 스타십의 승무원 외에 이주민 보호를 위한 특수 인력을 구성할 수 있으며, 이들이 화성 거주구의 정치 질서를 사실상 형성할 수 있다. 결국 화성-지구 간 정치 구조 형성의 주도권은 우주 운송과 정착지를 구축한 기업과 그 기업을 통해 이주한 집단에게 돌아갈 수 있다.

화성 정착지는 이주민들의 생존 기반이자, 기업 입장에서는 생산 기지로 기능할 수 있다. 화성 이주에 투자된 막대한 자본을 회수하고 수익을 창출하려면, 이주민들은 생존뿐 아니라 경제 활동에도 참여해야 한다.[150] 스페이스X는 26개월마다 대규모 선단을 운용해 신규 이주민과 보급품을 실어 나르고, 화성에서 생산된 광물 등을 지구로 수송해 수익을 실현할 것이다. 이처럼 이주 초기에는 자급 체계가 부족해 지구에 의존하는 경제 구조가 불가피하며, 이 구조는 우주기업의 정치적 영향력을 더욱 강화하는 요인으로 작용한다.

---

150   화성 이주가 현실화되는 시점에는 우주 광물과 자원 채굴을 주로 로봇이 수행하게 되므로, 이주민은 로봇과 생산 경쟁을 벌여야 하며, 그 결과 자원의 시장 가치는 예상보다 낮아질 수 있다.

우주조약이나 달 조약 같은 국제 규범이 존재하더라도, 거주구 건설과 물자 조달을 주도하는 기업과 국가의 영향력은 절대적일 수밖에 없다. 이에 따라 이주민들의 자치권은 제약받고, 정치적 독립 요구는 점차 고조될 가능성이 있다. 과거 제국주의 시대 식민지 독립이 본국과의 위상 조정 문제였다면, 화성에서는 여기에 거리, 시간, 비용이라는 물리적 제약이 더해진다. 따라서 화성의 정치적 지위와 독립 문제는 지구-화성 관계의 중대한 갈등 축으로 부상할 수 있다.

화성에서의 소유와 지배

화성 정착지의 미래는 거주지나 광산 등 화성의 토지에 대해 개인이나 특정 집단(법인, 가족, 공동체 등)의 배타적 소유권을 인정할 것인지, 아니면 이를 원칙적으로 금지할 것인지의 문제로 귀결된다. 초기 정착촌에서는 거주지와 광산에 대한 사적 소유가 필요하지도 않고, 가능하지도 않다. 그러나 어느 가족이 정착촌 외곽에 새로운 거주 공간을 조성해 소유권을 주장하거나, 특정 정착민이 아직 탐사되지 않은 광물을 발견해 독점적 개발권을 주장한다면 어떻게 될 것인가?

화성에서의 소유권과 주권 문제는 스타십의 상업 운용, 정착지 건설과 운영, 우주 광산의 채굴권 확보 등과 밀접히 얽혀 있다. 이러한 모든 행위는 일정 수준의 권리 인정이 전제되어야 가능하며, 화성 이주에서 핵심적인 법적 쟁점으로 떠오를 수밖에 없다.

과거 영국과 프랑스 같은 제국주의 국가는 아메리카 대륙을 무력으로 점령한 뒤 국왕이 설립한 회사들을 통해 이주민에게 토지 권리증을 발급했다. 17세기 청교도 이주민들도 원래 토지 권리증서를 받은 지역이 아닌 다른 곳에 도착해 스스로 식민지 개발 권리를 부여했다. 그들은 국왕에 대한 충성을 서약하고 자치 조직을 구성하기 위해 '메이플라워 서약'을 작성한 후 서명했으며, 이를 기반으로 식민지 개척을 시작했다. 이후 이 서약은 국가로부터 식민지 토지 권리증으로 인정받았다. 이처럼 당시 신대륙 식민지는 자국 영토가 된 후, 국가 또는 국왕으로부터 개발권과 소유권을 부여받는 방식이었다.

하지만 현재 UN 우주조약에 따라, 국가든 개인이든 우주 공간을 소유하는 것은 불가능하며 인정되지 않는다. 우주의 평화적 이용 원칙에 따라, 상업적 이용을 제한해야 한다는 해석도 적지 않다. 상업적 이용은 우주 물체나 생산물의 사적 소유와 개인적 이용을 전제로 하기 때문에, 우주의 비소유 원칙을 명시한 조약 조항과 충돌할 수 있다. 또한 화성의 특정 지역이 지구 국가의 영토로 인정될 수 있는지 여부도 중요한 쟁점이다. 앞서 논의가 개인의 소유권 문제였다면, 이번에는 국가의 영유권 문제다. 하지만 현행 우주조약은 국가의 주권 또한 우주 공간에 미치지 않는다고 규정하고 있기 때문에, 화성의 어느 지역도 특정 국가의 영토가 될 수 없다. 과거 식민지 개발권과 소유권은 해당 지역이 국가의 영토였기 때문에 부여될 수 있었지만, 화성이 국가 영토로 인정되지 않는 이상, 그 지역에 대한 개발권과 소유권 역시 누구에게도 법적으로는 부여될 수 없다.

다만 지구에서 제작되어 우주로 발사된 '우주 물체'는 해당 국가의 소유로 간주되며, 이에 대한 관리 책임 역시 해당 국가에 부여된다. 즉 국가 등록이 적용된 물체는 우주 공간에서도 그 국가의 자산으로 취급되며, 그 물체가 위치한 우주 공간은 사실상 해당 국가의 점유가 인정된다. 예를 들어, 통신위성이 점유한 지구궤도는 다른 위성과의 간섭 없이 독립적으로 운영될 수 있으며, 우주선 내부나 국제우주정거장의 국가별 모듈 공간도 각국의 주권이 미치는 영역으로 간주된다. 달에 꽂힌 성조기, 우주인들이 남긴 장비, 쓰레기, 심지어 착륙에 실패한 탐사선조차도 모두 해당 국가의 소유로 인정되며, 이들이 존재하는 공간의 점유 역시 국제법상 유효하다고 인정된다. 물론 이러한 점유는 소유권과는 구별되며, 우주의 평화적 이용과 과학적 탐사를 위한 활동은 국제적으로 보호받는다.

우주의 소유권을 법적으로 인정받기 위해서는 기존 우주조약을 폐기하거나, 소유권을 명문화한 새로운 국제조약을 체결해야 한다. 또는 우주조약이 사실상 사문화되는 가운데 우주 개발 선도국들이 점유권을 강화하고, 우주 물체의 상업 거래를 확대하는 방식으로 사실상의 소유권을 기정사실화할 수도 있다. 지구궤도의 상업화가 빠르게 진행되는 상황에서, 우주 공장에서 생산된 제품의 거래나 달·소행성의 자원 채굴이 늘어나면 공적 통제를 벗어난 상업화가 기정사실화될 가능성도 배제할 수 없다.

실제로 아르테미스 협정 체결국들은 이미 국내법을 통해 우주 자원의 상업적 이용과 거래를 보장하는 조항을 마련했으며, '안전지대' 설치를 통해 외부 간섭을 배제할 권리도 적극적으로 규정하고 있다. 이로 인해 향후에는 안보 논리를 바탕으로 한 '우주 영토' 개념이 보다 노골적으로 부상할 가능성도 커지고 있다.

화성 이주의 두 경로

화성 이주는 크게 상업 이주와 공공 이주라는 두 가지 방식으로 구분할 수 있다. 상업 이주는 애초에 노동력 수요가 존재하지 않는 화성 개발 시장에서 인간 거주지를 인위적으로 조성하고 이주 수요를 만들어내는 방식이다. 매우 높은 운임을 지불하거나 빚을 지고 화성으로 이주한 사람들은 민간 우주기업이 구축한 거주구(화성 표면 또는 궤도)에서 생활하게 된다. 이때 이주 과정에서 발생한 비용과 화성 생활비는 다양한 노역이나 노동력 제공을 통해 상환해야 한다.

공공 이주는 각국의 협력과 자금 지원을 바탕으로 추진되는 인류 공동의 국제 협력 프로그램이다. 이주민들은 국제적 연합이 운영하는 공공 우주선을 통해 이주하며, 국제평화기구가 건설한 화성 거주구에서 초기 정착을 시작한다. 특히 자급자족이 가능한 생산 기반이 마련되면, 지구와 화성 간의 정치 · 경제적 관계도 새롭게 재편될 수 있다.

화성 이주는 단순한 물리적 이동을 넘어 심리적 · 문화적으로 지구로부터 멀어지는 과정이기도 하다. 초기 세대는 지구에 대한 향수를 품지만, 2세대 이주민부터는 지구를 낯설고 이질적인 공간으로 인식하며 화성 중심의 독립적 삶을 살아가게 될 것이다. 시간이 흐를수록 화성은 정치적 · 경제적으로 점차 독립성을 강화하고, 결국 독립된 행성 경제 체제로 자리 잡을 가능성도 있다.

결국 화성에서의 삶과 경제 체제는 자연환경이나 기술력보다는 이주의 방식과 동기에 따라 크게 달라질 것이다. 이주는 자발적인 선택일 수도 있고, 정치적 · 종교적 박해나 사회적 억압에 따른 집단 탈출일 수도 있다. 18세기 유배 식민지로서의 호주처럼 형벌 이주가 이루어질 가능성도 배제할 수 없다.

이후 화성 이주민들이 어떤 체제 아래에서 살아가게 될지는 명확히 양분된다. 만약 상업적 논리나 국가의 강제로 이주가 이루어진다면, 화성은 지구 자본에 종속된 식민 행성으로 전락할 수 있다. 반면 국제적 협력과 평화적 원칙에 따라 이주가 진행된다면, 화성은 지구와는 전혀 다른 독립된 행성 경제를 구축할 수 있을 것이다.

2.
또 하나의 메이플라워: 화성 상업 이주

17세기 아메리카 식민지는 정치적 박해를 피해 신대륙으로 떠난 청교도 필그림들과, 상업적 이익을 추구한 상인 집단과 계약 노역자들의 이주로 이루어졌다. 이들은 이주 목적과 무관하게 상선 메이플라워호에 승선료를 지불하거나, 자금이 부족한 경우 빚을 내어 이주했다. 식민지에 도착한 뒤에도 채무를 갚기 위해 현지 부족과 교역하거나 갈등과 전쟁에 휘말렸다. 채무 해결과 식민지 수익 증대를 위해 영토를 확장하는 과정에서 원주민과의 충돌은 피할 수 없었고, 이는 반복되는 전쟁과 학살로 이어졌다.

식민지 개척자들은 영국 국왕으로부터 토지 권리를 부여받아 배타적·독점적 소유권을 확보하려 했으며, 심지어 권리 증서에 명시되지 않은 지역에 정착할 때조차 충성 서약을 통해 토지 점유를 정당화했다. 이는 곧 식민지 쟁탈전으로 번졌고, 원주민의 생존권을 파괴한 데 그치지 않고 제국주의 열강 간의 식민 전쟁으로까지 확산했다.

이러한 식민 개척의 역사는 오늘날 화성 이주 구상과 놀랍도록 닮아 있다. 특히 일론 머스크가 구상한 스타십을 이용한 상업적 화성 이주는, 그 구조와 논리 면에서 17세기 신대륙 개척과 뚜렷한 유사성을 보인다. 미지의 환경에 대한 공포를 안고 떠나는 이주, 수개월 혹은 수년의 위험한 항해, 사적 자본이 주도하는 이주민 모집과 자금 조달 방식은 모두 식민 개척의 전형을 되풀이하고 있다. 필그림들이 메이플라워호를 타고 떠났듯, 오늘날 이주민들은 스타십을 타고 화성으로 향하게 될 것이다. 비용을 지불하거나 빚을 내어 이주한다는 점, 그리고 그 여정의 전 과정을 상업 기업이 주도한다는 점에서 두 시대의 이주는 본질적으로 다르지 않다.

다만 결정적 차이는 '대기'다. 아메리카 대륙은 숨 쉬고 농사짓는 데 적합한 조건을 갖추고 있었지만, 화성은 산소가 거의 없어 생명체가 자연적으로 살아갈 수 없다. 화성에서 살아남기 위해서는 이주자가 도착 즉시 사용할 수 있는 인공 생존 기반이 반드시 마련되어야 한다. 이는 단순한 주거 건설이 아니라, 생존을 전제로 한 고도 기술 기반 인프라에 대한 선투자를 요구한다.

결국 스타십은 현대판 메이플라워호이며, 이주민을 모집하고 자금을 조달하는 우주 운송 기업과 벤처 자본은 과거의 상인조합에 해당한다. 화성에 도착한 이주민은 생존에 필수적인 시설과 자재에 대한 비용을 부담해야 하며, 이 비용이 이주 경비에 포함되지 않았다면 곧바로 부채로 전가된다. 화성에서의 삶은 빚으로 시작되며, 그 빚을 갚는 노동이 곧 이주민의 일상이 된다.

호주의 형벌 식민지

형벌 식민지penal colony란 수감자를 외딴 지역이나 섬, 혹은 멀리 떨어진 식민지 영토에 격리해 거주하게 한 정착지를 말한다. 이는 단순한 원거리 교정 시설이 아니라, 일반적으로 감독관이나 총독의 지휘 아래 운영되는 수감자 공동체였다. 역사적으로 형벌 식민지는 대부분 경제적으로 낙후된 식민지 지역에 조성되었으며, 감옥 농장을 훨씬 넘어서는 대규모 강제노동의 현장이었다.

영국은 1717년 운송법 제정 이후 계약 노역자들을 아메리카 대륙의 영국 식민지로 이송하기 시작했다. 영국 상인들이 대서양을 건너 죄수들을 수송했고, 식민지에 도착한 노역자들은 경매를 통해 농장주에게 팔렸다. 이들 중 다수는 7년형을 선고받은 이들이었으며, 이로 인해 '폐하의 7년 승객'이라는 표현이 생겨났다. 약 5만 명의 영국인 죄수가 이러한 방식으로 아메리카로 보내졌으며, 대부분은 메릴랜드와 버지니아의 체서피크 식민지에 정착했다. 18세기 영국을 떠난 이주민의 약 4분의 1이 강제 이송된 수감자들이었다.

대표적 사례로, 조지아 식민지는 제임스 오글소프James Oglethorpe에 의해 설립되었으며, 채무자 감옥에 수감된 이들을 활용해 직업 훈련과 채무 상환을 목표로 한 '채무자 식민지'로 조성되었다. 비록 이 계획은 성공하지 못했지만, 조지아가 형벌 식민지로 출발했다는 인식은 대중사와 지역 공동체에 오랫동안 남았다.[151]

1776년 미국 독립전쟁 발발 이후 항로가 차단되자, 영국의 감옥은 빠르게 과밀화됐고 단기 처방은 실효를 거두지 못했다. 결국 1785년, 영국은 현재 호주 지역 일부를 새로운 형벌 식민지로 지정하기로 결

---

151 https://en.wikipedia.org/wiki/History_of_Australia

정했다. 1787년 5월 13일, 영국 포츠머스를 출항한 제1함대는 약 800명의 죄수와 250명의 해병을 태우고 보타니 베이로 향했다.

18세기 후반 호주의 형벌 식민지에는 노퍽섬과 뉴사우스웨일스가 포함되었고, 19세기 초에는 반 디멘스 랜드(현 태즈메이니아)와 모튼 베이(현 퀸즐랜드)가 추가되었다. 또한 아일랜드의 홈룰 운동Home Rule Movement[152] 지지자들과 톨퍼들 순교자들Tolpuddle Martyrs[153] 역시 정치범으로 분류되어 호주로 추방되었다. 교도소 노동력이 농업 개발, 무단 점유, 도로 건설 등 정부 주도 프로젝트에 투입되지 않았다면, 호주 식민지의 건설과 정착은 불가능했을 것이다. 이후 19세기 후반 수감자 이송이 줄어들며, 1868년 영국은 공식적으로 죄수 수송을 중단했다.[154]

---

152   19세기 후반 아일랜드의 자치권 회복을 목표로 한 정치 운동. 영국 의회로부터 독립적인 내정 권한을 요구했다.

153   1834년 영국 도싯 주 톨퍼들 마을에서 노동조합 결성을 이유로 유죄 판결을 받고 호주로 추방된 농민 노동자 6인.

154   https://academic-accelerator.com/encyclopedia/penal-colony

화성 이주, 편도 티켓에 숨겨진 빚의 정글

일론 머스크는 2019년 2월 자신의 X에 "여행객 규모에 따라 달라지겠지만, 화성까지 가는 비용이 50만 달러 이하가 될 것으로 확신한다"라고 밝혔다. 이어 "선진국에서 집을 가진 사람들이 원한다면 지구에 있는 집을 팔아 화성으로 이사할 수 있을 정도로 매우 저렴한 가격이 될 것"이라고 강조했다. 그는 앞서 2017년 학술지 「뉴 스페이스New Space」에 게재한 글에서도 화성 이주 비용을 주택 가격과 비교하며, 스타십의 탑재량 기준으로 1톤당 14만 달러, 장기적으로는 10만 달러 이하로 낮출 수 있다고 밝혔다.

이처럼 화성 이주는 흔히 '스타십 편도 티켓'을 구매해 새로운 삶을 시작하는 낭만적인 구상으로 비춰진다. 그러나 실제로는 이주 비용을 단순히 '로켓 운임'만으로 계산할 수 없다는 점에서 문제가 시작된다. 스타십 탑승권조차 수만 혹은 수십만 달러에 이를 것으로 전망되며, 이는 전체 비용의 일부에 불과하다. 생명을 유지할 수 있는 기지 시설, 산소 · 물 · 식량 · 거주 공간 확보와 그 운영까지 포함하면, 이주는 곧 막대한 자본을 필요로 하는 일이다.

스페이스X는 웹사이트에서 "첫 번째 미션의 목표는 화성의 수자원 확인, 위험 요소 파악, 초기 전력 · 채굴 · 생활 지원 인프라 설치이며, 두 번째 미션은 압축가스 창고 건설과 승무원 비행 준비"라고 밝히고 있다. 또한 스타십의 역할에 대해 "초기 미션에 투입된 우주선들은 1차 화성 기지의 토대가 되며, 이를 기반으로 첨단 도시를 건설하고 자족적인 문명을 화성에 세울 것"이라 설명한다. 초기에는 스타십 자체가 임시 거주지로 활용되며, 이 경우 사용료는 운임과 별도로 부과된다.

화성 이주 요금과 총비용은 선택 옵션에 따라 크게 달라진다. 운임은 탑재량, 숙소 제공 여부, 식사 등의 조건에 따라 달라지며, 화성 내 시설 사용료는 이용 기간이나 임대 · 매매 여부에 따라 결정된다. 심지어 식재료 구성에 따라서도 총비용이 달라질 수 있다. 모든 조건을 포함할 경우, 최소 100만 달러 이상이 소요될 것이라는 전망도 나온다. 바로 이 때문에 머스크는 "화성 이주는 편도가 전제이며, 지구의 집과 재산을 처분해 비용을 마련하라"고 주장하는 것이다.

일부는 지구의 재산을 팔아 이주 비용을 마련할 수 있을 것이라 상상할지 모르지만, 대부분의 이주민은 거액의 현금을 조달하기 어렵다. 이때 등장하는 것이 바로 '우주 금융'이다. 대출, 보험, 리스, 할부 같은 금융 제도가 우주 이주에도 도입될 것이며, 이주민은 운송비뿐 아니라 기지 임대료, 유지비, 식량비 등 모든 항목을 장기 상환 구조로 감당해야 한다. 다시 말해, 단순히 편도 티켓을 끊고 화성에 도착한다고 끝나는 것이 아니라, 생존을 위한 모든 비용이 지속적으로 요구된다.

　화성은 극한의 환경이기에, 이주민이 최소한의 의식주를 해결하려면 폐쇄형 생태 순환 시설과 같은 고도 기술 인프라가 필수적이다. 만약 이런 시설 대부분이 스페이스X나 우주 금융기관의 투자 및 소유 아래 건설된다면, 이주민은 사용료를 내야 하며, 기지 증축이나 설비 확장 비용까지 떠안을 가능성도 높다. 그러나 화성에서는 수익 활동 기회가 제한적이기 때문에, 이 같은 경제적 부담은 결국 '부채의 올가미'로 귀결된다. 편도 티켓 가격만을 강조한 장밋빛 전망과 달리, 화성 이주는 시작부터 끝까지 부채 구조 위에 서 있다. 진정한 비용은 로켓 운임이 아니라, 생존 그 자체에 들이게 될 장기 채무다.

계약노동, 우주 식민의 복제

　17세기 유럽 이주민들이 신대륙으로 향할 때 활용된 '계약 노역' 제도는, 운송비와 정착비를 빚으로 지고 도착 후 노동으로 갚는 구조였다. 이 원리는 화성의 상업 이주에서도 그대로 반복될 가능성이 크다. 화성 이주민은 지구에서 자금을 대출받아 운송되며, 인프라가 부족한 극한 환경에서 생존에 필요한 설비와 자원을 지속적으로 공급받아야 한다. 빚을 갚지 못하면, 결국 노동력만이 유일한 대가가 된다.

주요 노동 현장은 기지 건설지와 광물 채굴장이다. 희귀 자원을 확보하려는 지구 자본의 이해에 따라, 이주민들은 채굴 산업에 투입돼 수출용 자원을 생산할 가능성이 높다. 문제는 장시간의 고강도 노동이 건강과 안전을 위협하고, 부채 상환 압박이 이주민의 자유를 제한한다는 점이다. 귀환도 쉽지 않다. 귀환 로켓 비용은 막대하고, 기업의 지원이 있더라도 새로운 빚으로 되돌아올 뿐이다.

화성은 희박한 대기, 방사선, 극심한 기온차 등 인간 거주에 적합하지 않은 조건을 갖고 있다. 이 환경에서 이주민은 기지 건설, 광물 채굴, 정비, 후속 이주 대비 시설 확장까지 모두 수행해야 한다. 먼지 폭풍이나 지진 등 예측 불가능한 자연 현상이 겹치면, 노동 강도와 위험은 더욱 증가할 것이다.

지구의 재산을 모두 처분해 무채무 상태로 화성에 도착하더라도, 이주민을 기다리는 것은 식민 개척민의 중노동이다. 일론 머스크조차 다음과 같이 경고한 바 있다.

"(생존이) 어려울 겁니다. 죽을 확률이 높죠. 작은 깡통을 타고 심우주로 들어가 성공적으로 착륙할 수는 있습니다. 착륙에 성공해도 기지 건설을 위해 쉬지 않고 일해야 하니 쉴 시간이 별로 없어요. 매우 혹독한 환경이니 그곳에서 죽을 가능성도 높고요. 당신이 살아 돌아올 수 있다고 장담할 순 없습니다."[155]

이주민은 빚을 갚기 위해 장시간 노동을 감수할 수밖에 없고, 고위험 환경에 훈련 없이 투입될 가능성도 있다. 기업은 인프라 확장을 서두르기 위해 더 많은 인력을 고용하고, 상환 압박을 통해 작업 속도를 높이려 할 것이다. 이 과정에서 안전 규정은 무시될 수 있으며, 사고 발생 시 응급 대응과 치료는 지연될 수밖에 없다. 결국 화성 노동은 목숨을 담보로 한 노역이 될 공산이 크다.

화성 노동자는 원하든 원치 않든, 살아남기 위해 일해야 한다. 여가 시간은 극히 제한적이며, 기지 밖 활동도 거의 불가능하다. 지구와의 통신은 지연과 비용 문제로 단절되기 쉽고, 고립감은 더욱 심화된다. '자유로운 행성 이주'라는 이상은 속박된 생존 노동의 현실로 대체될 수 있다.

이 구조에서는 자립도 어렵다. 생존에 필요한 산소, 물, 식량, 전력, 방사선 차폐 설비 등은 대부분 기업 소유의 대규모 기지에 의존해야 한다. 개인이 이를 마련하는 것은 사실상 불가능하며, 시설 임대료와 공동생활 비용은 결국 부채로 누적된다. '채굴장에서 일해 빚을 갚아야만 거주가 보장되는'

155   https://www.cnbc.com/2018/11/26/elon-musk-says-there-is-a-
        70percent-probability-he-will-go-to-mars.html

순환 구조는 17세기 계약 노역과 본질적으로 다르지 않다.

자원 채굴로 갚는 미래

화성에는 아직 생태계가 발견되지 않았고, 지구처럼 인구가 형성된 경제권도 존재하지 않는다. 그렇다면 이주민들은 어떻게 부채를 상환할 수 있을까? 가장 손쉬운 방법은 희귀 광물이나 귀금속 등 지구에서 높은 가치로 거래되는 자원을 채굴해 지구로 보내는 것이다. 우주 운송 비용은 막대하지만, 특정 광물이 고가에 거래될 경우 화성 채굴이 경제적 의미를 가질 수 있다.

이 과정에서 이주민들은 채굴 회사가 제공하는 장비와 로봇을 사용하며, 장비 사용료조차 부채로 누적된다. 실질적인 노동은 이주민이 수행하지만, 광물에서 발생하는 수익 대부분은 기업이 가져가고, 이주민은 부채 일부가 탕감되거나 생활 필수품을 공급받는 구조에 놓인다. 결국 이주민들이 지구에서 빌린 자금을 화성 자원으로 갚게 되지만, 그 수익의 대부분은 기업이 차지하고, 이주민에게 돌아가는 몫은 극히 적다. 만약 광물 가격이 하락하거나 채굴량이 기대에 못 미칠 경우, 부채 상환 기간은 길어지고 이주민은 사실상 '영구 노역자'가 될 수 있다.

더 큰 문제는, 화성에서의 생존 자체가 기업에 철저히 의존할 수밖에 없다는 점이다. 식량, 의약품, 산소, 물 같은 필수 자원은 기업이나 '화성 당국'이 독점적으로 공급할 가능성이 높으며, 이는 전형적인 '기업 도시company town' 구조를 형성하게 된다.

임금을 받아도 그 돈은 결국 기업이 운영하는 상점과 시설에 지불해야 하므로, 이주민의 삶은 '빚을 갚기 위한 순환' 속에 갇히게 된다. 한마디로, '내가 번 돈은 기업이 파는 식량과 산소, 임대료로 다시 빠져나간다'는 구조다. 이러한 환경에서 이주민이 누릴 수 있는 자유는 극히 제한적이며, 개인의 생활 선택지는 지구보다 훨씬 좁아질 수밖에 없다.

화성 경제, 지구 자본의 복제

결국 화성에서의 경제 시스템은 지구 자본 논리가 극단적으로 재현될 가능성이 크다. 초기에는 국가 주도의 공공 이주가 일부 진행될 수 있지만, 민간 우주 자본이 빠르게 식민지 건설을 상업화하고, 대규모 자본을 투입해 채굴과 기지 건설을 주도하며, 전체 인프라를 장악하는 시나리오가 더욱 설득력을 지닌다. 생존에 필요한 물자, 설비, 기술까지 기업에 의존하게 되면서, 화성 이주민들은 경제적·정치적 자율성을 확보하기 어렵다.

이러한 식민지 경제의 가장 두드러진 특징은 '거점'이 지구에 있다는 점이다. 자금, 기술, 정책 결정은 물론, 문화적 흐름까지 지구가 통제하게 된다. 화성 내 인구가 증가하고 시장이 형성된다 해도, 생활필수품과 첨단 설비의 공급망은 여전히 지구 기업이 독점할 가능성이 높다. 이로 인해 화성 거주민의 경제적 활동 반경은 구조적으로 제약된다. 자원을 발견해 판매한다고 해도 거래 상대는 지구의 투자자나 국제 무역 네트워크가 될 것이며, 자급자족이 가능해지기까지는 상당한 시간이 걸릴 수밖에 없다.

이주민이 식량 자급을 위해 온실을 건설하더라도, 초기 자재와 에너지 시스템 확보를 위해 결국 대출이나 기업 임대에 의존해야 한다. 이때 발생한 비용은 다시 부채로 누적된다. 설령 숙소나 기지 시설을 매입하더라도, 생명 유지 장치나 방사선 차폐 설비의 유지비를 계속 납부해야 하므로, 완전한 소유권 확보는 사실상 불가능하다. 마치 중세 유럽의 농노가 영주에게 토지 사용료와 세금을 바치며 살아갔듯, 화성 이주민도 기업 소유 시설에 입주하고 사용료를 지불하며 생존을 이어가야 한다. 더구나 화성의 기술 환경은 극도로 복잡하고 민감하기 때문에, 그 유지 비용은 훨씬 크고 끊임없이 발생한다. 이러한 구조 속에서 화성 경제는 자립이 아닌 종속의 방향으로 고착될 가능성이 높다.

무혈 식민지, 화성

화성의 자원이든 노동력이든, 지구의 경제 질서에 편입되어야만 금전적 가치를 얻는다. 지구의 투자자와 금융기관은 우주 보험, 화성 인프라 건설, 광물 채굴 등에 자금을 투입하고, 그 대가로 이자와 이익을 회수한다. 이주민이 채굴한 광물이 지구 시장에서 거래되면 최종 수익 대부분은 기업이 가져가고, 이주민은 임금 수준의 보상만을 받는다. 결국 '화성 도시'는 '기업 도시'처럼, 거대 자본이 사실상 사유화한 공간으로 운영될 가능성이 크다.

이처럼 화성을 식민화하는 과정에는 군사적 점령이나 공식적인 복속이 필요 없다. 자본과 기술을 가진 쪽이 자연스럽게 권력을 행사한다. 화성 내부에서 독립을 주장하더라도 운송로, 통신망, 금융망이 지구의 통제 아래 있는 한, 그 주장은 실현될 수 없다. 자급자족할 생산 기반이 없는 이상 화성은 지구와의 교역에 의존할 수밖에 없고, 그 조건은 지구가 정한다. 이 구조는 전통적인 식민지와 마찬가지로 핵심 권력이 '본토'에 있다는 점에서 동일하다.

화성 내 인구가 증가하면 서비스 산업, 부동산, 의료, 교육 등이 뒤따라 성장하고, 그 시장마저 지구 자본이 선점할 가능성이 높다. 이주민은 대체할 선택지가 없기 때문에, 지구가 제공하는 상품과 서비스에 종속될 수밖에 없다. 한마디로, 우주로 나아간다 해도 자본주의의 중심은 지구이고, 화성인에게 자율권이나 풍요로운 삶은 주어지지 않는다.

군사적 강압 없이도 식민지는 성립할 수 있다. 화성의 경우, 경제적·기술적 종속이 지배 구조를 대신한다. 기업, 금융기관, 지구 정부(또는 우주 기구)가 추진하는 '화성 식민지 프로젝트' 속에서, 자치 의회가 세워진다고 해도 실질적 권력은 여전히 지구에 있다. 화성이 독립적으로 물자와 장비를 생산하지 못하는 한, 식량, 전자부품, 약품 등 필수품 대부분을 수입에 의존하게 된다.

이주민이 지도자를 선출하고 법 제도를 만든다 해도, 진짜 권력은 기술과 인프라를 장악한 기업과 금융, 정부가 쥐고 있다. 통신망과 안전 설비가 없다면, 주민들은 방사선 같은 생존 위협으로부터 스스로를 지키기 어렵다. 화성 내부에서 발생하는 분쟁조차 지구의 법률과 국제 협약에 따라 중재될 가능성이 높고, 자치권은 껍데기에 그칠 수 있다. 결국 화성은 총 한 번 없이 완전히 점령되는 '무혈 식민지'가 될 수 있다.

화성 식민지의 귀환

일론 머스크를 비롯해 화성 이주를 장밋빛으로 포장하는 이들은, 인류가 '미래의 세상'을 건설한다는 호기와 혁신의 메시지를 앞세운다. 그러나 그 이면에는 막대한 초기 투자와 이윤 회수를 전제로 한 자본주의적 동력이 작동한다. 이주민은 새로운 프론티어에서 자유를 찾을 것이라 믿지만, 그 앞에는 부채와 고강도 노동이 기다린다.

'화성 식민지 건설'은 과학기술 발전과 인류 개척이라는 명분을 내세우지만, 실상은 민간기업이 독점적 지위를 확보해 장기적 이윤을 안정적으로 창출하는 시나리오와 맞닿아 있다. 우주 금융기관 역시 대출 이자와 보험 수익을 기대하며 화성 프로젝트에 적극 개입할 것이다. 이런 방식으로 형성되는 경제·정치·사회 구조 안에서, 화성 이주민은 식민지 시대의 원주민이나 계약 노역자와 다르지 않은 처지에 놓일 수 있다. 기술은 비약적으로 발전했지만, 체제에 대한 복종은 더욱 심화되는 역설이 나타난다.

화성 이주가 본격화되면, 현실은 예상보다 훨씬 냉혹할 수 있다. 우주 시대가 도래해도 자본주의의 작동 원리는 달라지지 않는다. 인류가 우주로 향하는 이 장대한 서사 속에, 예기치 못한 '식민지의 귀환'이라는 그림자가 드리워져 있다. 이는 오늘날 화성 탐사와 우주 식민화 논의를 바라볼 때 결코 간과할 수 없는 핵심이다.

3.
화성, 독립 경제의 길

공공 이주, 인류가 설계한 첫 행성 사회

화성 이주가 민간 우주기업이나 개별 국가의 사업이 아니라, 인류 전체의 협력과 장기적 계획 속에서 이루어질 수 있는가? 이 질문은 단순한 기술적 논의를 넘어선 새로운 상상력을 요구한다. 그렇다면 인류 공동의 프로젝트로 추진되는 '공공 화성 이주'는 어떤 모습이 될 수 있을까?

공공 이주라 하더라도, 이주민의 생존과 생활이 특정 국가나 연합체에 의존하거나, 자립적인 경제 기반 없이 추진된다면, 이는 진정한 '이주'가 아니라 임시 체류에 불과하다. 이러한 형태는 지구로의 복귀를 전제한 실험일 뿐이며, 정치적 · 경제적으로 독립된 구조를 형성하지 못한다. 따라서 공공 이주는 단순한 탐사나 체험이 아닌, 화성에서 자립적 생활과 재생산이 가능한 '영구 정착'을 목표로 해야 한다.

물론 이러한 이주가 종교 단체나 비국가적 조직에 의해 추진될 가능성도 있다. 그러나 현재로서는 공공 이주를 실현 가능한 규모로 추진할 수 있는 주체는 국가, 국제연합, 또는 초거대 우주기업뿐이다. 기술이 발전해 화성 탐사가 일상화된다면 향후 주체는 다양해질 수 있겠지만, 금세기 내에 화성 이주를 실질적으로 감당할 역량을 갖춘 집단은 극히 제한적이다.

민간 우주기업 역시 우주발사체를 보유한 소수 독점 기업을 제외하면 독자적인 화성 이주는 사실상 불가능하다. 국가 단위에서도 미국, 러시아, 중국을 제외하면 화성까지 탐사 장비를 안정적으로 운송할 능력을 지닌 곳은 드물다. 따라서 현실적으로는 아르테미스 협정 체제나 국제연합과 같은 다국적 협력 체계가 공공 이주의 유력한 틀이 된다.

공공 이주는 상업 이주와 달리, 국가나 국제기구가 주도해 '화성 영구 거주'를 목표로 추진하는 계획형 이주다. 자본이나 신용만으로 참여할 수 있는 상업 이주와 달리, 공공 이주는 생존과 공동체 유지를 위한 자질과 필요에 따라 구성된다. 여기서 '계획'은 단순한 생존 기반 마련을 넘어, 적정 인구 규모, 기술 인프라, 직업 구조, 성비와 인종 구성, 자급 가능한 경제 시스템까지 포함하는 전면적 설계를 의미한다. 상업 이주에서도 수용 인구에 대한 계획은 필수적이지만, 이는 어디까지나 물리적 한계를 고려한 조정 수준에 머무른다. 반면 공공 이주는 인간 사회 전체를 이식하고 재구성하려는 본격적인 이주로서, 그 목적과 방식 모두가 다르다.

화성 정착의 조건

초기 화성 이주민은 어떤 구성이어야 할까? 일론 머스크는 스타십 1,000대를 동시 발사해 2년 2개월마다 10만 명씩, 10년 동안 100만 명을 수송하겠다는 구상을 내놨다. 그러나 이 숫자는 스타십 1대당 100명 탑승 기준의 단순한 비용 효율 계산에 불과하다. 2년마다 10만 명이 이주한다면, 화성은 2년마다 새로운 도시를 건설해야 할 규모가 되며, 이주민 수용은커녕 생존 기반 마련도 버거울 것이다. 그들이 생존에 필요한 기초 시설도 갖추지 못한 채 도착한다면, 정착은 곧 혹독한 노동과 위험한 환경 속에서의 생존 투쟁이 된다.

스페이스X와의 계약에 따라 일정 기간 노동을 제공해야 하는 구조라면, 이주민은 생존조차 벅찬 상황에서 기업을 위한 추가 노동까지 부담해야 한다. 이처럼 생존 기반이 없는 상태에서의 대규모 이주는, 그 자체로 이주민의 희생을 전제로 한 사업이다. 화성 이주는 수익성과 효율성을 따지기 전에 생존 가능성과 안전 확보를 최우선으로 고려해야 한다.

초기 정착민은 생존 가능성을 높이고, 자급 기반을 마련할 수 있는 인력으로 구성되어야 한다. 사회 유지와 재생산에 필수적인 직능군, 항공 운항과 산업기술 분야의 숙련자 등으로 구성된 전문 인력 중심이어야 한다. 프랑스 보르도대학교의 장 마크 살로티Jean-Marc Salotti 교수는 자급자족 정착에 필요한 최소 인원을 다섯 개 분야, 총 110명 규모로 추산했다.[156]

화성에서 요구되는 연간 노동 시간은, 생존을 위해 인간이 수행해야 할 모든 활동을 종합적으로 고려해 산출할 수 있다. 숨 쉬고, 먹고, 자녀를 양육하며 살아가기 위해서는 여러 산업 공정이 필수적이다. 예를 들어, 건축과 수리를 위해서는 토양과 광물의 채굴, 금속 도구의 가공이 수반되며, 이는 곧 제철 및 금속 산업 기반의 확보를 뜻한다. 소규모 인원으로 자급자족하려면 산업의 종류는 최소화하고, 현대적 도구와 기술을 적극 활용해 생산성을 극대화해야 한다. 살로티에 따르면, 생존에 필요한 인간 활동은 다음의 다섯 영역으로 나뉜다.

1) 생태계 관리 및 생존 영역: 물, 공기, 생명 유지 시스템, 농작물 재배 등

2) 에너지 생산 영역: 전력, 난방 등

3) 산업활동 영역: 금속, 화학, 제련, 건축 자재, 의약품 생

---

156   Jean-Marc Salotti, "Minimum Number of Settlers for Survival on Another Planet," *Scientific Reports*, 2020. https://www.ncbi.nlm.nih.gov/pmc/articles/PMC7297723/

산 등

4) 건축 및 건설 영역

5) 재생산과 사회활동 영역: 교육, 돌봄, 스포츠, 문화 등

이렇게 시작된 화성에서의 삶은 인구 증가와 기술 안정성을 바탕으로, 다섯 개의 생존 기반 영역이 점차 복잡한 사회 체계로 분화되며 하나의 정치 · 사회 공동체로 발전하게 된다. 이런 관점에서 초기 정착민 수는 1만 명 이하로 제한해야 하며, 화성 거주 안정성이 충분히 확보된 이후에야 대규모 이주가 추진될 수 있다.

이제 화성 이주를 넘어, 화성에서 태어난 최초의 아기를 상상해보자. 그는 더 이상 지구에서 온 이주민이 아니라, 진정한 '화성인'이다. 영화 〈스페이스 비트윈 어스The Space Between Us〉의 주인공 가드너는 화성에서 태어난 소년으로, 지구를 동경하며 자란다. 그러나 지구의 중력은 그의 심장을 감당하지 못하고, 그는 지구에 적응하지 못하는 존재로 남게 된다.

실제로 중력이 거의 없는 환경은 인간 생리 구조에 심각한 영향을 미친다. 장기간 우주 체류 시 우주비행사들은 근감소증, 골밀도 저하, 시력 감소 등을 경험해 왔다. 화성 정착민들도 이런 영향을 피할 수 없다. 순환계 악화와 면역 기능 저하, 운동 부족에 따른 근육량 감소가 불가피하며, 정신적 고립감과 환경 단조로움은 또 다른 도전이 된다.

그럼에도 인간은 환경에 적응한다. 유연한 우주복을 입고 저중력의 표면을 가볍게 이동하는 정착민의 모습은, 미래 인간의 새로운 형상을 암시한다. 특히 이후 이주자가 반체제 인사, 유토피아주의자, 혹은 화성에 강한 열망을 품은 이들로 구성된다면, 그들의 정체성과 삶의 방식은 더욱 다층적으로 진화할 것이다. 시간이 흐르면, 그들은 호모 사피엔스 사피엔스를 넘어서는 새로운 종種적 존재로 변화할지도 모른다.

유전적 다양성을 유지하면서 근친혼을 피하려면 최소 100~150명의 정착민이 필요하나,[157] 장기적이고 안정적인 정착을 위해서는 더 큰 규모가 요구된다. 인류학 연구는 100명 이하의 소규모 집단이 식량 확보와 자원 분배에 유리하다고 보지만, 이는 지구의 특정 환경에 최적화된 조건이다. 화성과 같은 극한 환경에는 보다 복합적인 기준이 필요하다.[158] 인구생물학적 관점에서 유효 개체수는 약 1,500명, 생존 가능한 최소 인구는 3,000~5,000명 이상으로 추산된다. 연구에 따라서는 성간 이주를 가정할 경우 7,000명에서 최대 4만

157   Cameron M. Smith, "Estimation of a Genetically Viable Population for Multigenerational Interstellar Voyaging: Review and Data for Project Hyperion," *Acta Astronautica* 97, 2014, pp. 16 – 29.

158   Richard B. Lee, "Models of Human Colonization: !Kung San, Greeks and Vikings," in *Interstellar Migration and the Human Experience*, edited by Edward Jones and Ben Finney, University of California Press, 1985, pp. 180 – 195.

명까지 필요하다는 분석도 있다.[159] 스미스의 추정치는 다세대 이주를 전제로 하지만, 화성 정착에서도 전염병 등 치명적 변수를 고려한 인구 설계는 필수적이다.

의사는 몇 명이 필요한가? 생명 유지 시스템을 설계하고 운용할 엔지니어는? 차세대 인재는 누가 양성할 것인가? 화성 정착에 필요한 인력 구성은 단순한 인구 조달이 아니라, 새로운 문명을 설계하는 일이다. 특히 정착민들은 창시자 효과Founder effect[160]와 유전적 표류Genetic drift[161]의 영향을 강하게 받을 수 있다. 이는 인구가 작을수록 유전자 풀이 좁아지고, 진화가 예측 불가능한 방향으로 급속히 전개될 수 있음을 뜻한다. 미세중력 환경과 방사선 노출은 DNA 변이를 가속화하며, 이는 생존에 유리한 진화로 작용할 수도 있지만, 선택 압력에 대한 적응력은 떨어질 수 있다.[162] 새로운 병원체에 취약해져 집단 전멸에 이를 위험도 배제할 수 없다. 따라서 장기 생존을 위해 정착민들은 유전적 구성을 스스로 최적화하

---

159   Cameron M. Smith, 위의 글.

160   소수 집단이 새로운 집단을 형성할 때, 유전적 다양성이 제한되어 특정 유전형이 과도하게 나타나는 현상.

161   무작위적 유전자 빈도 변화가 세대를 거쳐 축적되는 현상으로, 소규모 집단에서 더 크게 작용한다.

162   Moreno-Villanueva, Wong, Lu, Zhang, & Wu, "Spaceflight and Aging: Reflecting on Aging Research in Space and on Earth," *Cell 170*, no. 6 2017.

고 진화 경로를 통제할 수 있어야 한다. 이는 다윈의 자연 선택을 기술로 보완하는 길이다. 첨단 의료 기술과 맞춤형 식단은 정착민 대부분이 노년까지 생존하도록 지원할 것이며, 이는 지구에서도 마찬가지다. 다만 화성의 특수 환경에서 이 모든 요소는 생존 조건이자 사회 설계의 핵심이 된다.

화성 정착민은 특정 국가의 통제를 받지 않기 때문에 사실상 무국적자일 수 있으며, 고유한 법과 윤리를 수립할 수도 있다. 이들은 생명 연장 기술이나 기계 장기 도입을 적극적으로 수용할 가능성이 크다. 사이보그화는 디스토피아적 상상이 아니라, 생존 전략이자 진화의 촉진제가 된다. 화성의 통제된 환경에서는 종 분화가 지구보다 훨씬 빠르게 일어날 수 있으며, '거주 가능한 환경'의 정의 자체가 새롭게 구성된다.

수천 년 후, 진화한 화성 정착민이 지구를 다시 찾는다면, 그 모습은 어떨까? 양 행성 간 교류 수준에 따라, 그들의 언어는 낯설고 문화는 이질적일 수 있다. 지구가 전쟁, 환경 파괴, 병원균으로 황폐해진 이후라면, 그들의 방문은 귀환이 아니라 탐사가 될 것이다. 창백한 피부, 작은 치아, 체모 없는 긴 신체, 심지어 가시가 돋은 외형으로 진화했을 수도 있다. 또는 유전자 설계와 기술 진화를 통해 인류는 지구와 화성 모두에서 전례 없는 다양성과 적응력을 지닌 존재로 확장되었을 수도 있다. 그들의 모습은 마치 기묘하게 일그러진

거울을 들여다보는 것처럼 우리에게도, 그들에게도 낯설고 불안한 대상이 될 것이다.[163]

문명화된 원시 공산제

화성에서의 일은 노동이 아니라 생존을 위한 활동이다. 자본에 고용되어 임금을 받는 구조가 아니라, 정착민 각자가 수행하는 역할이 곧 직업이 된다. 인구가 늘어날수록 자원과 공간은 공동체 간에 공유된다. 결혼이나 생활 공동체를 통해 주거 공간을 함께 사용하고, 공기 재생, 물 처리, 에너지 생산 시스템 등은 정착지 간에 공동으로 관리된다. 이를 통해 더 많은 사람이 전문화와 분업을 거치며 고도의 도구와 기술을 활용할 수 있게 된다. 협력과 공유는 화성 생산경제의 핵심 동력이 될 것이다.

화성에서의 생산 활동은 인간의 생존과 재생산에 필수적인 산업과 업무 중심으로 설계된다. 초기 단계부터 스포츠와 문화 활동도 정신 건강과 공동체 결속을 위한 필수 요소로 포함된다. 위험 요소에 대비한 전용 산업을 구축하거나, 사회적 필요량을 초과하는 일정 수준의 여유 생산을 통해 위기 상황에 대응할 수 있는 유연성이 확보되어야 한다.

---

163   Konrad Szocik et al., "Visions of a Martian Future," *Futures* 117, 2020.

초기 경제 체계는 직업과 역할이 사회적으로 배분되며, 생필품, 재화, 공공 서비스는 생산량에 따라 공동 분배된다. 돌봄과 여가 또한 집단적으로 계획되고 평등하게 배분된다. 이 구조는 전통적 의미의 '원시 공산주의'와 유사하지만, 고도의 과학기술을 기반으로 한 문명화된 체제라는 점에서 근본적으로 다르다.

원시 공산주의 사회는 수렵과 채집으로 생존하며, 자연의 위협에 맞서 씨족 단위로 협력과 분배의 질서를 만들었다. 화성 정착민 역시 극한 환경에 대응하기 위해 협력하고 역할을 분담하며, 주거와 자원을 공동으로 관리하게 될 것이다. 하지만 그들은 돌도끼를 든 원시인이 아니다. 기도와 제사가 아닌 과학으로 문제를 해결하고, 자본주의를 거쳐 정교한 사회 질서를 구축한 존재들이다. 초기 화성 사회는 고도 기술을 기반으로 한 '문명화된 원시 공산제'라 부를 수 있다.

시장 없는 행성

시장경제는 교환경제의 한 형태로, 민간 자본이 생산수단과 시설을 구축해 재화와 용역을 제공하는 체제다. 이를 위해서는 노동과 생산수단을 고용할 수 있는 축적된 자본이 필요하며, 생산활동의 결과로 다시 자본이 증식되어야 한다. 그렇다면 화성의 조건에서도 이러한 자본주의적 시장경제가 성립할 수 있을까?

화성 이주의 초기 단계는 물론, 수백만 명 규모의 정착이 이루어진 이후에도 민간 자본이 존재하기는 어렵고, 자본 축적도 사실상 불가능하다. 이른바 시초 축적, 즉 자본의 원시적 축적Primitive Accumulation of Capital 역시 화성에서는 일어나지 않는다. 특히 화성은 화폐의 개념부터가 지구와 전혀 다르기 때문에, 지구식의 화폐 축적 모델 자체가 적용되지 않는다.

만약 기술 수준과 생산성이 충분히 발전해, 기본 물자뿐 아니라 다양한 소비재까지 화성에서 자체 생산할 수 있다고 가정해 보자. 지구로부터 투자가 이루어지고, 민간 자본이 생산수단을 소유하며 화성 내 생산이 확대된다고 해도 과연 산업자본이 등장할 수 있을까? 하지만 화성의 생산 조건은 다르다. 인간 노동은 희소하며, 노동계약을 체결하는 것도 어렵다. 대부분의 생산은 로봇과 기계가 담당하게 될 것이다. 실제로 화성 이주 이전부터 생존에 필수적인 인공 거주구와 각종 물자의 생산은 이미 자동화 기계와 로봇을 중심으로 이루어져 왔다. 이처럼 노동력이 아닌 기계가 생산을 주도하는 구조에서는, 생산물의 가치 구성에서 고정자본(불변자본)의 비중이 압도적으로 크기 때문에, 이윤이 거의 발생하지 않거나 실현되기조차 어려워 상업적 생산으로 이어지기 힘들다.

일론 머스크가 로켓에 지구의 물품을 실어 화성 정착지에 공급하고, 유통망을 구축해 소매품을 판매한다면 어떻게 될

까? 이는 화성과 지구 간 교역 구조가 성립하고, 그의 회사가 교역품의 유통을 담당하는 체계로 볼 수 있다. 다시 말해, 상업이윤과 상업자본 축적의 가능성을 보여주는 모델이 될 수도 있다. 그러나 실제로 화성에서 이러한 방식이 작동할 수 있을까?

화성의 경제는 시장 교환 경제가 아니다. 따라서 화폐를 매개로 한 거래의 필요성이 거의 없거나, 아예 존재하지 않을 수 있다. 초기 이주 사회는 필요한 물자를 계획 생산하고, 노동이 아닌 사회적 역할을 수행하며, 대부분의 생필품은 배급이나 필요에 따라 분배된다. 이처럼 교환의 필요성이 낮은 환경에서는, 내가 가진 물건을 필요한 이에게 '선물'처럼 주고받는 문화가 자리잡을 가능성이 높다. 이는 등가 교환이 아니라, 단지 선물 시점이 일치할 뿐인 구조다. 이러한 선물 경제는 규모가 작은 공동체에서 흔히 나타나며, 화성에서도 이 같은 체제가 기본 경제 질서가 될 수 있다.

이주민 수가 100만 명을 넘는 규모로 늘어나더라도, 화성 경제의 기본 구조는 여전히 '교환'이 아니라 '제공', 즉 사용가치 중심의 생산체제로 유지될 가능성이 크다. 지구 상품 판매나 방문객 유입이 이루어지더라도, 교환은 지구 화폐나 가상화폐로 매개되지 않을 것이다. 화성의 화폐 개념은 지구와 근본적으로 다르며, 지구의 화폐 시스템은 화성에서 기능하지 않는다. 가치의 개념부터가 다르기 때문에, 금과 같은 화폐 대체재 역시 교환 수단으로 활용되기 어렵다.

화폐 수요가 발생할 수 있는 경우는 '영구 이주'가 아닌 '일시적 이주'일 때다. 이 경우, 이주자는 지구에 경제적 기반을 두고 있으며, 수익을 지구로 이전할 필요가 있다. 그러나 화성 내에서는 부의 축적이 화폐 형태로 불가능하기 때문에 외부로의 이전도 사실상 어렵다. 방문객이 지불하는 가치 역시 사회의 공유 자원에서 차감되므로, 교환이 필요하지 않다.

지구와의 화폐 통합, 공동 통화 도입, 가상화폐 통용 여부는 논쟁적인 주제다. 이러한 체제가 가능하려면 초기 정착 단계부터 적용되어야 하며, 그에 따라 민간 자본의 상업 활동과 자본 축적 역시 정착될 수 있어야 한다.

화성에서는 소비재뿐 아니라 일부 생산재도 각 가정이나 공동체 단위에서 로봇과 3D 프린터로 직접 제작이 가능하다. 공장에서 생산되는 재화조차도 서비스처럼 소비와 동시에 이루어질 수 있다. 이 과정에서 핵심이 되는 것은 기술과 설계, 그리고 제한된 원재료의 할당이다. 생산의 중심은 로봇, 3D 프린터, AI 기술력이며, 생산 설계와 구현이 결합되어야 한다. 원료는 대부분 화성에서 추출된 자원으로, 공동체의 통제 아래 있다.

다시 말해, 화성 경제에서는 지적재산권이 배타적·상업적 형태로 존재하지 않고, 기술과 설계가 공공재로 공유된다면 생산은 더 이상 자본에 의해 이루어지지 않는다. 생산과 소비가 동시에 일어나기 때문에 '교환'이 필요 없어지고, 결국 '시장경제'도 형성되지 않는다.

따라서 화성 경제의 특징은 다음과 같이 정리할 수 있다. 첫째, 기계에 의한 생산이 일반화되면서 산업자본에 대한 의존이 사라진다. 기술 발달로 일부 생산수단이 개인이나 사회에 귀속되어 공유되며, 소비재와 일부 생산재는 로봇이나 3D 프린터를 활용해 가정에서 직접 생산할 수 있게 된다.

둘째, 화성에서의 생산은 시장에서 화폐로 교환하기 위한 '상품'이 아니라, 사회적 필요에 따른 '용품' 생산에 초점을 맞춘다. 이 구조에서는 재화와 서비스의 생산과 소비가 동시에 이루어지며, '교환'이 필요 없는 '사용가치' 중심의 생산 경제로 전환된다. 교환이 사라지므로 화폐의 필요성도 사라지고, 등가물로서의 화폐 또한 존재하지 않는다.

셋째, 기술과 설계가 생산의 핵심 영역이 되며, 이 부분은 주로 인간의 활동(노동)이 담당한다. 생산과정에서의 활동은 자본에 종속된 임금노동이 아니라, 그 자체로 사회적 역할이자 창조적 활동이다. 따라서 직업은 화성 정착지 내에서 개인에게 부여된 사회적 역할로 기능한다.

넷째, 원료의 적절한 할당과 배분이 사회적으로 중요한 결정 대상이 된다. 창의적인 기술과 설계는 누구에게나 개방되어 있지만, 이를 바탕으로 생산물을 만들기 위한 원재료는 제한된 자원이다. 대부분 화성에서 가공·추출되기 때문에 사회적 공유 자산으로 간주된다.

다섯째, 낭비를 최소화하고 자원의 효율적 사용을 위해, 연간, 월간, 주간, 일간 단위로 변화하는 필요와 수요를 반영해 필요한 용품과 용역을 생산한다. 이는 화성 생존을 위한 필수 조건이므로, 교환가치 대신 사용가치가 전면에 놓이고, 계획과 필요에 따라 물자와 서비스가 공급된다.

예를 들어, 물은 생존에 필수적인 자원이므로 최고의 사용가치를 지닌다. 그러나 화성 공동체에서는 물이 필요한 만큼만 공급되며, 부족할 경우 전체 사용량을 줄여서라도 공평하게 배분하는 것이 원칙이다. 따라서 물은 시장을 통해 거래되지 않으며, 화폐로도 구매할 수 없다. 자본주의 경제학에서는 이를 '공공재' 또는 '가치재'로 정의하며, 시장 외적 분배의 특수성을 설명하는 개념으로 사용한다. 화성에서 필요한 제품과 용품의 공급도 이러한 원칙에 따라 이루어질 것이다. 이처럼 화성 경제는 교환가치 중심에서 사용가치 중심으로 가치 생산 방식이 변화하며, 생산의 목적과 의미 또한 새롭게 정의된다.

어떤 사회나 경제 체제에서든 생산의 목적과 사회적 가치의 기준은 생산관계에 따라 달라진다. 고대 노예제 사회에서는 국왕에 대한 충성과 전쟁, 노예 및 영토 확보가 사회적 가치였고, 중세 서양의 봉건제 사회에서는 봉건 농지와 토지 소유, 그리고 이를 위한 종교 전쟁이 중심 가치였다. 자본주의 사회에서는 임노동과 상품 생산을 통한 이윤과 화폐의 축적이 최고의 사회적 가치로 간주되었다. 그러나 이제 화성 경제에서는 기술 발전과 설계를 바탕으로 한 생산물의 차별성, 즉 '창의력'이 최고의 가치로 부상한다.

살펴본 바와 같이, 화성 경제는 공유경제 체제로 운영되며, 시장경제나 교환가치 중심의 생산은 이루어지기 어렵다. 사용가치가 중심에 놓인 생산 구조는 무정부적 교환 대신 계획된 생산과 분배를 전제로 하며, 이는 화성에서의 생존과 공동체 운영에 불가결한 요소다. 이 체제는 초기 정착민 단계뿐 아니라, 수백만 명 규모의 이주가 이루어진 이후에도 동일하게 적용된다. 결국 화성 경제는 참여적 계획경제이자 민주적 공공경제 체제로 자리 잡게 될 것이다.

6장

코스모스
코뮤니즘을 향하여

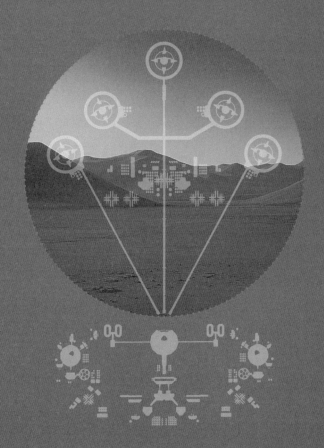

1.
우주 윤리는 왜 필요한가

우주 진출의 윤리적 쟁점

광막한 우주로의 첫걸음은 더 이상 지구라는 푸른 행성의 변방에서만 이어지던 도전을 넘어, 끝없는 심연 속에서 생존과 발전을 모색하는 여정이 되었다. 그러나 그 도전에는 우리가 충분히 성찰하지 못한 윤리적 과제들이 뒤따른다. 행성을 파괴하거나 자원을 약탈하는 방식이 아니라, 우주 생태계를 하나의 자연 질서로 존중하고 평화와 공생의 관계를 구축하는 것이야말로 새로운 문명의 방향이 되어야 한다.

달 탐사와 화성 개척은 단지 '어떻게 이용할 것인가'가 아니라, '우주 문명으로 도약한 우리는 어떤 존재가 될 것인가'라는 근본적 질문을 던진다. 미국의 아르테미스 계획과 이에 동참하는 국가들의 행보는 우주 식민주의의 전형을 보여주며, 지구에서 반복되어 온 자원 쟁탈과 불평등 개발의 구조가 우주로 확장될 것이라는 우려를 낳고 있다.

우주가 인류의 새로운 생활 무대가 될 수 있다는 기대는 분명 매혹적이다. 그러나 그 무대를 어떻게 채워갈지는 전적으로 우리의 선택에 달려 있다. 상업적 이해관계와 군사 경쟁에 치우친 식민주의적 태도를 고수한다면, 그 끝은 공멸일 것이다. 반면 우주 생태계의 고유한 질서를 존중하고, 평화적 협력을 추구한다면, 인류가 '외계인'이 되는 그 순간마저 새로운 가능성과 희망으로 가득 찰 수 있다. 화성 이주가 언제 현실이 될지는 알 수 없지만, 우리는 이미 '우주'라는 거대한 질문 앞에 서 있다.

지금껏 인류는 자연을 정복의 대상으로 삼고, 갈등과 대결을 통해 자신의 이익을 확장해 왔다. 그러나 우주로 나아가는 과정에서 이런 태도는 더 이상 통하지 않는다. 광활한 우주에서는 상호 협력과 윤리적 성찰이 생존의 조건이다. 더 늦기 전에 인류는 지구에서 이어진 경쟁과 약탈의 사고방식을 넘어서야 하며, 우주 생태계를 향한 겸손과 존중을 배워야 한다. 그래야만 '행성을 정복하는 종'에서 '우주와 공생하는 이웃'으로 거듭날 수 있다.

우주 진출에 있어 우리가 직면한 주요 윤리적 과제는 다음과 같다.

첫째, 인간의 생물학적 · 의학적 한계다. 우주방사선, 무중력 상태에서의 신체 변화, 폐쇄된 공간에서의 정신적 스트레스는 이미 확인된 문제다. 앞으로 장기 유인 탐사나 외행성 이주가 현실화되면, 성생활과 임신, 출산까지도 고려해야 한다. 인류는 중력과 생태계에 적응해 온 존재라는 점에서, 이는 단순한 의학이 아니라 깊은 윤리적 과제를 남긴다.

둘째, 행성 보호와 자원 개발의 충돌이다. 우주선과 로버의 탐사는 행성 환경을 오염시킬 수 있고, 지구로 가져온 시료가 생태계에 위협이 될 수도 있다. 아직 발견되지 않은 외계 생명체의 서식지를 훼손할 가능성도 있다. 이에 따라 '행성 보호 지침'이 마련되었지만, 탐사의 범위가 확장되면서 보다 정교한 국제적 합의가 요구된다. 특히 우주를 국제 공역으로 간주하면서도 상업적 채굴을 정당화하려는 시도는 과학 탐사 자체의 윤리성과도 충돌한다. 나아가 "우주가 인류의 소유도 아닌데, 이를 어떻게 개발할 수 있는가"라는 근본적 질문도 피할 수 없다.

셋째, 우주 진출의 형평성과 평화 문제다. 천문학적 비용이 수반되는 우주 개발은 필연적으로 '누가 우선권을 가지는가'의 문제로 이어진다. 현재도 강대국들 간의 패권 경쟁은 가속화되고 있으며, 이는 지구에서의 불평등이 우주로 확장될 가능성을 시사한다. 미국의 아르테미스 협정처럼 특정 국가 중심의 연합이 계속될 경우, 우주 식민주의는 현실이 될 수 있다. 그 결과는 자원 전쟁과 무장 경쟁, 그리고 우주 평화의 붕괴다.

넷째, 우주 시민성과 권리 보장 문제다. 우주비행사뿐 아니라 민간 우주인과 이주민의 권리, 자율성, 복지에 대한 규범은 아직 정립되지 않았다. 우주에서의 신체적·정신적 건강, 그리고 새로운 사회적 관계 형성을 둘러싼 윤리 기준도 마련되어야 한다. 이는 단지 생존의 문제가 아니라, 새로운 '우주 공동체'의 기본 규범을 만드는 일이다.

우주 진출은 인류의 오랜 꿈이지만, 그 과정에서 마주하게 될 물리적, 사회적, 윤리적 문제는 단지 기술로 해결할 수 없다. 단기적 이익을 위한 자원 확보보다 더 중요한 것은, 지구와 우주 생태계에 미칠 영향을 진지하게 성찰하는 일이다. 칼 세이건이 말했듯, 광활한 우주 속에서 인류는 더 큰 윤리적 책임을 요구받는다. 우주 식민주의의 재현을 막고, 모두가 '우주 공동체'의 일원으로서 책임을 나누기 위해선 국제적 협력과 제도적 논의가 시급하다. 이것이야말로, 지구 밖으로 확장된 인식과 양심의 시대를 여는 첫걸음이다.

우주 질서의 법적 재구성

우주 진출에 대한 윤리적 성찰은 국제법 기준의 재정립과 함께 이루어져야 한다. 현재의 국제우주법 체계는 1960~70년대 체결된 일련의 조약들에 뿌리를 두고 있다. 이 중 1967년 발효된 '우주조약'은 흔히 '우주의 헌장' 또는 '우주법의 마그나카르타Magna Carta'로 불리며, 달과 우주 공간에 대한 국가의 영유권을 명확히 부정하고 평화적 이용의 원칙을 확립함으로써 이후 협약들의 기초가 되었다. 조약은 어떤 형태로든 천체를 주권적 소유의 대상으로 삼을 수 없다고 천명함으로써, 우주에서의 국가 간 경쟁을 제어하려는 국제사회의 의지를 담고 있다.

이후 구조협정, 책임협약, 등록협약, 달 조약 등으로 이어지는 국제법 체계는 영유권 포기, 구조·책임 의무, 등록과 투명성 확보, 우주자원의 공동 유산성 등 우주 활동 전반에 대한 기본 원칙들을 제시해 왔다. 이 원칙들은 여전히 유효하며, 제대로 이행된다면 군사화, 자원 독점, 환경 파괴, 우주쓰레기 문제를 일정 부분 완화할 수 있다. 특히 1979년의 달 조약은 '달과 그 자원은 인류 공동의 유산'임을 선언함으로써, 향후 소행성·화성 자원 개발에 대한 윤리적 기준을 제시한다. 비록 많은 국가가 아직 이를 비준하지 않았지만, 이 조약이 널리 수용되고 공정한 이익 분배 체제로 제도화된다면, 우주의 상업화가 초래할 식민주의적 독점과 패권적 갈등은 크게 줄어들 수 있다.

우주 활동이 국가를 넘어 민간기업과 개인으로까지 확산되면서, 기존 조약들이 전제한 '발사국의 1차 책임' 원칙도 재검토가 필요해졌다. 오늘날에는 기업들이 로켓 발사와 위성 운송을 주도하고 있으며, 이들의 소속국이 그 활동을 얼마나 감독 · 규제하는지가 중요한 쟁점이 되었다. 더구나 다국적 자본이 얽히고 국가 간 공동 개발이 일반화된 현실에서, 기존의 국가 중심 책임 체계만으로는 모든 이해관계자의 권리와 의무를 명확히 규정하기 어렵다.

이런 맥락에서, 아르테미스 협정과 각국의 우주 상업법이 기존 우주조약의 틀을 우회하고 있다는 점은 매우 중대한 문제다. 아르테미스 협정은 사실상 우주 영토화와 자원 사유화를 정당화하며, 우주 식민주의의 새로운 장을 열고 있다. 이러한 흐름에 국제사회가 단호히 대응하지 않는다면, 우리는 금세기 안에 본격적인 우주 식민지를 목격하게 될 것이다.

우주조약과 달 조약은 인류가 우주로 나아가는 데 필요한 기본 법적 골격을 이미 갖추고 있다. 이를 21세기 현실에 맞춰 생태적 · 평화적 관점에서 재해석하고 강화하는 작업이 뒷받침된다면, 문명적 준비는 상당 부분 완료된 셈이다. 관건은 각국이 '우주는 특정 국가의 소유물이 아니라, 인류 공동의 자산이며 평화적이고 협력적으로 이용되어야 한다'는 이들 조약의 핵심 정신을 실제 정책과 제도 속에서 얼마나 충실히 구현하느냐다.

나아가, 달 조약의 '공동 유산' 개념을 발전시켜 '우주는 인류의 소유가 아니라 임시 거주지'라는 인식, 즉 '우주 세입자론'에 기초한 새로운 가치체계를 정립해야 한다. 이러한 인식이 국제 합의와 제도적 장치로 구체화될 때, 우주는 소수 국가와 대기업의 확장된 식민지가 아니라, 전 인류의 미래를 함께 설계하는 공동의 장으로 거듭날 수 있을 것이다.

우주 군사화의 억제와 평화 질서의 구축

우주의 군사적 이용과 핵무장 문제는 1960년대부터 국제 사회의 핵심 관심사였다. 지구에서의 군비 경쟁이 그대로 우주로 확장될 경우, 기존의 안보 불안이 우주 공간에까지 전이될 수 있기 때문이다. 이에 따라 1967년 우주조약을 비롯한 국제 협약들은 대량살상무기의 우주 배치를 금지하고, 우주의 평화적 이용 원칙을 국제법의 기본 틀로 확립했다.

UN 총회 역시 '우주에서의 군비 경쟁 방지Prevention of an Arms Race in Outer Space, PAROS'를 주요 의제로 다루며, 관련 결의와 논의를 꾸준히 이어왔다. 러시아와 중국이 제안한 PPWT도 있었지만, 무기의 정의와 검증 방식에 대한 이견으로 정식 조약으로 채택되지는 못했다. 그 사이 미국, 러시아, 중국, 인도 등은 ASAT, 극초음속 무기 등 차세대 우주 기반 군사 기술을 지속적으로 개발하고 있다. 이로 인해 실질적인 군사 충돌 가능성도 날로 높아지고 있다.

현재의 우주조약과 부분적 핵실험금지조약은 핵무기 및 대량살상무기의 배치를 우주 배치를 명시적으로 금지하고 있지만, 정찰 위성, 감시 체계, 요격 무기 등은 그 적용 대상에서 제외된다. 이는 조약을 직접 위반하지 않지만, 우주의 무기화를 가속화하는 결과로 이어지고 있다. 결국 군사적 긴장을 유발할 수 있는 기술들이 제도적 사각지대에 놓여 있는 셈이다.

이러한 상황을 막기 위해서는, 기존 조약의 원칙을 보완해 모든 형태의 무기화를 억제할 수 있는 실효적 체계가 필요하다. 이를 위해 '투명성 조치'와 '검증 메커니즘' 같은 신뢰 구축 수단이 핵심이 된다. 현행 우주조약에도 상호 방문과 검증에 관한 조항이 존재하지만, 구체적 절차나 의무화된 감시 체계가 없어 실효성이 떨어진다. 그 결과, 각국이 자의적으로 해석하고 이행 여부를 판단하는 구조가 형성되었다.

우주 평화를 위한 법적 질서는 "우주는 인류 전체의 공적 영역이며, 그 어떤 국가도 군사적 우위를 추구해서는 안 된다"는 전제 위에 세워져야 한다. 이를 위해서는 미국, 유럽, 중국, 러시아, 인도 등 우주 강국은 물론 신흥 우주국가들까지 포괄하는 다자간 합의가 필수적이다. 핵무기뿐 아니라 요격·감시 무기와 같은 새로운 군사 기술을 포함하는 포괄적 군비통제 체계가 마련되지 않는 한, 우주 역시 새로운 무력 충돌의 무대가 될 가능성을 배제할 수 없다.

우주조약과 핵실험금지조약이 제정된 지 반세기가 지난 지금, 우주 공간의 군사화를 방지하려는 국제 규범은 여전히 실효성의 한계를 드러내고 있다. 이제는 선언적 규범을 넘어, 첨단 기술에 대응하는 구체적이고 집행 가능한 협약으로 전환해야 할 시점이다. 우주가 전쟁의 연장이 아닌, 진정한 평화의 영역으로 남기 위해서 말이다.

과학기술과 자본의 윤리적 경계

과학기술은 인류의 삶을 비약적으로 향상시켜 왔지만, 그 진보가 항상 긍정적 결과만을 낳는 것은 아니다. 20세기 초 자동차의 등장은 거리의 말 배설물 문제를 해결할 것이라는 기대를 낳았지만, 오늘날 자동차는 대기오염과 온실가스 배출의 주범으로 도시 생태계를 위협하고 있다. 산업혁명 이후 계속된 과학기술의 발전은 일단 사회에 도입되면 그 영향력을 완전히 통제하기 어려우며, 예상치 못한 위해성과 불확실성을 동반해 새로운 윤리적 과제를 낳는다.

철학자 한스 요나스Hans Jonas는 현대 기술의 윤리적 문제를 다섯 가지로 요약한다. 첫째는 '결과의 모호성'으로, 초기에는 긍정적으로 보였던 기술이 장기적으로는 심각한 부작용을 초래할 수 있다는 점이다. 둘째는 '적용의 강제성'이다. 기술이 보급되면 그것의 사용이 사회적 의무처럼 강요되어 자발적 절제가 어려워진다. 셋째는 '시공간적 광역성'으로, 오늘날의 기술은 지역과 세대를 넘어 전 지구적·장기적 영향을 미친다. 넷째는 인간 중심주의의 균열이다. 인간의 편의를 위해 자연과 타 생명체를 희생해 온 기존 윤리는 더 이상 지속 가능하지 않다는 인식이 확산되고 있다. 마지막은 '문명적 위협'으로, 핵무기나 유전자 편집 기술처럼 과학기술이 인류의 존립 자체를 위협할 수 있다는 사실이다. 요나스는 이러한 이유로 기술 개발의 초기 단계부터 윤리와 책임을 엄격히 적용해야 한다고 강조했다.[164]

'가습기 살균제', '살충제 계란', '독성 생리대'와 같은 사건들은 우리가 일상에서 접하는 제품이 생산과 유통 과정에서 얼마나 큰 위해성을 내포할 수 있는지를 보여준다. 이는 단순한 소비재 문제에 그치지 않는다. 체르노빌과 후쿠시마 사례처럼, 원자력 기술은 한 번의 사고로 수십 년, 심지어 수백 년에 걸친 재앙을 초래할 수 있음을 상기시킨다. AI 또한 마찬가지다. AI는 산업 혁신, 효율성 향상, 의사결정 개선 등 긍정적 잠재력을 지니는 동시에, 일자리 대체, 개인정보 침해, 알고리즘 편향, 군사적 악용 가능성 등 심각한 윤리적 위협도 함께 안고 있다. 완전한 자율성을 지닌 AI가 현실화될수록, 그에 따르는 책임 체계와 윤리적 통제 장치의 마련은 더욱 절실해진다.

이러한 논리는 우주 기술에도 적용된다. 우주탐사는 인류

---

164   김은철·송성수, "과학기술시대의 책임윤리를 찾아서: 한스 요나스의 "책임의 원칙"을 중심으로", 「공학교육연구」 v.15 no.1, 2012, pp.72-78.

생존 가능성과 과학적 지평을 넓히는 긍정적 계기가 될 수 있지만, 자본의 논리와 패권 경쟁이 개입하는 순간, 우주 역시 또 하나의 지정학적 분쟁지대로 전락할 수 있다. 이는 지구 환경을 넘어 우주 환경까지 파괴할 뿐만 아니라, 전 지구적 재난으로 이어질 위험도 안고 있다.

결국 현대 과학기술이 가져다준 혜택은 부정할 수 없지만, 그만큼 더 넓고 깊은 사회적 책임이 요구된다. 기술은 결코 '가치중립적'이지 않으며, 그 영향력은 기술자 개인의 의도를 넘어서 작용한다. 요나스가 말한 '과학의 사회적 책임'은 단지 연구 윤리를 넘어, 기술이 사회와 생태계, 그리고 미래 세대에 끼칠 영향을 충분히 예측하고 대비할 것을 요구한다.

그간 화학물질 규제, 의약품 관리, 원자력 안전협약 등은 기술에 대한 최소한의 통제 장치를 제공해 왔다. 그러나 AI, 우주 개발, 신소재 산업 등에서 이루어지는 기술 혁신의 속도와 규모는 과거와는 비교할 수 없는 수준이다. 이제는 통합적이고 선제적인 규범과 시스템을 구축해야 할 때다. 이는 개인 또한 기술과 제품의 위해성을 스스로 분별하고, 보다 신중한 선택을 해야 한다는 뜻이기도 하다. 자본과 산업 이익을 우선하던 시대를 넘어, 인류 생존과 생태 보전이라는 문명적 가치를 기준으로 기술을 평가하고 통제해야 한다. 이것이야말로 과학기술을 위한 진정한 윤리적 경계이며, 우리가 넘지 말아야 할 문명의 선이다.

2.
우주의 세입자, 인류

우주 진출의 윤리적 문제는 단지 기술의 남용을 막기 위한 기준이 아니라, 우주 시대를 살아갈 인류가 스스로 세워야 할 문명의 원칙이다. 그리고 그 출발점은 우주를 어떻게 바라보고, 어떤 태도로 접근할 것인가에 달려 있다.

우주 세입자이자 나그네로서의 인류

우주 세입자론은 지구와 우주 공간을 인간이 소유하거나 지배할 대상이 아니라, 잠시 머무는 임시 거처로 보는 관점이다. 이는 인류가 우주로 확장해 나가는 과정에서 마주할 윤리적·법적·환경적 문제를 근본적으로 재구성한다. 달과 소행성 자원 개발, 화성 이주 등을 주도하는 국가와 기업의 움직임은 이미 '우주 식민주의'라는 비판을 불러일으켰다. 이에 맞서 우주 세입자론은 인류가 우주의 주인이 아니라, 일정 기간 우주를 빌려 쓰는 존재임을 자각하고, 겸손하고 지속 가능한 개입을 지향해야 한다고 말한다.

이 관점을 이론화하는 데 참고할 수 있는 개념이 제임스 러브록James Lovelock의 가이아 이론Gaia hypothesis이다.[165] 러브록은 지구를 하나의 유기체로 보고, 생물과 무생물이 상호작용하며 진화와 균형을 이루는 '살아 있는 존재'로 설명했다. 리처드 도킨스는 이 이론이 자연 선택의 과학적 원리를 무시한다고 비판했지만, 인간이 지구 환경을 일방적으로 소유하거나 훼손해서는 안 된다는 태도는 세입자론과 통한다. 가이아 이론을 우주로 확장하면, 지구뿐 아니라 달, 화성, 소행성 등도 하나의 '생태적 네트워크'를 구성하며, 인간은 그 안의 일시적 존재에 불과하다는 통찰에 이르게 된다.

또 다른 비교 지점은 공공신탁이론Public Trust Doctrine이다.[166] 이는 항행 가능한 수로, 해안선, 산림 등 특정 자원은 불특정 다수의 공동체를 위한 것이며, 국가나 개인이 소유권을 주장하더라도 어디까지나 '공공의 수탁자'로서 책임을 져야 한다는 입장이다. 이 이론을 우주에 적용하면, 달과 화성, 소행성 등의 자원 역시 특정 국가나 기업이 독점할 수 없으며, 인류

---

165 제임스 러브록, 『가이아』, 갈라파고스, 2023.

166 Susan D. Baer, "The Public Trust Doctrine: A Tool to Make Federal Administrative Agencies Increase Protection of Public Land and Its Resources," *Boston College Environmental Affairs Law Review* 15, 1988, pp. 386–387.

공동의 자산으로 신중히 관리해야 할 대상이 된다. 특히 국제기구가 신탁자로서 우주 자원을 보호하고, 인류 전체가 공평하게 접근하도록 보장해야 한다는 점에서, 우주 세입자론과 일정 부분 맥을 같이한다.

요컨대, 가이아 이론이 우주를 생태적 관점에서 '공존의 공간'으로 재정의하고, 공공신탁이론이 법적·정치적 관점에서 '소유'가 아닌 '책임'의 관점을 제시한다면, 우주 세입자론은 한걸음 더 나아가 우주를 철저히 '빌려 쓰는 공간'으로 본다. 기술적으로 달이나 화성에서의 거주가 가능해지더라도, 그것은 수많은 천문학적·환경적 변수 앞에서 잠시 허락된 체류일 뿐이다. 그렇기에 인류는 '우주 경쟁'이 아닌 '임대 계약'의 태도로 우주에 접근해야 하며, 이는 자원 이용에 대한 겸허함이자 생태적 책임의 표현이기도 하다.

우주 세입자론의 핵심은 다음과 같다. "지구와 우주는 인류의 소유물이 아니다. 그것이 누구의 것인지 따질 필요도 없다. 우리는 단지 일정 기간 거주할 수 있도록 허락받은 존재일 뿐이다." 화성 이주든, 달 탐사든, 인류의 우주 진출은 결국 이 광대한 공간 속에서 자신의 역할을 다하고 조용히 물러나는 나그네의 자세를 요구한다. 그렇게 함으로써 인류는 우주의 생태계와 자원과의 충돌을 줄이고, 장기적으로는 다양한 이해관계자들이 참여하는 공공 협력의 토대를 구축할 수 있다.

우주 대탐사 시대의 우주 세입자론

우주를 영구히 소유할 수 없다는 자각에서 출발하는 우주 세입자론은, 인간이 우주 공간을 함부로 점유하거나 착취하는 태도에서 벗어나야 한다는 요청이다. 이는 인류가 오랜 세월 지속해 온 정복과 소유의 관성을 전복하고, 우주를 대하는 새로운 윤리적 태도를 정립하려는 시도다.

무엇보다 이 관점은 인간이 우주의 주인 행세를 하려 해도 그것이 존재론적으로 불가능하다는 겸허함을 강조한다. 달이나 화성, 소행성 등에 인간이 도달해 정착한다 해도, 인간의 유한한 생애와 제한된 역량으로는 영구적 점유나 완전한 통제가 불가능하다. 인간은 우주의 무한성 앞에서 그저 작은 점에 불과하다는 인식을 받아들여야 한다.

이러한 자각은 우주 진출을 특정 국가나 기업의 이익, 혹은 인류 발전이라는 프레임을 넘어, 우주 전체의 생태적·유기적 가치를 함께 고려해야 한다는 입장으로 이어진다. 우주는 무한한 자원의 창고가 아니라, 각각 고유한 시간과 생태계를 지닌 천체들의 연합체이며, 인간은 이 거대한 네트워크에 일시적으로 편입된 존재다. 이런 인식 아래에서는 자원 독점과 이윤 추구 중심의 개발 논리가 정당성을 갖기 어렵다.

우리가 이해하지 못하는 더 광대한 시간과 공간의 흐름 속에서 행성은 움직이고, 별은 수명을 다해 폭발하며, 무수한 물질 재편 과정이 끊임없이 이어진다. 이 거대하고 복잡한 사슬 안에서 인간이 일방적으로 자원을 약탈하거나 환경을 오염시킨다면, 그 결과는 결국 인류 자신에게 되돌아올 것이다. 결국 지구에서처럼 우주에서도 파국을 피하려면, 상호존중과 협력의 원리가 절대적으로 요구된다.

이 점에서 인류가 우주의 세입자로서 가져야 할 태도는 단순히 '피해를 주지 않는다'는 소극적 윤리에 머무르지 않는다. 오히려 자신이 머무는 공간과 환경에 '가치를 더한 채 떠난다'는 적극적 목표를 지향해야 한다. 우주 진출이 유의미한 행위가 되려면, 자원 훼손이나 환경 오염을 최소화해야 하며, 행성 보호 정책과 기술 개발에 선제적으로 나서야 한다. 달, 화성, 소행성을 '개척지'가 아니라 '우주 생태계의 일부'로 바라보는 자세가 바로 우주 세입자론의 핵심이다.

공공신탁이론에 따르면 인류는 자원의 소유자가 아니라 관리자로서 역할을 수행해야 한다. 달이나 소행성 등 우주의 모든 자원은 '위탁'받은 것이며, 그것을 활용하더라도 미래 세대에게 손해를 끼치지 않도록 보호할 책임이 있다. 이는 마치 세입자가 집을 사용하되, 집주인에게 피해를 주지 않고 다음 거주자를 위해 원상태를 유지해야 하는 것과 같다. 이러한 윤리를 실현하기 위해서는 재생 가능한 개발, 자원 공유, 에너지 총량 보존, 불가역적 개입 금지 같은 구체적 원칙이 필요하다.

우주 진출이 단기적 이익을 좇다 되돌릴 수 없는 손상을 남긴다면, 이는 단순히 우주 생태계에 대한 문제가 아니라, 인류 생존 자체를 위협하는 자기파괴로 이어질 수 있다. 이 때문에 우주 세입자론은 우주 접근과 이익이 모든 인류에게 공정하게 보장되어야 한다는 점을 강조한다. 특정 국가나 기업의 자원 독점은 불평등을 심화시키고 무리한 개발 경쟁을 유발해 우주 생태계의 회복 불능을 초래할 수 있다.

설령 화성 이주나 달 기지 건설이 실현되더라도, 그곳에서의 '거주권'은 반드시 책임과 함께 부여되어야 한다. 단순히 한 칸의 공간을 차지하는 것이 아니라, 그 환경을 보존하고, 미래 존재들과 어떤 가치를 공유할 것인지 고민하는 자세가 필요하다. 그렇지 않다면 지구에서 벌어졌던 갈등과 파괴가 고스란히 우주로 되풀이될 것이다.

우주 세입자론은 우주 탐사를 막기 위한 이념이 아니다. 오히려 인간의 도전을 더 지속 가능하고 윤리적인 방식으로 이끌어내기 위한 철학적 나침반이다. 화성이나 달에서 새로운 기회를 모색하려는 인류의 노력은, 그것이 소유와 착취의 욕망으로 변질되지 않는 한 정당성을 가질 수 있다. 인류가 스스로를 우주의 지배자가 아닌, '잠시 머물다 가는 존재'로 인식하는 순간, 비로소 더 먼 미래를 진지하게 설계할 수 있다. 그것이 바로 우주 세입자론이 제시하는 근본적 가치다.

3.
코스모스의 미래를 다시 묻다

우주에서 낯선 존재가 된 인류

인류는 오래전부터 "우리는 우주에서 과연 혼자인가?"라는 질문을 품어 왔다. 혹시 더 진보한 외계 문명이 지구를 침략해 모든 생명체를 지배하거나 파괴한다면? 우리가 그들의 '하등 문명'으로 전락한다면? 이러한 두려움은 오랫동안 인류 상상력의 중심에 있었다. 그러나 우리가 우주의 심연을 탐사하고 다른 행성에 첫발을 내딛는 순간이 오면, 상황은 완전히 뒤바뀐다. 이제는 인류가 '외계인'이 될 차례이기 때문이다.

코스모스 코뮤니즘은 이 전환의 순간에 핵심적인 물음을 제기한다. "우리가 외계 생명체 앞에 서게 되었을 때, 어떤 태도를 취할 것인가?" 이 사상은 인간이 우주의 일부에 지나지 않음을 자각하고, 그 질서에 대해 근본적인 겸허와 존중을 가져야 한다는 철학적 전제를 바탕에 둔다. 하지만 인류는 지구에서 오랫동안 무력과 자본을 앞세워 식민화와 착취, 패권 경쟁을 반복해 왔다. 이러한 구도가 우주로까지 복제된다면, 인류는 결국 자신이 두려워하던 '침략적 외계인'이 될 수밖에 없다. 그래서 코스모스 코뮤니즘은 우주의 낯선 생명체를 지배나 이용의 대상으로 보지 않고, 독립된 존재로서 존중하고 공존해야 한다고 말한다.

우리가 지구 밖으로 나아가는 이유는 다양할 수 있다. 자원 채굴, 과학 탐사, 또는 단순한 호기심일 수도 있다. 하지만 어떤 행성이든 생명이 존재하고, 그들이 고유한 생태적 · 문화적 · 지적 질서를 이루고 있다면, 그곳은 결코 함부로 침범해도 되는 공간이 아니다. 그 순간 인류는 그들에게 '외부에서 온 침입자', 예측할 수 없는 위협으로 다가가게 될 것이다.

지구는 우주의 일부이지만, 우주는 지구가 아니다. 현재 과학으로는 '생명'이라 부르기 어려운 존재들만 확인되었지만, 우주에는 우리가 익숙하게 이해하는 방식과는 다른 생명 형식이 존재할 가능성이 있다. 지구에서 무생물로 여겨지는 것이 우주에서는 생명 활동의 일환일 수도 있고, 이는 생명의 개념 자체를 다시 구성하게 만든다. 생명의 존재 여부를 따지기보다, 우주 전체를 살아 있는 유기적 존재로 바라보는 관점이 필요하다.

대항해 시대 유럽이 미지의 대륙에 도착했을 때, 원주민들은 그들을 신으로 숭배하거나 침략자로 두려워했다. 얼마 지나지 않아 수많은 동식물이 멸종했고, 지역 사회는 철저히 파괴되었다. 역사는 무기와 기술의 우위만으로 정복과 약탈을 정당화했던 폭력의 흔적을 선명히 남기고 있다. 만약 인류가 우주의 생명체를 같은 방식으로 대한다면, 그것은 지구에서의 식민주의를 우주로 확장하는 데 지나지 않는다.

코스모스 코뮤니즘, 우주를 다시 묻다

우주 진출이라는 근대적 · 현대적 전환의 시점에서, 코스모스 코뮤니즘은 인류가 스스로에게 던지는 하나의 문명적 질문이다. "우리는 어떤 방식으로 우주에 참여할 것이며, 미래 세대와 지구 및 우주 생태계를 위해 어떤 책임을 질 것인가?" 이 물음에 대한 사유와 실천이 곧 코스모스 코뮤니즘의 핵심 과제다.

이 사상은 인간 중심의 자본주의와 국가 패권주의를 넘어, 우주라는 거대한 생태계를 근본적으로 존중하고, 지구적 · 우주적 차원의 공동체 정신을 구현하고자 한다. 코스모스 코뮤니즘은 기존 국제법이 제시하는 '비영유'와 '인류 공동 유산' 원칙을 넘어서, '우주는 우주 자신의 것'이라는 공존과 공생의 패러다임을 제시한다. 우주탐사와 개발이 특정 국가나 기업의 사유물로 전락하지 않도록 경계하며, 생명의 다양성과 생태적 조화를 최우선 가치로 삼는다.

코스모스 코뮤니즘의 핵심 원칙은 다음과 같다.

첫째, *비영유 원칙과 '공공 임차' 개념*. 우주에서의 인류 활동은 '영구 점유'가 아닌 '임시 거주'에 해당하며, 인간은 우주를 완전히 소유하거나 훼손할 권리를 지니지 않는다. 인류는 우주의 '세입자'로서 절제와 책임의 자세를 가져야 하며, 이는 한스 요나스가 말한 '책임 윤리'와 맞닿아 있다. 달, 소행성, 화성 등 천체는 어느 국가나 기업, 개인도 독점할 수 없으며, 개발이 허용되더라도 반드시 원상 복구가 가능하고 생태계에 되돌릴 수 없는 피해를 남겨서는 안 된다. 그에 상응하는 대가와 복원 책임은 인류가 감당해야 한다.

둘째, *우주의 비무장 원칙*. 코스모스 코뮤니즘은 우주의 군사화와 무기화에 단호히 반대한다. 대량살상무기뿐 아니라 위성 요격무기나 정찰 체계의 배치까지 국제적 규범 아래에서 통제되어야 한다. 우주는 갈등의 확장 무대가 아니라, 협력과 평화 질서를 실험하는 장이 되어야 한다.

셋째, *기술 공유와 상호 감시 체계*. 우주 개발 기술은 특정 국가나 기업이 독점해서는 안 되며, 모든 국가와 시민이 평등하게 접근할 수 있어야 한다. 기술의 독점은 이윤 극대화나 군사적 우위로 이어질 수 있고, 그로 인한 위험은 공동 감시와 책임 구조를 통해 통제되어야 한다. 기술은 공공자산이며, 그 활용도 집단적 책임 아래 이루어져야 한다.

넷째, *문명의 대전환*. 현대 문명은 자본 축적과 군사·패권 경쟁 논리에 기반해 형성되어 왔으며, 이 구조가 우주로 확장될 가능성도 크다. 이를 극복하려면 우주 상업화와 군비 경쟁을 엄격히 제한하고, 공동체 정신과 생태계 보전을 우선하는 새로운 문명 질서를 구축해야 한다. 코스모스 코뮤니즘은 '지구 너머의 정의'를 실현하고, 재생 가능한 개발과 인류 공동의 번영을 지향하는 새로운 경제·정치 체계를 제안하는 철학적 비전이다.

코스모스 코뮤니즘, 지구 문명에 답하다

코스모스 코뮤니즘은 우주가 특정 국가나 자본의 전유물이 되어서는 안 된다는 인식에서 출발하지만, 그 사상은 결코 우주 공간에만 국한되지 않는다. 달 조약 등 기존 국제법이 우주의 군사화와 사유화를 통제하려 했음에도, 현실의 국제 정치는 여전히 무분별한 경쟁과 이윤 논리 앞에서 무기력하다. 코스모스 코뮤니즘은 바로 이 지점을 묻는다. 인류는 우주의 거대한 생태계와 그 잠재적 가치를 어떻게 평등하고 협력적인 방식으로 마주할 수 있는가? 또한 우리는 우주에 해를 끼치지 않으면서 어떻게 공존의 윤리를 실현할 수 있을 것인가? 그 물음은 결국, 지구 생태계의 위기와 자원 분배의 불균형까지 함께 성찰해야 한다는 요청으로 이어진다.

인류가 우주를 앞에 두고 근본적인 성찰을 거듭하는 이유는, 지구가 이미 기후위기와 자원 갈등, 불평등으로 신음하고 있기 때문이다. 코스모스 코뮤니즘이 "우주가 인간 중심의 개발 논리에 함몰되지 않도록 하자"고 주장하는 진정한 목적은, 오히려 우리로 하여금 지구를 다시 들여다보게 하려는 데 있다. 우리는 지구를 '영구한 소유물'로 여기며 무분별하게 개발해 왔고, 그 결과 생태계 파괴와 기후위기의 가속화라는 돌이킬 수 없는 국면에 이르렀다. 바로 이 지점에서 "지구 또한 우주의 일부이며, 결국은 한시적 생존의 터전에 불과하다"는 코스모스 코뮤니즘의 통찰이 빛을 발한다.

　이제 우리는 다음과 같은 질문 앞에 선다. 지구가 단지 잠시 머무는 공간에 불과하다면, 그 파괴적 개발과 무한 경쟁을 지탱해 온 자본주의 체제가 과연 지속 가능할 것인가? 코스모스 코뮤니즘은 우주가 더 넓은 시야를 열어주지만, 그 실천의 무대가 여전히 지구라는 제한된 터전임을 분명히 인식한다. 우주 질서가 새로운 책임 의식을 요구하듯, 지구 생태계 또한 국경을 넘어 하나의 그물망처럼 연결되어 있다. 기후 변화와 환경 파괴는 더 이상 개별 국가의 문제로 환원될 수 없으며, 전 지구적 협력 없이는 어떤 해법도 찾을 수 없다. 그렇다면 지금의 정치 · 경제 체제-자본주의적 경쟁이든, 국가 중심의 패권 논리이든-가 과연 이 위기를 해결할 자격이 있는가? 이 질문은 더 이상 유보될 수 없다.

바로 이 지점에서 코스모스 코뮤니즘은 '우주의 공공성을 지키자'는 요청을 지구 차원에서 다시 되새기게 한다. 이 사상은 단지 우주를 위한 이론적 실험이 아니라, 지구 현실을 바꾸기 위한 강력한 규범이 될 수 있음을 주장한다. 신자유주의적 성장주의가 기후위기를 초래하고, 초국적 기업들이 지구 곳곳에서 자원을 사유화하며 이윤을 추구하는 오늘의 현실 속에서, 우리는 다음과 같은 절박한 물음과 마주하고 있다. "지구마저도 독점적·군사적·일방적 개발의 희생물이 되고 있지 않은가?" 코스모스 코뮤니즘은 이에 맞서, "자원과 지식, 과학기술은 누구의 소유도 아닌, 모든 생명과 미래 세대를 위한 것"이라는 새로운 인식을 제안한다. 그리고 그것은 자본이나 군사력이 아닌, 상호 협력과 투명성을 바탕으로 사회와 경제 구조를 재설계해야 한다는 원칙으로 이어진다.

인류가 본격적인 우주 시대, 우주 대탐사의 시대로 접어들면서 문명은 점점 더 복합적인 위험에 노출되고 있다. 인공지능, 생명공학, 핵·미사일 기술 등 초고도 과학기술이 결합해 미래 사회의 구조를 결정짓는 오늘, 그 기술력이라는 칼자루가 누구의 손에 쥐어지느냐에 따라 인류 문명은 천국과 지옥 사이를 오갈 수 있다. 공동 규범 없이 자본 간 무한 경쟁에 맡겨진 기술은 지구 생태계는 물론, 우주 공간마저 혼돈으로 몰아넣을 것이다. 이 지점에서 코스모스 코뮤니즘이 제안하는 '전 지구적 협업과 연대'는 단순한 이상주의적 구호가 아니라, 인류가 직면한 실질적 위기에 대한 현실적 대응이 된다.

결국 코스모스 코뮤니즘의 핵심은 우주를 어떻게 인식할 것인가의 문제이자, 지구가 직면한 위기에 어떤 구체적 전환이 필요한가에 대한 요청이다. 예를 들어, 우주탐사를 통해 얻은 성과물이 모든 국가와 시민에게 평등하게 개방되고, 기후위기 극복에 필요한 기술과 자원이 전 세계적으로 공유될 수 있도록 제도적 장치를 마련한다면, 이는 지구 생태계의 회복과 국제적 갈등 완화의 실질적 열쇠가 될 수 있다. 달 조약과 우주조약이 제시한 비영유 원칙과 군사화 금지 원칙이 지구 환경과 자원, 그리고 국제 정치 질서에도 적용된다면, 국경을 넘어선 공동 이익의 윤리와 책임 구조가 더욱 명확히 형성될 것이다.

코스모스 코뮤니즘은 단순히 "우주는 누구의 것도 아니다" 라는 선언에 그치지 않고, "지구 또한 우리에게 영구히 속하지 않는다"는 더 근본적인 깨달음으로 나아간다. 우리가 이 작고 푸른 행성의 임시 거주자에 불과하다면, 마음껏 훼손하거나 파괴할 권리는 물론, 지구 너머의 공간을 '다음 먹잇감' 으로 삼아 착취할 자격도 없다. 그 대신 인류는 "어떤 문명 질서를 새롭게 세울 것인가"라는 질문을 정면으로 마주해야 한다. 국제사회가 협력과 연대를 통해 기후위기와 불평등을 해소하고, 초고도 기술을 평화와 생태 복원에 활용하며, 미래 세대를 포함한 모든 생명체의 생존 기반을 지켜 나가는 구체적 실천이 요구된다.

따라서 코스모스 코뮤니즘은 인류가 우주로 나아가는 여정에서 지구의 미해결 과제를 결코 뒤로 미뤄서는 안 된다고 강조한다. 만약 우리가 지구에서 생태, 자원, 경제의 문제를 해결하지 못한다면, 우주에서 얻는 신기술과 무한한 자원 역시 결국 소수의 특권층과 강대국의 전유물로 전락할 것이다. 이런 맥락에서 지구에서 실현되는 코스모스 코뮤니즘은 우주를 새로운 전장이나 투기의 대상으로 보는 것이 아니라, 지구 내부의 불합리한 구조를 개혁하고, 세계의 시민과 노동자가 권리와 책임을 공유하는 데 초점을 맞춘다.

즉 코스모스 코뮤니즘은 우주를 향한 시선이자, 동시에 지구를 위한 사상이다. 이 사상은 "우리는 왜, 어떻게, 누구를 위해 우주에 가는가?"라는 근본적인 물음을 던지며, 정작 지구에서조차 여전히 해결하지 못한 문제들을 되짚게 한다. 만약 우리가 꿈꾸는 이상적인 '공동체'가 우주의 미래가 되기를 바란다면, 그 미래는 지구에서부터 준비돼야 한다. 코스모스 코뮤니즘은 바로 그 학습의 기회를 열어 보이며, 오늘의 문명을 되돌아보도록 권유한다.

우주 관련 핵심 용어

■ 주요 탐사선 및 착륙선

달 탐사

다누리Danuri   한국 첫 달 궤도선, KPLO
슬림SLIM Lander   일본 스마트 달 착륙선
아르테미스 계획Artemis Program   NASA 주도 달 탐사 프로그램
찬드라얀Chandrayaan   인도 달 탐사선 시리즈

화성 탐사

망갈리안Mars Orbiter Mission   인도 첫 화성 궤도선
아말Amal   아랍에미리트 화성 탐사선
인사이트InSight Lander   NASA 화성 착륙선
인제뉴어티Ingenuity Helicopter   NASA 화성 초소형 헬리콥터
주룽祝融, Zhurong Rover   중국 화성 탐사 로버
큐리오시티Curiosity Rover   NASA 화성 탐사 로버
퍼서비어런스Perseverance Rover   NASA 화성 탐사 로버
톈원天問, Tianwen   중국 화성 탐사선

금성 · 수성 탐사

다빈치DAVINCI+   NASA 금성 대기 탐사 임무
베리타스VERITAS   NASA 금성탐사 임무
벱피콜롬보BepiColombo   ESA · JAXA 수성 탐사선
엔비젼EnVision   ESA 금성 궤도 탐사 계획

유인 우주선

오리온 우주선Orion Spacecraft   NASA 심우주 유인 캡슐
크루 드래곤Crew Dragon   스페이스X 유인 우주선
스타라이너Starliner   보잉 유인 우주선

기타 탐사 및 민간 비행체

런처원LauncherOne   버진 오빗 공중 발사 로켓
마스 익스프레스Mars Express   ESA 화성 궤도선
스페이스십 원SpaceShipOne   버진 갤럭틱 우주 비행선
엑소마스ExoMars   ESA · 로스코스모스 화성 탐사 프로그램
크리즘XRISM   일본 X선 우주망원경
VSS 유니티VSS Unity   버진 갤럭틱 우주 비행선

■ 우주 발사체

누리호Nuri   한국형 발사체, KSLV–II, 중형
아틀라스 VAtlas V   ULA 중형 발사체
델타 IV 헤비Delta IV Heavy   ULA 대형 발사체
팰컨 9Falcon 9   스페이스X 재사용 중형 발사체
팰컨 헤비Falcon Heavy   스페이스X 초대형 발사체
스타십Starship   스페이스X 초대형 우주선, 화성 이주용
슈퍼 헤비Super Heavy Booster   스페이스X 스타십용 1단 부스터
뉴 셰퍼드New Shepard   블루 오리진 우주관광용 소형 로켓
뉴 글렌New Glenn   블루 오리진 차세대 대형 발사체
H–IIA 로켓H-IIA Rocket   JAXA 중형 발사체
H3 발사체H3 Launch Vehicle   JAXA 차세대 대형 발사체
창정 5~10호Long March, 長征   중국 창정 계열 중 · 대형 발사체
PSLVPolar Satellite Launch Vehicle   인도 중형 발사체

GSLV Geosynchronous Satellite Launch Vehicle 인도 정지궤도용 대형 발사체
소유즈 Soyuz 러시아 우주탐사용 중형 발사체
앙가라 Angara Rocket 러시아 차세대 중 · 대형 발사체
베가 Vega ESA 소형 발사체
아리안 5 Ariane 5 ESA 상업용 대형 발사체

■ 우주정거장

국제우주정거장 ISS 다국적 우주정거장
루나 게이트웨이 Lunar Gateway NASA 주도 달 궤도 정거장 계획
액시엄 스테이션 Axiom Station 액시엄 스페이스 주도 우주정거장
오비탈 리프 Orbital Reef 블루 오리진 주도 민간 우주정거장
스타랩 Starlab 나노랙스 주도 민간 우주정거장
톈궁 天宮, Tiangong 중국 유인 우주정거장
ROSS Russian Orbital Station 러시아 신형 우주정거장 계획
바라티야 안타릭샤 Bharatiya Antariksha 인도 우주정거장 계획

■ 우주법 및 상업우주법

우주조약 Outer Space Treaty(1967) 우주의 군사화 및 영유권 금지
구조협정 Rescue Agreement(1968) 우주비행사 구조 · 귀환 의무
책임협약 Liability Convention(1972) 우주 활동 손해 책임 규정
등록협약 Registration Convention(1976) 우주물체 발사 및 등록 규정
달 조약 Moon Agreement(1979) 달 · 천체를 인류 공동 유산으로 규정
유엔 해양법협약 UNCLOS(1982) 공해 자유 원칙(우주 비교 기준)
보고타 선언 Bogotá Declaration(1976) 지구정지궤도 영유권 주장(미인정)
미국 상업우주발사법 CSLA(1984) 민간 우주 발사 허용 및 연방 규제 마련
미국 상업우주발사경쟁력법 CSLCA (2015) 우주자원 채굴 · 소유 허용

미국 우주자원탐사이용법(2015)	우주자원 이용 권리 명문화
룩셈부르크 우주자원법(2017)	민간 자원 채굴 · 소유 허용
일본 우주자원 탐사법(2016)	민간 우주 활동 허가 및 보험 규정
아랍에미리트 우주활동규제법(2019)	민간 활동 규제 및 우주청 설립
호주 우주산업법(1998, 개정 2018)	발사 허가 및 안전 규정
영국 우주산업법(2018)	상업 발사 및 산업 육성

■ 우주 개념 및 이론

비영유Non-appropriation	우주 공간 영유 금지 원칙
인류 공동 유산Common Heritage of Mankind	우주 · 심해 등은 모두의 유산
공공신탁이론Public Trust Doctrine	자연은 인류 공동신탁물
우주 세입자론Cosmos Tenant	우주를 임시 거주지로 보는 관점
코스모스 코뮤니즘Cosmos Communism	우주 공존적 사회 체계 구상
가이아 이론Gaia Hypothesis	지구를 살아 있는 생명체로 보는 이론
우주 식민주의Space Colonialism	우주 개발의 신식민지화 비판
스페이스 콜로니Space Colony	우주 거주구 구상
스페이스 헤이븐Space Haven	우주 고급 주거지 구상
지구저궤도Low Earth Orbit, LEO	지구 근접 궤도
라그랑주점Lagrange Point	중력 평형 지점
직선 헤일로 궤도Near-Rectilinear Halo Orbit	달 궤도 이동 통로
워프 드라이브Warp Drive	광속 초월 이동 이론
웜홀Wormhole	시공간 통로 이론

■ NASA 프로젝트

ISS 민간 운송 프로젝트COTS   ISS 수송을 위한 초기 민간 계약
상업 화물 운송 서비스CRS   ISS 화물 공급 민간 계약
상업 승무원 프로그램CCP   민간 유인 발사 프로그램
상업 달 수송 서비스CLPS   달 화물 수송 민간 계약
게이트웨이 물류 서비스GLS   루나 게이트웨이 보급 계약
상업용 저궤도 개발CLD   민간 우주정거장 개발 지원

■ 세계 주요 우주 기관

미국항공우주국NASA   미국 연방 우주 기관
러시아연방우주국ROSCOSMOS   러시아 연방 우주 개발 기관
유럽우주국ESA   유럽 22개국 공동 우주 기구
중국국가항천국CNSA   중국의 국가 우주 개발 주관 기관
일본우주항공연구개발기구JAXA   일본의 우주탐사 · 발사체 개발 기관
인도우주연구기구ISRO   인도의 우주탐사 · 위성 개발 기관
아랍에미리트우주국UAESA   중동 최초의 독립 우주청
한국항공우주연구원KARI   한국의 우주 개발 전담 기관

■ 주요 민간 우주 기업

스페이스XSpaceX   민간 우주 개발 기업
블루 오리진Blue Origin   민간 우주 탐사 기업
유나이티드 론치 얼라이언스ULA   발사체 전문 합작사
록히드 마틴Lockheed Martin   우주 개발 · 방산 대기업
노스럽 그루먼Northrop Grumman   우주 · 방산 대기업
에어버스Airbus   우주 항공 · 방산 대기업
시에라 스페이스Sierra Space   우주정거장 · 우주선 개발 기업
액시엄 스페이스Axiom Space   민간 우주정거장 건설 ·

보이저 스페이스Voyager Space	우주 사업 투자 · 통합 기업
나노랙스Nanoracks	민간 우주정거장 서비스 기업
버진 갤럭틱Virgin Galactic	민간 우주관광 기업
로켓랩Rocket Lab	소형 발사체 전문 스타트업
마스텐 스페이스 시스템즈	달 착륙 기술 개발 기업
루나 아웃포스트Lunar Outpost	달 · 행성용 로봇 개발 기업
아이스페이스 재팬ispace Japan	민간 달 착륙선 개발 기업
모하비 에어로스페이스 벤처	민간 우주비행 개발 기업
플래니터리 리소스Planetary Resources	소행성 채굴 기업
아스트로포지AstroForge	소행성 광물 정제 스타트업

우주 경제 전쟁

2025년 6월 25일 초판 1쇄 발행

지은이   홍석만
편집   조정민 최인희
디자인   이경란
인쇄   도담프린팅
종이   페이퍼프라이스

펴낸곳   나름북스
등록   2010.3.16. 제2014-000024호
주소   서울시 마포구 월드컵북로5길 54-5
전화   (02)6083-8395
팩스   (02)323-8395
이메일   narumbooks@gmail.com
홈페이지   www.narumbooks.com
페이스북   www.facebook.com/narumbooks7

ISBN   979-11-86036-85-3 03300
값   22,000원